미래의 부자인 _____ 님을 위해
이 책을 드립니다.

미국 주식의
절대 법칙

미국 주식의 절대 법칙

초판 1쇄 발행 | 2025년 11월 3일

지은이 | 박종식
펴낸이 | 박영욱
펴낸곳 | 북오션

주 소 | 서울시 마포구 월드컵로 14길 62 북오션빌딩
이메일 | bookocean@naver.com
네이버블로그 | blog.naver.com/bookocean_rabbit
페이스북 | facebook.com/bookocean.book
인스타그램1 | instagram.com/bookocean777
인스타그램2 | instagram.com/supr_lady_2008
X | x.com/b00k_0cean
틱톡 | www.tiktok.com/@book_ocean17
유튜브 | 쏠쏠TV·쏠쏠라이프TV
전 화 | 편집문의: 02-325-9172 영업문의: 02-322-6709
팩 스 | 02-3143-3964

출판신고번호 | 제 2007-000197호

ISBN 978-89-6799-907-0 (03320)

*이 책은 (주)북오션이 저작권자와의 계약에 따라 발행한 것이므로 내용의 일부 또는 전부를
 이용하려면 반드시 북오션의 서면 동의를 받아야 합니다.
*책값은 뒤표지에 있습니다.
*잘못 만들어진 책은 구입하신 서점에서 교환해 드립니다.

과거의 주가로 미래의 타이밍을 잡는다

고수가 알려주는

박종식 지음

미국 주식의 절대 법칙

북오션

| 추천사 |

20여 년 전부터 국내에서 나스닥을 집중적으로 연구한 분이 계시는데 그분이 저자 박종식 님이다. 당시 필명은 나스닥터 님이었다. 나는 이 시장에서 수많은 투자자분을 만났는데 나스닥터 님처럼 한 분야를 집중적으로 파고 들어간 분은 아직까지 만나지 못했다. 그만큼 저자는 미국 시장에 정통한 분이다.

과거와 다르게, 이제는 국내 개인투자자들도 미국 시장에 투자하는 분의 숫자가 아주 많다. 그런데 그분들이 미국 시장의 역사를 얼마나 아는지는 의문이다. 시장은 진화하면서 반복된다. 단언컨대 국내에서 저자만큼 미국 시장을 연구한 분은 없다.

저자가 그동안 연구한 내용을 이렇게 낱낱이 다 공개하기도 쉬운일이 아니다. 그동안 국내에 출판된 그 어떤 서적보다 깊이 있는 연구 결과를 그대로 읽을 수 있다. 미국 시장에 관심이 있는 투자자라면 일독을 권하고, 특히 나스닥 선물 투자자에게 많은 영감을 줄 것이라고 확신한다.

_ 알바트로스 성필규(전 PK투자자문 회장)

1999년 코스닥 시장 버블이 한창 일때 나스닥 시장은 말 그대로 개미군단의 '나침반' 그 자체였다. '코스닥이 뭐예요?' 이런 광고를 보며 연일 상한가를 치던 코스닥 주식을 들고 있던 개미들이 자고 나면 들춰보는 숫자가 나스닥 시세였으니, 예나 지금이나 구조가 달라진 게 많지 않다는 생각이 든다. 그 시절부터 나스닥 시장 하나만 붙잡고 파고들고 그 결과물을 온·오프라인에서 전파해온 산파가 바로 나스닥터 님이다. 25년이 지나 그분이 책을 낸다는 소식에 누구보다 반가웠다. 요즘 서학개미들에겐 정보가 차고 넘친다고 한다. 그러나 중심을 잡아주는 데 도움이 되고 미국 시장의 본질을 알려주는 책과 SNS 콘텐츠는 극히 소수다. 오히려 부채질하고 현혹하고 심지어 사기성 짙은 망언들이 즐비한 현실이다. 나스닥터 님의 책이 오늘날 미장에 뛰어든 수많은 서학개미들에게 남다른 나침반이 될 것으로 믿는다.

_ 유일한 기자(머니투데이방송 경제산업부 부국장)

이제 미국 증시에 투자는 선택이 아닌 필수의 시장이 되었다. 새로운 성장 동력이 미국 중심으로 이루어지고 있다는 점에서 미국 증시에 대한 관심은 향후 더욱 커질 수밖에 없다. 하지만 미국 증시에 대한 관심만큼 미국 증시에 대한 특성이나 접근법에 대해서는 다소 미흡한 것이 작금의 현실이다. 이런 상황 속에서 이 책은 미국 증시에 대한 특성이나 시장 접근에 있어 등대 같은 존재이다 올바른 투자를 위해서 제대로 된 시장과 접근법에 대해 명료한 해법을 제시해준다. 미국 증시에 대한 심도 있는 접근을 원하는 투자자에게 적합한 책이다.

_ 이선엽 대표이사(AFW파트너스)

| 서문 |

    전 세계 주식시장은 2008년 금융위기를 계기로 이전과 완전히 다른 새로운 시장으로 변화하게 된다.

    과거 미국은 금융위기를 남의 일로 치부해왔으나 2007년 서브프라임 모기지 사태로부터 2008년 리만 브라더스 파산에 이르는 금융위기는 다른 곳도 아닌 미국에서 시작되었다. 이를 통해 미국 시장이 더 이상 안전지대가 아님이 드러났고, 전 세계 시장에 나가 있던 미국의 자금이 미국 시장으로 본격 환류하는 분기점이 되었다.

    2008년 이전만 하더라도 전 세계 시장이 수익률 면에서 미국 시장과 앞서거니 뒤서거니 하면서 비슷하게 보조를 맞춰가는 상황이었으나 2008년의 금융위기가 끝나가던 2012년경 무렵부터 미국 시장의 수익률 독주 체제가 완성되었다. 그리고 이는 다시 전 세계 투자금의 미국 시장 집중화로 이어지게 된다.

    물론 2000년대 이후 산업 변화를 미국계 기업이 선도한 측면도 있으나, 투자금의 미국 집중화 현상도 미국계 기업의 독보적인 위상을 만드는 데 기여했음을 결코 간과할 수 없다.

    본서에서는 변화하는 전 세계 주식시장에서 미국 시장의 위상을 점검하고, 미국 시장의 독특한 주가변동 원리를 해설하며, 미국 주식 투자의 방법론은 물론, 증권 투자용 엑셀(Excel)의 사용법도 설명하고 있다. 독자 스스로 미국 주식 매매 시스템을 구축하는 데 유익할 것이다.

본서는 총 6개의 부분으로 구성된다. 프롤로그에서는 본서의 핵심(Core)을 추려 소개하고, 제1장에서는 미국 시장의 역사와 미국 시장에 투자해야 할 이유를 찾아본다. 제2장에서는 미국 증권시장의 독특한 주가 변동 원리와 본서의 핵심 이론인 추세와 관련한 부분을 집중적으로 설명한다.

제3장은 미국 주식 실전 매매편으로 종목 선정 및 매매 시점 등 실전 매매에 필요한 방법론을 망라하여 설명한다. 제4장에서는 증권투자용 엑셀과 미국 시장의 이해에 필요한 정보를 자세히 전달하고 있다. 에필로그에서는 굳이 경제나 지표를 몰라도 미국 주식 투자가 가능한 이유를 설명하고 투자 계획표와 매매일지 작성 방법을 제안하고 있다.

미국 시장에 대해 기본적인 정보는 넘쳐나는데 막상 실전 매매에 필요한 내용은 전무한 실정이어서 이 부분에 대한 투자자들의 욕구에 부응하고자 했다. 그래서 이 책을 출간하기로 마음먹고 1년여의 작업 끝에 이제 출간하게 되었다. 특히 2008년 이후 미국 시장의 변화에도 불구하고 국내에서 바라보는 미국 시장 관점이 여전히 과거에 머물러 있고, 더욱이 2010년대 중반 이후 국내에서 미국 주식 투자자가 급증하여 이들에게 정확한 정보를 제공할 필요성이 있었다.

구슬이 서 말이라도 꿰어야 보배이듯 이 책이 독자 자신에게 맞는 독창적인 매매 시스템을 구축하는 데 도움이 되어 이 책을 통해 성공적인 투자자가 되길 바란다. 이 책의 출판을 계기로 앞으로 독자 여러분들의 많은 조언과 충고를 부탁드린다.

  끝으로 이 책을 출판할 때까지 아낌없는 응원을 보낸 가족들과 기획과 편집에 수고하신 북오션의 박영욱 대표님을 비롯한 모든 분들께도 무한한 감사의 마음을 표한다.

2025년 10월
박종식

차례

추천사   4
서문   6

Prologue 역발상으로 투자하라

PROLOGUE
미국 주식, 역발상 투자법

01 미국 시장 고유의 특성을 이해하라   17
02 미국 주식, 역발상으로 투자하라   26

PART 1 미국 시장 일반

Chapter 01
미국 시장이 알고 싶다

01 미국 증시의 역사   39
02 미국 증시의 현재   42
03 대표 주식 거래소는?   44
04 대표지수가 궁금해   51

Chapter 02
주식 투자, 미국이 답이다

01 왜 미국 시장인가?   59
02 왜 미국 주식인가?   73
03 한국 시장과의 비교   79

PART 2 시장 추세 읽기

Chapter 03
미국 주식, 추세가 답이다

01 추세가 답이다 — 101
02 추세란? — 110
03 특별한 사례로 본 추세의 중요성 — 116
04 아시아(with 유럽) 시장에서 인사이트 얻기 — 119
05 미국의 주가 운동 3법칙 — 123
06 추세는 차트 추세로 — 129

Chapter 04
미국 주식시장 중장기 추세 판단법

01 금리와 주가의 관계 — 134
02 VIX와 주가의 관계 — 153

PART 3 미국 실전 투자

Chapter 05
미국 주식 실전투자

01 대형주와 중소형주 중 선택은? 171
02 성장주(기술주)와 가치주(배당주) 중 선택은? 183
03 섹터 분석 및 인덱스 펀드 활용하기 198

Chapter 06
매매 전략 구축하기

01 금융 목표를 설정하라 209
02 단기 매매 VS 장기 투자: 무엇을 선택할 것인가? 222
03 전략적 자산 배분(리밸런싱) 방법 224

Chapter 07
미국 시장의 원리를 활용한 매매법

01 미국 지수 선물 매매 233
02 미국 주식, 언제 사고팔 것인가? 252

PART 4　엑셀 활용법

Excel 01
미국 시장 분석, 엑셀이 최고다!

01　미국 시장 데이터 정리가 중요한 이유　　　　　　　　**271**
02　데이터 정리에 엑셀이 필요한 이유　　　　　　　　　**275**
03　엑셀DDE　　　　　　　　　　　　　　　　　　　**278**

Excel 02
미국 시장 분석에 꼭 필요한 엑셀의 주요 기능

01　증권투자용 엑셀의 주요 기능　　　　　　　　　　　**287**
02　엑셀 실시간 차트 그리기　　　　　　　　　　　　　**296**
03　데이터 정리에 꼭 필요한 엑셀 함수 활용법　　　　　**308**

Epilogue　미국 경제는 몰라도 돼

EPILOGUE
미국 주식, 경제는 몰라도 돼

01　경제는 몰라도 돼　　　　　　　　　　　　　　　　**325**
02　주가를 보면 미래가 보인다　　　　　　　　　　　　**328**
03　실전투자를 위한 팁　　　　　　　　　　　　　　　**331**

〔부록〕

1. 다우 30 종목 리스트	337
2. 나스닥 100 종목 리스트	338
3. 미국 연방기금금리(FFR) 변동 현황(1986.1~현재)	341
3-1. 한국은행 기준금리 변동 현황	344
4. 2025~2026년 일정표(휴장일/FOMC일정/서머타임 기간)	346
5. 주요 참고 사이트 주소	348
6. 찾아보기	349
(1) 색인 목록	349
(2) 표 목록	354
(3) 그림 목록	356
(4) 참고 목록	357
7. 용어 해설	358
별책 : 엑셀 파일	360

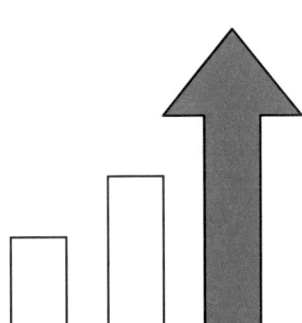

역발상으로 투자하라

PROLOGUE 미국 주식, 역발상 투자법

01 미국 시장 고유의 특성을 이해하라
02 미국 주식, 역발상으로 투자하라

PROLOGUE
미국 주식, 역발상 투자법

　미국 주식시장은 미국만의 독특한 특성이 있어 이러한 특성에 맞게 대응해야 하는데도 세간에 이런 인식이 부족하다는 판단하에, 미국 시장을 20여 년 이상 관찰해온 연구자로서 연구한 결과를 국내의 미국 주식 투자자들에게 전파할 필요가 있다고 생각했다.

　시중에 미국 주식에 관한 책은 많이 있지만 실전투자 방법에 관한 책이 별로 없는 게 현실이다. 이 책을 통해 미국 시장의 고유한 특성에 맞는 맞춤형, 구체적 매매방법을 제시함으로써 투자자들을 성공적인 투자로 안내하고자 한다. 본 프롤로그에서는 본서의 핵심(Core)을 소개하였다.

01
미국 시장 고유의 특성을 이해하라

1) 미국 시장의 중심은 나스닥

　미국의 주식시장은 주요 주식거래소 기준으로 뉴욕증권거래소(NYSE, 1792)와 나스닥거래소(NASDAQ, 1971)로 양분되어 있으며, 주요 지수는 태동한 순으로 다우(산업평균, 1896), S&P 500(1957), 나스닥(종합, 1971)으로 대별할 수 있다.

　나스닥은 거래소를 지칭하기도 하고, 나스닥 거래소의 종합지수(NASDAQ Composite)의 약칭이기도 하다. 미국 시장에서 2024년 말 현재 시가총액순으로 1위부터 8위까지의 회사*가 모두 나스닥 거래소 소속이란 점에서 나스닥의 위상을 실감할 수 있다.

　나스닥은 개설 초기 증권거래업자, 즉 증권회사들의 협회(NASD, National Association of Securities Dealers, 전미증권업자협회)가 만든 거래소로 출발했고, 장외시장(OTCBB)에서 거래되던 벤처기업류의 상장을 쉽게 하기 위해 개설되었다. 이후 나스닥을 통해 수많은 IT 거대기업들이 탄생하면서 현재는 NYSE를 넘어서는 단계에 이르게 되었고, 시총 상위 종목에서 보듯 명실상부하게 미국 주식시장의 중심으로 자리잡게 되었다.

---

* **시총순** AAPL, NVDA, MSFT, AMZN, GOOG, TSLA, META, AVGO 8개사 시총 합계, 18.33T$(90.2%/10개사), 시총 30위 내 나스닥이 67% 점유.

■ 연도별 시총 Top10 순위 변화

순위	2015년 말	시총(B$)	2020년 말	시총(B$)	2024년 말	시총(B$)	~20	~30
					나스닥 종목			
1	GOOG	433.89	AAPL	2,193.36	AAPL	3,785.30	LLY	PG
2	MSFT	412.35	MSFT	1,671.46	NVDA	3,288.76	WMT	HD
3	AAPL	377.07	AMZN	1,649.47	MSFT	3,133.80	JPM	NFLX
4	AMZN	351.64	GOOG	1,121.80	AMZN	2,306.89	SPY	JNJ
5	BRK.B	285.27	TSLA	698.61	GOOG	2,159.98	V	BAC
6	XOM	260.09	META	651.19	TSLA	1,296.35	MA	CRM
7	JNJ	247.21	BABA	630.86	META	1,276.41	XOM	QQQ
8	T	246.73	TSM	565.52	AVGO	1,086.72	ORCL	NVO
9	META	229.36	JNJ	414.28	TSM	1,024.16	UNH	ASML
10	VZ	194.55	WMT	401.70	BRK.B	978.01	COST	KO
합계	10	3,038.16	10	9,998.25	10	20,336.38	25.9	29.2
나스닥소계	5	1,804.30	6	7,985.89	8	18,334.20	18.7	19.7
나스닥비중	50.0%	59.4%	60.0%	79.9%	80.0%	90.2%	72%	67%

나스닥이 미국 시장의 중심이 되면서 나타나는 현상적 주요 특성은 다음과 같다.

① 나스닥이 더 크게 움직인다

나스닥에 상장된 회사가 벤처기업에서 출발하다 보니 큰 규모로 성장한 2000년 전후부터 나스닥이 타 지수보다 더 크게 움직인다. 즉 상승기에도 나스닥(/100)이 다우나 S&P 500 대비 더 크게 상승하고, 하락기에도 더 크게 하락한다는 것이다.

다음 표를 보면 연간으로 지수가 상승한 년도(20개년) 중 나스닥이 다우보다 등락률이 부진한 연도가 3개년에 불과하고, 하락한 총 6개년 중 5개년은 나스닥의 하락률이 훨씬 큰 것을 알 수 있다.

■ 연도별 다우/나스닥 등락률 비교

년도	다우%	나스닥%	년도	다우%	나스닥%	
1999년	25.2%	85.6%	2012년	7.3%	15.9%	
2000년	-6.2%	-39.3%	2013년	26.5%	38.3%	
2001년	-7.1%	-21.1%	2014년	7.5%	13.4%	
2002년	-16.8%	-31.5%	2015년	-2.2%	5.7%	
2003년	25.3%	50.0%	2016년	13.4%	7.5%	
2004년	3.1%	8.6%	2017년	25.1%	28.2%	
2005년	-0.6%	1.4%	2018년	-5.6%	-3.9%	
2006년	16.3%	9.5%	2019년	22.3%	35.2%	
2007년	6.4%	9.8%	2020년	7.2%	43.6%	
2008년	-33.8%	-40.5%	2021년	18.7%	21.4%	
2009년	18.8%	43.9%	2022년	-8.8%	-33.1%	
2010년	11.0%	16.9%	2023년	13.7%	43.4%	
2011년	5.5%	-1.8%	2024년	12.9%	28.6%	배수(나/다)
총평균(26)				7.1%	12.9%	1.8
상승년도 평균(20)			상승년도	13.2%	25.3%	1.9
하락년도 평균(6)			하락년도	-13.0%	-28.2%	2.2

    미국 시장의 데이터에서 특징적인 현상을 발견하면 이를 시장을 판단하거나 예측할 때 활용할 수 있다. 즉 이러한 현상('나스닥이 더 크게 움직인다')을 발견하면 현재의 장세 성격은 물론 추세의 강도를 판단하는 데 유용한 원칙으로 활용할 수 있다는 것이다.

    여기서는 다우와 나스닥을 살펴봤지만, 나스닥 100과 S&P 500 간에도 비슷한 현상을 발견[*]할 수 있고, 이를 종합하면 시장의 대세를 판단[**]하거나 데이 트

---

[*] CME에서 거래하는 주요 지수의 변동성을 측정하는 선물 종목이 있는데, 나스닥 100 변동성지수(^VXN, 2024년말 19.92)가 S&P 500 변동성지수(^VIX, 2024년말 17.35)보다 통상 15~30% 정도 높은 것만 봐도 알 수 있다.

[**] 나스닥 100지수가 S&P 500지수보다 강하면 상승의 힘이 강하고, 반대의 경우엔 하락의 힘이 강한 것으로 볼 수 있고, 이 현상으로 장세의 성격(상승장, 하락장)을 규정하고, 데이 트레이딩에서 매수나 매도로 대응할 수 있다.

레이딩을 하는 데도 유용하게 활용할 수 있다.

② 추세 강도도 나스닥이 가장 강하다

나스닥이 크게 움직이는 것 외에 추세 강도 측면에서도 나스닥이 강하며, 시장의 추세를 판단할 때 나스닥이 다우나 S&P 500보다 우위에 있다는 것이다.

이는 후술하는 'Chapter 3. 미국 주식, 추세가 답이다'에서 자세히 설명하고 있다. 특히 '추세와 추세 강도의 의미'의 후반부 '차트 추세에 의한 지수별 손익 비교(2000~2023)'에서 3대 지수 중 나스닥의 추세를 추종하는 매매 손익의 결과가 가장 우수한 데서 어렵지 않게 알 수 있다.

■ 차트 추세에 의한 지수별 손익 비교(2000~2023) 발췌

연도별	다우	나스닥	S&P 500			
99말지수/A	11497.12	4069.31	1469.25	→ 상승 추세 진입 시 매수 후 하락 추세로 전환 시 청산한 손익을 연도별로 전부 더한 결과(매수 only)		
2023	3294.26	4277.65	1035.70			
합계	12740.98	13174.22	2503.34			
연평균/B	530.87	548.93	104.31	1.1	3.2	1.7
B/A	4.6%	13.5%	7.1%	(합계손익/99말 지수) 대비 배율		

위 표를 보면 3대 지수 중 나스닥이 추세 손익 면에서 가장 우수한 결과를 보여주고 있음을 알 수 있다. 이는 나스닥의 추세 강도가 그만큼 강하다는 방증이다.

특히 다우 지수의 경우 나스닥과 S&P 500 지수는 물론 대부분의 지수가 시가총액식(Market Cap-weighted)으로 지수를 산출하는 데 반해 주요 지수 중 유

일하게 주가평균식(Price-weighted)*으로 지수를 산출함으로써 시장 상황을 제대로 반영하지 못한다는 평가를 받고 있다. 이는 다우 지수의 추세 손익이 저조한 원인이 되고 있다.

예를 들어 2024년 말 기준, 다우 편입 종목 중 최고가 주식인 골드만 삭스(GS, 시총 180B$, 주가 572.62$)는 최저가 주식인 버라이즌(VZ, 시총 168B$, 주가 39.99$) 대비 주가가 약 14.3배로 시가총액이 유사함에도 VZ/14.3%와 GS/1.0%로 다우 지수 반영이 동일하다는 것이어서 시장 상황을 제대로 반영하지 못한다는 비판이 제기되는 것이다.

③ 역사적 고가와 저가는 나스닥이 늦게 온다

나스닥이 주요 지수로 인정받기 시작한 2000년 전후부터 보면 상승기나 하락기와 관계없이 역사적 고가나 저가가 나스닥이 다우 대비 늦게 온다. 그만큼 나스닥의 시장 주도력을 확인할 수 있다.

이를 통해 알 수 있는 것은 첫째, 다우가 사상최고가를 경신하고 있음에도 나스닥이 아직 사상 최고가가 아니라면 나스닥도 머지않아 사상 최고가를 경신할 것을 예상할 수 있고, 둘째, 나스닥이 먼저 사상 최고가를 치고 다우가 나중에 사상 최고가를 경신한 이후 지수가 큰 폭 하락한 경우**라도 이때의 고가

---

* 시가총액식이 시가총액 합계의 변화율로 지수 등락률을 계산하는 데 비해, 주가평균식(가격가중식)은 문자 그대로 주가 합계의 변화율로 지수 등락률을 계산한다. 따라서 특정 종목의 주가가 비싸기만 하면 시가총액이 작더라도 지수에 크게 반영하므로 다우 지수가 시장 상황을 제대로 반영하지 못하게 되는 것이다.

** 나스닥이 2021년 11월 19일 고가(16057.44)를 기록하였고, 이후 다우가 2022년 1월 4일 고가(36799.65)를 기록하여 나스닥이 아닌 다우가 나중에 고가를 기록한 셈이다. 이후 나스닥이 2022년 12월 28일 저가(10213.29)까지 고가 대비로 −36.4%의 하락률을 기록하였는데, 바로 이 경우에 2021년 11월 19일의 고가는 진정한 역사적 고가가 아니며, 결국 2024년 2월 29일(16091.92) 이전의 고가를 경신하며 2024년 12월 16일(20173.89)까지 상승 행진을 하게 된다.

가 진정한 고가가 아니며, 지수는 언젠가 다시 고가를 경신할 것을 예상할 수 있다는 것이다.

■ 다우/나스닥 역사적 고저가/기록일 비교(1998~2025.1말 현재)

다우	날짜(A)	나스닥	날짜(B)	일수차(B-A)	※고저가 간 등락률	
					다우	나스닥
7539.07	98-08-31	1419.12	98-10-08	27		
11722.98	00-01-14	5048.62	00-03-10	38	55.5%	255.8%
7286.27	02-10-09	1114.11	02-10-09	0	-37.8%	-77.9%
14164.53	07-10-09	2859.12	07-10-31	16	94.4%	156.6%
6547.05	09-03-09	1268.64	09-03-09	0	-53.8%	-55.6%
29551.42	20-02-12	9817.18	20-02-19	4	351.4%	673.8%
18591.93	20-03-23	6860.67	20-03-23	0	-37.1%	-30.1%
45014.04	24-12-04	20173.89	24-12-16	8	142.1%	194.1%
44544.66	25-01-31	19627.44	25-01-31	0	-1.0%	-2.7%

2) 미국 시장의 위상을 고려하라

2000년대 이후 인터넷의 발달로 전 세계 주식시장의 동조화가 진행됨과 동시에 미국의 주요 기업이 산업 변화를 선도해오면서 미국 시장의 위상이 상승했다. 특히 2008년 금융위기 이후 무제한 양적 완화(Unlimited Quantitative easing; QE)를 거쳐 미국 시장은 독보적 위상으로 부상하게 된다.

이처럼 전 세계 증권시장 내에서 미국 시장이 독보적 위치로 부상하면서 나타나는 현상적 주요 특성은 아래와 같다

① 금융위기 이후 미국 시장의 위상 변화

사실 2008년 금융위기 이전만 하더라도 전 세계 증권시장, 더불어 한국 증

권시장도 미국 시장과 동조화되면서 동반 성장하는 흐름이었다. 그러나 미국에서 금융위기가 발생했고 이를 치유하기 위한 무제한 양적 완화라는 극단적 처방을 통해 미국의 글로벌 투자자금이 미국에 집중되었다. 이는 이후 미국 시장이 독보적 위치로 올라서게 되는 결과로 이어지게 되었다.

첫째, 시장 규모가 급속히 커졌는데, 2024년 기준 MSCI 비중이 2013년 대비 12.1% 증가한 65.4%로 성장([표10] 참조), 2024년 2위인 일본의 6.1%와도 비교 불가이며, 전 세계 증권거래소 내 점유율로도 2023년 기준 45%로 타국과의 격차가 더욱 커지고 있다.

둘째, 시장 수익률로도 미국 시장이 다른 시장을 압도하게 되었다는 점이다. 제2장에서 후술할 '[표 9] MSCI Annual Performance(%)'나 '[표 12] 미지수와 코스피 등락 비교'를 보면, 대략 2010~2012년 이전과 이후의 수익률 차이를 확연히 알 수 있다. 특히 코스피의 경우 2007년 7월 25일(2004.22) 2000을 첫 돌파한 이후 2024년 말 현재 2399.49로 수익률 19.7%에 불과하다. 같은 기간 다우 +208.6%, 나스닥 +629.2%와 비교*가 되지 않는다.

② 다른 나라 시장은 무시하라

2000년대 들어 두드러진 현상이 전 세계 증권시장의 동조화가 진행된 점을 들 수 있다. 2010년을 전후하여 미국 시장이 독보적으로 자리 매김하면서 미국 시장이 다른 나라 시장의 영향권에서 비교적 자유로워졌다.

* '[표 13] 코스피 첫 2천 돌파 후 미국 지수와 비교' 발췌 (단위: P, %)

구분	07-07-25	24-12-31	기간수익%	연평균	CAGR(17)
코스피	2004.22	2399.49	19.7%	1.2%	1.1%
다우 지수	13785.07	42544.22	208.6%	12.3%	6.9%
나스닥	2648.17	19310.79	629.2%	37.0%	12.4%

※ CAGR(Compound Average Growth Rate: 연평균 복합 성장률=복리 수익률)

전 세계 증권시장의 동조화가 진행되면서 미국 시장과 다른 나라 시장 간에 서로 영향을 주고받는 과정에서도 미국 시장이 다른 시장과 독자적 움직임을 보여왔던 터에, 2010년 전후로 미국 시장의 위상이 더욱 커지다 보니 미국 시장의 독자적 움직임 현상이 더욱 두드러지게 된 것은 자연스러운 현상이라 할 수 있다.

특히 큰 사건이 일어났을 때의 반응 면에서 미국 시장은 다른 나라 시장과 차별화된 독특한 반응*을 보인다는 것이다.

③ 높은 기관 비중

미국 시장의 고유의 특성으로 들 수 있는 것 중 하나로 미국의 주요 기업의 주주 구성을 보면 특히 역사가 오래된 기업일수록 대주주의 비중이 낮고 기관투자자의 비중이 높다.

기관의 비중이 높으면 주가가 경제나 기업실적 등 펀더멘탈을 반영할 가능성이 높다는 것이고, 기관 간의 경쟁으로 상승기엔 상승을 가속하고 하락기엔 하락을 가속화**할 가능성도 있다.

---

* **후술하는 '합창 반대의 법칙' 참조** '합창 반대의 법칙'이란 어떤 재료에 대해 아시아나 유럽의 시장이 한 방향으로 반응 시, 미국 시장은 유독 아시아나 유럽의 방향과 반대로 움직일 가능성이 높다는 법칙을 말한다. 이러한 현상이 자주 목격되는 바, 어떤 사건이 일어났을 때 미국 시장은 아시아나 유럽 시장의 반응과 다를 것이라는 점을 고려할 필요가 있다.
  ⇒ 과거 사례: 2005/7/7 런던 지하철 테러(한국 17시경) 발생 시 나스닥 선물이 −5% 급락, 영국 −1.36% 마감, 당일 미국 시장은 강보합(+0.3%) 마감.
  ⇒ 최근 사례: 2022/2/24 러-우전 발발 당시 아시아 −2%대, 유럽 −3%후반대 급락, 당일 미국은 나스닥 +3.34%, S&P 500 +1.50%로 오히려 급등.

** 1987(10/19) 블랙 먼데이 당시 주가가 일정 수준 이하로 하락하면 자동으로 매도주문을 실행하는 시스템(Program Trading)이 대량매도 사태를 유발하여 하락을 가속화하게 된 것이 이날의 폭락(다우 지수 −22.6%)의 원인 중 하나로 거론되고 있다. 당시 SEC는 주가가 급락할 경우 거래를 일시적으로 중단하는 서킷 브레이커(Circuit breaker)제도를 도입하였다.

■ [표 113] 주요 대형주의 기관 보유 비중 발췌

나스닥 종목　　23-12-08 현재, 시총순 배열

설립년도	Symbol	기관보유%	설립년도	Symbol	기관보유%	평균설립년도
1976	AAPL	61.7%	1960	AVGO	74.1%	뉴욕거래소
1975	MSFT	73.2%	1958	V	98.7%	10개
1998	GOOG	62.3%	1966	MA	78.8%	1905년
1994	AMZN	61.9%	1886	JNJ	71.1%	나스닥거래소
1993	NVDA	68.6%	1837	PG	66.8%	10개
2003	TSLA	44.7%	1978	HD	71.7%	1986년
2004	META	78.2%	1982	ADBE	86.1%	
1876	LLY	84.4%	1976	COST	71.3%	
1977	UNH	89.5%	1891	MRK	77.8%	
1799	JPM	72.1%	1886	KO	71.7%	
1946	전체평균	73.2%	78.3%	뉴욕/나스닥	68.2%	

위 '주요 대형주의 기관 보유 비중' 표에서, 역사가 오래된 주로 뉴욕증권거래소 상장 종목은 기관 보유 비중(10개, 78.3%, 평균 설립년도 1905년)이 높은 반면, 비교적 역사가 짧은 나스닥 거래소에 상장된 종목은 기관 보유 비중(10개, 68.2%, 평균 설립년도 1986년)이 낮음을 알 수 있다. 미국 기업들은 대주주 비중이 낮아 경영권 보호장치로 복수의결권 제도를 도입하는 경우가 있다.

02
미국 주식, 역발상으로 투자하라

1) 뉴스나 재료는 잊어라

앞에서 미국 시장만의 고유한 특성을 알아보았다. 미국 주식에 투자하기 전에 미국 시장의 독특한 특성을 이해하고 맞춤형 투자를 하는 것이 투자 성공의 길이라 본다.

미국 시장의 경우 기존의 투자상식과 다른 투자원칙을 세우는 게 좋으며, 이러한 투자원칙이 바로 역발상 투자법의 근간이 된다고 할 수 있다.

역발상 투자법 중 첫 번째가 바로 뉴스나 재료는 잊어버리고 투자에 임하라는 것이다. 일반적으로 알려진 것과 달리 미국 시장의 경우 재료가 주가를 움직이는 게 아니라는 사실이다.

오랜 기간 미국 시장을 관찰해온 연구자의 입장에서 내린 결론은 재료에 의해 주가가 영향을 받기보다 상황에 따라 재료가 주가에 달리 반영되는데, 그 이유는 다음과 같다.

① 주가는 재료가 아니라 추세가 좌우한다

같은 재료라 하더라도 당시의 주가 추세에 따라 주가에 다르게 반영된다. 이것이 미국 주식시장의 가장 중요한 주가 운동법칙이라 할 수 있다.

첫째, 기업실적 발표를 예*로 들면 장 마감 후 특정 기업의 기업실적이 양호하게 발표되는 경우 익일 당해 기업의 주가는 상승으로 마감할 가능성이 큰데, 그렇다고 지수가 반드시 상승하는 것은 아니다. 전날 지수의 추세가 상승이라면 지수가 올라가겠지만 전날 지수 추세가 하락이었다면 당해 기업 주가가 상승하더라도 지수는 오히려 하락할 가능성이 높고, 당해 기업 주가도 약간 밀려서 마감할 가능성이 높아진다. 바로 주가는 추세가 좌우한다는 법칙(일명 '추세 우위의 법칙')에 따른 것이다.

빅테크 실적 발표 시, 빅테크의 시총이 초대형이라 당해 기업 주가와 지수 등락이 밀접한 관련이 있을 것 같지만, 전날의 지수 추세와 더 상관성이 높다. 따라서 빅테크 실적에 따라 당해 기업 주가가 크게 변동하더라도 당일 지수가 빅테크의 등락 방향으로 진행되리라 예단할 필요가 없다. 나스닥 100 지수 산출방식이 수정 시가총액식인 것과 관련이 있다.

기업실적과 지수 등락과의 관계를 살펴보았는데 다른 재료의 경우에도 비슷한 현상을 발견할 수 있다. 예를 들어 금리 결정과 주가 등락과의 관계를 보

* 빅테크 실적 발표 후 지수 등락 VS 추세 일치 현황

날짜	발표 기업	종목%	3대지수%	전날 추세	(등:3%)일치	추세:지수%
23-10-19	TSLA	-9.30%	-0.85%	하락	일치	일치
23-10-25	MSFT	3.07%	-1.39%	하락	불일치	일치
23-10-25	GOOG	-9.60%	-1.39%	하락	일치	일치
23-10-26	META	-3.73%	-1.23%	하락	일치	일치
23-10-27	AMZN	6.83%	-0.41%	하락	불일치	일치
23-11-03	AAPL	-0.52%	0.99%	상승	불일치	일치
23-11-22	NVDA	-2.46%	0.47%	상승	불일치	일치
24-01-25	TSLA	-12.13%	0.45%	상승	불일치	일치
24-01-31	MSFT	-2.69%	-1.55%	상승	일치	불일치
24-01-31	GOOG	-7.35%	-1.55%	상승	일치	불일치
24-02-02	AAPL	-0.54%	1.05%	상승	불일치	일치
24-02-02	AMZN	7.87%	1.05%	상승	일치	일치
24-02-02	META	20.32%	1.05%	상승	일치	일치
24-02-22	NVDA	16.40%	2.08%	상승	일치	일치
총/일치 건수/일치율		14			57.1%	85.7%

면, 통상 금리 인하는 주가에 호재이고 금리 인상은 주가에 악재가 되는 것으로 알려져 있지만, 당일 등락은 당시의 추세와 더 밀접한 관련성이 있으며 장기적으로도 금리 인상기가 대세 상승기이고 금리 인하기가 대세 하락기라는 사실*에서 일반적 인식과 차이가 있음을 알 수 있다.

② 합창 반대의 법칙

미국의 주식시장은 다른 시장을 압도하는 큰 규모만큼 다른 시장과 차별화되는 독특한 특성을 갖고 있는데, 예를 들어 어떤 돌발적 재료나 사건 발생으로 아시아와 유럽이 한 방향으로 반응할 경우 미국은 달리 반응한다. 이를 '합창 반대의 법칙'**이라 명명할 수 있다.

즉, '합창 반대의 법칙'이라 함은 아시아나 유럽 등 다른 시장이 합창하듯 한 방향으로 움직이는 경우 미국 시장은 다른 시장이 합창하는 방향의 반대로 움

* 금리 고저 간 등락과 지수 등락

금리고저	금리고저일	다우	나스닥	다우%	나스닥%	고저간일수	
4.75	98-11-17	8986.28	1878.52				
6.50	00-05-16	10934.57	3717.57	21.7%	97.9%	376	
1.00	03-06-25	9011.53	1602.66	-17.6%	-56.9%	779	
5.25	06-06-29	11190.80	2174.38	24.2%	35.7%	759	
0.25	08-12-16	8924.14	1589.89	-20.3%	-26.9%	621	
2.50	18-12-19	23323.66	6636.83	161.4%	317.4%	2,519	
0.25	20-03-16	20188.52	6904.59	-13.4%	4.0%	310	
5.50	23-07-26	35520.12	14127.28	75.9%	104.6%	846	평균인상기간
금리 인상기 등락(금리 저점일→금리 고점일)				70.8%	138.9%	1,125	4.5년
금리 인하기 등락(금리 고점일→금리 저점일)				-17.1%	-26.6%	570	2.3년
※ 금리 고저 등락과 지수등락 상관계수 →				다우	나스닥		평균인하기간
				0.74	0.79		

** '합창 반대의 법칙' 사례

날짜	사건	아3국%	유럽3국*	미3지수%	미전일추세	(미-유)%	반대 이유
05-07-07	런던테러	장 종료 후	-1.53%	0.30%	상승	1.83%	미국추세반영
22-02-24	러-우戰	-2.32%	-3.89%	1.71%	하락	5.60%	청개구리특성
23-10-09	하마스전	휴장	-0.42%	0.54%	중립	0.96%	청개구리특성
24-01-17	중GDP↓	-1.31%	-1.13%	-0.47%	상승	0.66%	미국추세반영
25-02-03	관세전쟁	-2.90%	-1.21%	-0.75%	상승	0.46%	미국추세반영

직이는 경향성을 이르는 것이다.

　이러한 움직임이 나타나는 이유는 몇 가지가 있다. 첫째로, 미국은 전 세계 유일무이한 초강대국(시총 기준 전 세계 약 50%)이다 보니 다른 시장을 무시하려는 일종의 '청개구리' 특성이기도 하고, 한편으로 특정 사건을 대하는 미국의 해석이 다른 탓일 수 있다. 둘째로, 미국 시장은 추세에 좌우되는 경향이 강한데, 다른 시장의 반응이 결과적으로 미국의 추세와 달랐기 때문일 수 있다.

　따라서 특정 사건이 있을 경우 아시아나 유럽의 시장이 한 방향으로 진행되는 경우 미국의 반응을 예단하지 말고, 당시의 미국 시장의 추세나 '합창 반대의 법칙'이 적용될지를 판단하여 대응할 것을 추천한다.

　'합창 반대의 법칙'을 적용하여 대응하는 경우 대개 아시아나 유럽의 방향과 달리 움직이게 되는 점을 고려한다면 상당히 많은 이익이 창출될 가능성이 높다는 점에서 '합창 반대의 법칙' 적용[*] 의의가 있다 할 것이다.

2) 역발상으로 투자하라, 투자 시점은?

미국 주식 투자 시 미국의 독특한 주가 운동법칙을 적용해야 함을 설명했다.

---

* **사례** 2025/2/3 한국 낮 시간 아3국(−2.9%) 및 나스닥 선물(−2% 대)의 급락 당시 '합창 반대의 법칙'을 적용하여 나스닥 선물이나 주식(TQQQ)을 매수할 것을 권유, 이 경우 매수 진입 후 익일 새벽 종가 청산 시 나스닥 선물로 약 300P의 이익, TQQQ로 약 3$의 이익(78$-)80.72$, +3.5%)이 가능.

[개장전 시황] 25/2/3(한국 19:47):
관세전쟁에 아시아(−2.9%)/나선물(−2%)급락, 오늘 미국은?
- 합창반대의 법칙과 주요지수의 상승 추세 감안 시 약보합, 또는 상승가능성도 있다.
- TQQQ를 78$대 매수, 익일 새벽 종가청산.

→ 미국의 독특한 주가 운동 법칙의 하나인 '추세 우위의 법칙'의 적용 사례, 추세 추종에 수익기회가 발생한다.

→ '합창 반대의 법칙'의 적용 사례, 이미 큰 폭으로 하락한 이후, 리스크도 적다는 점에서 수익 기회가 있다.

[미국 장중시황] 25/1/23(18:10): 전날 나스닥 추세가 상승으로 전환한 바, 18시에 개장한 개장전 거래에서 하락(나스닥 −0.5% 대)으로 출발, 이 경우 오늘은 시종매매와 관계 없이 (오버매매 관점에서) 개장전 거래에서 저가매수 대응이 가능. TQQQ를 18시 직후에 매수(86.45, −1.5%) 추천.
→ 당일 종가(88.34) 청산 시 +2.18% 수익

여기선 구체적인 매매방법/매매시점에 대하여 중·장기투자와 단기투자의 관점에서 살펴보고자 한다.

투자법에 관하여는 개별 기업의 펀더멘탈을 고려할 수 있으나 개별 기업의 주가 역시 지수와 동행한다는 가정하에 주요 지수에 대한 매매 시점으로 기준을 삼는 방법을 추천한다.

① 장기적 관점의 매매 대응

통상 장기적 관점에서의 매매에는 여러 방법이 있겠지만 대세 상승기라는 판단이 서면 주식을 매수하고 대세 하락기로 들어가면 매도하는 식으로 대응하면 된다. 그런데 미국 시장은 금리 인상기가 대세 상승기와, 금리 인하기가 대세 하락기와 연동되는 특성이 있기에 장기적 관점의 매매 대응은 금리 인상기가 되면 주식을 매수하고 금리 인하기로 들어가면 매도하는 전략을 취할 수 있다.

통상 금리 인하는 주가에 호재로, 금리 인상은 악재로 알려져 있지만, 미국의 경우 금리 인상기에 주가가 오르고, 인하기에 주가가 내리는 특성을 매매에 접목하면 된다. 구체적으로는 금리 저점에서 주식을 매수 후 금리 인하가 시작되면 매도하는 전략을 취하면 되겠다.

그 이유는 금리 저점 부근에서 주가 저점이 형성되고, 금리 고점 부근에서 주가 고점이 형성되는데, 주가 저점은 금리 저점과 거의 비슷한 시기에 형성되는 반면, 주가 고점은 금리 고점보다 늦게 오는 경향(금리 인상이 경제에 부담을 주는 시점과의 시간차가 있기 때문이다)이 있어 금리 저점에선 즉시 매수하고, 금리 고점 시는 첫 금리 인하 시점 전후 주식을 매도하는 게 유리하기 때문이다.

금리 저점일 매수 → 첫 금리 인하일 매도 수익표*는 각각의 지수나 종목으로 금리 저점일에 매수하여 첫 금리 인하일에 매도한 수익을 전부 합산하여 기초 주가 대비 수익률을 계산한 것이다.

위 결과가 지수는 물론 종목 투자로도 양호한 수익을 거두고 있는 것을 볼 때, 금리 저점일에 매수하여 첫 금리 인하일에 매도하는 장기투자 관점의 매매법이 좋은 투자법임을 실증한다고 할 수 있다.

결과적으로 세간의 통념과 달리 미국 시장에선 금리 인하는 호재, 금리 인상은 악재라는 도식에서 탈피하는 역발상(Contrarian mindset) 투자를 할 필요가 있다.

즉, 미국 주식에 투자할 경우 미국 시장의 독특한 주가 운동법칙에 맞춘 맞춤형 투자를 해야 한다는 사실을 다시 강조한다.

② 중기적 관점의 매매 대응

앞에서 장기적 관점에서의 매매법과 매매시점에 대하여 살펴보았고, 이번에는 중기적 관점에서의 매매법과 매매시점을 설명하고자 한다. 위에서 수차례에 걸쳐 미국 시장은 추세가 특히 중요함을 강조한 바, 추세를 중기적 관점

* 금리 저점일 매수 → 첫 금리 인하일 매도 수익

매수/매도일	다우	나스닥	QQQ	SPY	AAPL	MSFT	AMZN
98-11-17+	8986.28	1878.52	32.01	72.38	0.26	17.31	1.24
01-1-03⊖	10945.75	2616.69	53.25	83.76	0.22	13.42	0.69
03-06-25+	9011.53	1602.66	25.18	66.35	0.29	16.00	1.78
07-09-18⊖	13739.39	2651.66	43.44	107.84	4.15	21.11	4.36
08-12-16+	8924.14	1589.89	26.63	66.96	2.97	15.25	2.49
19-07-31⊖	26864.27	8175.42	185.41	279.51	50.41	134.45	100.04
20-03-16+	20188.52	6904.59	164.95	278.45	70.47	155.83	95.05
24-09-18⊖	41503.10	17593.30	471.44	561.40	220.69	430.81	186.43
총매매이익	45942.04	19041.41	504.77	548.37	201.48	395.40	190.96
총수익률	411.2%	913.6%	1476.9%	657.6%	77392.3%	2184.2%	15300.0%
CAGR(22yr)	7.2%	10.7%	13.0%	9.8%	35.9%	15.7%	25.6%

※ 매수일(+)은 금리 저점일, 매도일(⊖)은 첫 금리 인하일
※ 총수익률=총매매이익/'98-11-17 주가
※ CAGR을 22년('98~'24)으로? 첫 금리 인하일부터 금리 저점까지 기간을 제거한 때문

Prologue 역발상으로 투자하라

의 매매 대응의 기준으로 삼고자 한다.

추세를 매매 대응의 기준으로 설정하려면 추세를 판단하는 기준을 정할 필요가 있다. 과거 20여 년 이상 미국 시장을 연구한 결과 추세 판단 기준은 '차트 추세'로 충분하다는 결론을 얻었다. 차트 추세란 문자 그대로 차트로 추세를 파악한다는 것인데 당일의 지수와 20일 이동평균선(이평선)과의 관계로 추세를 판단하는 것을 말한다.

이 기준에 의한 중기적 관점의 매매 대응은 상승 추세가 되면 매수하고 하락 추세가 되면 매수분을 청산하는 매매를 지속하면 된다.

상승 추세는 당일의 지수가 20일선 위(위)에 있으며 20일선이 상향(+) 중('+위')인 것을 말하며, 하락 추세는 당일의 지수가 20일선 밑(밑)에 있으며 20일선이 하향(-) 중('-밑')인 것을 말한다.

주요 지수별로 차트 추세 기준*에 의한 투자 손익을 계산해보면 3대 지수 중 나스닥 차트 추세 기준에 의한 투자 손익이 가장 우수하다는 점에서 나스닥 차트 추세를 기준으로 매매 대응의 기준으로 삼으면 되겠다.

3대 지수 중 나스닥의 투자 손익이 가장 우수하며, 나스닥으로 매매해도 누

* **차트 추세에 의한 지수 손익 비교**

15말 주가	17425.03	5007.41	2043.94	4.76	24.59	33.79	16.00
연도별	다우	나스닥	S&P 500	TQQQ	AAPL	AMZN	TSLA
2016	2276.51	649.56	224.33	1.74	6.81	8.69	5.73
2017	3720.84	672.96	246.33	2.98	0.50	23.38	4.62
2018	−2071.92	−390.56	−63.63	−2.37	3.72	9.91	2.32
2019	2922.81	2196.35	554.11	13.35	32.33	18.27	34.41
2020	1537.64	4371.44	570.08	26.73	52.05	50.50	164.77
2021	1084.46	672.25	324.67	14.08	33.57	11.45	127.41
2022	21.30	−1208.40	−180.38	−12.48	−3.53	−41.93	58.04
2023	3294.26	4277.65	1035.70	32.38	1.61	80.79	59.49
2024	1005.76	1827.78	287.93	8.26	58.50	25.98	198.68
합계	13791.66	13069.03	2999.14	84.67	185.56	187.04	655.47
투자수익률	79.1%	261.0%	146.7%	1778.8%	754.6%	553.5%	4096.7%
CAGR(9)	6.7%	15.3%	10.6%	38.5%	26.9%	23.2%	51.5%

※ 나스닥 차트 추세에 의한 종목별 손익

적 수익률 261%, CAGR 15.3%로 손색이 없다. 나스닥 차트 추세 기준을 종목 매매에 접목하여 나스닥 차트 추세 기준 2024년도 매매 결과*를 예시하면 아래와 같다. 지수가 크게 하락한 2022년은 손실을 기록하는데, 2022년은 매도 수익이 커 양방향 매매(+1,588)론 수익이 나는 것을 기억할 필요가 있다.

③ 단기적 관점의 매매 대응

장기 및 중기적 관점에서의 매매법과 매매시점에 대하여 살펴보았고, 여기선 (초)단기적 관점에서의 매매법과 매매시점을 설명하고자 한다. 중장기 매매 대응과 마찬가지로 (초)단기적 관점에서의 매매 역시 미국 시장 주가 변동의 원리에서 착안한 매매법이라 할 수 있다.

앞서 언급했듯이 상승기엔 나스닥(/100)이 다우나 S&P 500 대비 더 크게 상승하고, 하락기에도 나스닥(/100)이 다우나 S&P 500 대비 더 크게 하락하는 현상을 발견할 수 있는데, 이 현상을 이용하여 일중으로 시가권에서 나스닥 100과 S&P 500의 등락률을 비교하여 데이트레이딩, 즉 단기적 관점의 매매 대응의 기준으로 삼는다.

데이 매매에서의 기준으로, 매수는 시가권에서 나스닥 100의 등락률이 S&P

* 나스닥 차트추세에 의한 나스닥/종목 투자 손익 비교(2024년)

Date	나스닥추세	나스닥	TQQQ	AAPL	AMZN	TSLA	매매
23-11-02	1	13294.19	36.30	177.57	138.07	218.51	매수
24-04-10	-1	16170.36	58.93	167.78	185.95	171.76	매수청산
24-04-11	1	16442.20	61.70	175.04	189.05	174.60	매수
24-04-15	-1	15885.02	55.77	172.69	183.62	161.48	매수청산
24-05-06	1	16349.25	58.56	181.71	188.70	184.76	매수
24-07-24	-1	17342.41	65.45	218.54	180.83	215.99	매수청산
24-08-21	1	17918.99	71.83	226.40	180.11	223.27	매수
24-12-31	-1	19310.79	79.13	250.42	219.39	403.84	매수청산
매매손익계		4703.95	30.89	48.71	73.86	151.93	4회 매매
투자수익률		35.4%	85.1%	27.4%	53.5%	69.5%	54.2%
수익률순위		4	1	5	3	2	

※ 투자수익률: 매매손익/2023-11-02 주가(수정 반영)

500의 등락률보다 강할 경우 지수 선물 또는 지수 ETF(TQQQ, QQQ, SPY 등) 매수로 대응하고, 매도는 시가권에서 나스닥 100의 등락률이 S&P 500의 등락률보다 약할 경우 지수 선물 매도 또는 지수 인버스 ETF(SQQQ, PSQ 등) 매수로 대응한다.

구체적으로는 3분봉을 기준으로 미국 시장 개장 후 3분 후인 22시 33분(서머타임 기준) 나스닥 100의 등락률과 S&P 500의 등락률을 비교하여 나스닥 100이 강하면 매수하고 약하면 매도 후 당일의 종가(05시)로 청산(양방향 매매 경우 장중 2회 신호 변경)하는 식으로 매매하는 방법이다.

위 나스닥 100의 등락률과 S&P 500의 등락률 차('나에차'라 함)를 구하여 22시 33분의 나에차가 양(음)이면 매수(매도)한 후 당일의 종가(05시)로 청산하는 식으로 매매한 2024년 12월의 매매 결과(양방향 1일 3회, 시종매매 1일 1회 매매, 매매 결과)를 예시하면 다음과 같다.

■ 나에차에 의한 매매 예시('24.12)

날짜	양방향 매매(총2회 限)		초기신호 시종매매손익		종목/시종매매 수익률		비고
	나100선물*	SP 500선물	나100선물*	SP 500선물	TQQQ/SQQQ		
24-12-02	$2,445	$138	$2,445	$138	TQQQ	2.5%	
24-12-03	$755	$475	-$2,275	-$150	SQQQ	-1.7%	
24-12-04	$2,325	$850	$2,325	$850	TQQQ	1.6%	
24-12-05	-$85	$238	$1,320	$538	SQQQ	0.9%	
24-12-06	$2,690	-$63	$2,690	-$63	TQQQ	2.3%	
24-12-09	$2,890	$1,563	$2,890	$1,563	SQQQ	1.8%	
24-12-10	-$1,175	-$263	-$2,625	-$1,413	TQQQ	-1.7%	
24-12-11	$3,875	$638	$3,875	$638	TQQQ	2.8%	
24-12-12	$430	$838	$430	$838	SQQQ	0.2%	
24-12-13	-$200	-$975	-$200	-$975	TQQQ	-0.1%	
24-12-16	$3,810	$488	$3,810	$488	TQQQ	2.5%	
24-12-17	-$1,840	-$363	-$380	-$75	TQQQ	-0.1%	
24-12-18	$15,345	$9,263	$15,345	$9,263	SQQQ	10.0%	
24-12-19	$5,570	$2,913	$5,570	$2,913	SQQQ	4.0%	
24-12-20	-$4,500	-$2,200	-$4,500	-$2,200	SQQQ	-3.5%	손절
24-12-23	$2,005	$1,463	$2,005	$1,463	TQQQ	1.5%	
24-12-24	$4,355	$2,638	$4,355	$2,638	TQQQ	2.8%	
24-12-26	-$4,145	-$1,863	$620	$663	TQQQ	0.5%	
24-12-27	$2,180	$1,188	$2,180	$1,188	SQQQ	1.4%	
24-12-30	-$680	-$550	-$680	-$550	SQQQ	-0.2%	
24-12-31	$4,275	$1,775	$4,275	$1,775	SQQQ	3.1%	
손익 합계	$40,325	$18,188	$43,475	$19,525		30.7%	

※ 나스닥 100 선물은 CME의 E-mini Nasdaq-100선물('25/2/5일 증거금: $24,420).

> 위 사례는 난기석 관점의 매매 대응법으로, 짧은 기간 나에차에 의한 데이 트레이딩의 매매 결과를 보여준 것으로 이 방식은 미국 시장의 주가 변동원리에 따른 매매로 단기 매매의 관점으로 접목할 가치가 있는 나름 괜찮은 방법이라 할 수 있다. *2024년 12월의 결과가 유독 좋다는 점을 감안할 필요가 있다.

미국 시장 일반

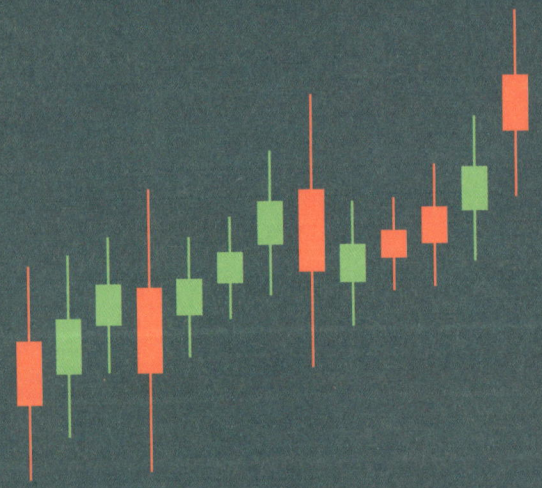

Part 1

1. 미국 시장이 알고 싶다!
   01 미국 증시의 역사
   02 미국 증시의 현재
   03 대표 주식 거래소는?
   04 대표지수가 궁금해!

2. 주식 투자, 미국이 답이다!
   01 왜 미국 시장인가?
   02 왜 미국 주식인가?
   03 한국시장과의 비교

CHAPTER 01
미국 시장이 알고 싶다

　미국 증시는 1792년 미국 증권거래소가 설립되면서 태동되었다. 1896년 다우 지수가 창안되었고, 1929년 대공황을 수습하는 과정에서 미국 증권거래위원회(SEC)를 설립해 증시의 투명성과 공정성을 강화함으로써 증권시장의 기틀을 다지고 현재까지 이어지며 발전해온 역사를 가지고 있다.

　미국 증권시장을 구성하는 주요 거래소, 대표 지수에 대해서 살펴보고자 한다. 미국 시장을 오랜 기간 경험한 필자는 이러한 부분을 배우는 것이 미국 주식을 경험하거나 매매하는 데 큰 도움이 된다는 믿음을 가지고 있다.

01
미국 증시의 역사

1) 미국 증권거래소의 태동

미국은 1776년 7월 4일 독립을 선언한 후 유럽에서 유행하던 증권거래소의 설립을 추진했다. 당시 유럽의 네덜란드나 영국 등의 정형화된 증권거래소와 비교하면 당시 미국은 떠오르는 시장, 즉 이머징 마켓인 셈이었고 마침내 1792년에 증권 중개업자 등이 월가 68번지에 모여 증권거래법 및 수수료에 대해 협정하는 계약을 맺고 첫 증권거래소가 세워지게 된다. 이것이 바로 현재 우리가 아는 뉴욕증권거래소(NYSE)의 태동이다.

2) 다우 지수의 창안

『월스트리트 저널』 편집자이자 다우존스 앤 컴퍼니의 공동 창립자 찰스 다우(Charles Henry Dow)가 1896년 5월 26일에 창안한 지수인 다우산업평균지수(약칭 다우 지수, 영문명 DJIA)가 태동하며 최초의 주가지수가 되었고, 이후 1957년 S&P 500 지수에 이어 1971년 나스닥 종합지수, 1984년 러셀 지수, 1993년 필라델피아 반도체 지수가 속속 만들어지며 미국 주가지수가 발전해 왔다.

다우 지수는 12개 종목으로 출발, 1916년 20개, 1928년 30개 종목으로 확대되었다. 30개 종목으로 미국 증권시장을 대표하기 어렵다는 논란이 계속되고 있으나 역사성으로 계속 존속될 가능성이 높다(50종목으로 확대하자는 의견이 부상하고 있다). 다른 주요 지수들의 경우 지수 산출 방법이 시가총액식인 데 반해 다우 지수는 주가평균식을 사용한다는 점에서 대표성을 의심받기도 한다.

3) 1929년 경제 대공황과 SEC 설립

1929년 10월, 주식시장의 대붕괴가 일어났다. 1929년 9월 3일 381.17포인트로 정점을 찍었던 다우 지수가 몇 년간 하락장을 겪으며 1932년 7월 8일 41.22포인트에 도달했고 그 하락률은 89%에 달했다. 이는 대공황으로 이어져 전 세계적인 경제 침체를 초래하였으며, 미국 증시에 큰 영향을 미쳤다. 대공황 이후, 미국 증시를 규제하고 투자자를 보호하기 위해 1934년에 SEC(증권거래위원회)가 설립되었다. SEC는 증시의 투명성과 공정성을 강화하였으며, 현재도 중요한 역할을 수행하며 미국 증시를 선진 증시로 만드는 데 기여하였다.

4) 1980년대 테크 블룸(Tech Bloom)

1980년대 컴퓨터 기술 및 정보기술 분야(IT, Information Technology) 기업들이 주목받기 시작하였다. 이때부터 IBM, Apple, Microsoft 등의 기업들이 우후죽순으로 나타나며 2000년대 들어 미국의 산업이나 증시에 혁명적인 변화를 불러오게 되었다.

■ [표 1] 1960년대 이후 미국 시총 1위 종목의 변천사

코드	업종	현재 시총	다우	코드	업종	현재 시총	다우
T	통신	142.7	No	CSCO	통신장비	203.6	Yes
GM	자동차	55.9	No	INTC	반도체	94.2	Yes
GE	복합기업	189.3	No	XOM	석유	524.0	No
IBM	HW/SW	186.2	Yes	AAPL	아이폰	3481.7	Yes
MSFT	소프트웨어	3100.6	Yes	NVDA*	반도체	2936.5	No

※ 2024/06/18 최초
※ 시총 기준일, 단위: 2024/08/30, B$

[참고 1] 지수 산출 시 주가 평균식과 시가총액식의 차이

① (다우 방식)주가평균식: (당일 30 종목 등락의 합)/(전일 30 종목 주가 합계)=종목 주가 합계의 변화율*
② (나스닥 방식)시가총액식: (비교 시점의 시가총액/기준 시점의 시가총액)−1=시가총액 합계의 변화율**
· 주가평균식(가격가중식, Price-weighted Index)은 지수 산출 시 시가총액과 무관하게 주가만으로 계산함으로써 고(高) 주가 종목의 등락에 좌우되어 시가총액식과 비교하여 시장의 움직임을 제대로 반영하지 못한다는 평가가 있다.

* 2023년 말 현재 다우 지수와 시가총액식의 등락률 차이: 다우 방식%: +13.7%, 시가총액식 다우%: +26.0%(+12.3%)
** S&P 500이나 나스닥의 경우 대주주의 지분 등을 제외한 유동주식(Float)만을 대상으로 시가총액(Float-adjusted Market Cap-weighted)을 산출하는 방식의 「유동 조정 시가총액 가중 방식」을 사용하고 있다.

02
미국 증시의 현재

1) 닷컴 버블과 글로벌 금융위기

1980년대 테크 블룸에 이어 1990년대 후반에는 인터넷 기업들에 대한 닷컴 투자 열풍이 불었으나, 2000년 닷컴 버블의 붕괴와 2001년 9.11테러를 겪으면서 주식시장은 큰 하락을 경험하게 되었다. 닷컴 버블을 수습한 지 얼마 지나지 않아 2007년 서브프라임 모기지 위기에 이어 2008년 리만 브라더스 파산으로 인한 글로벌 금융위기가 터졌다. 미국 증시를 비롯한 전 세계 주식시장에 큰 충격을 주었음은 물론, 미국 증시 투자에 대한 본격적인 변화(미국 집중 심화)가 이루어지는 계기가 되었다.

2) 현재의 미국 주식시장

현재 미국 증시는 각각 전 세계 증권거래소 시가총액 순위 1위와 2위인 뉴욕증권거래소(NYSE)와 나스닥(NASDAQ) 등을 중심으로 활발히 운영되고있으며, 기존 인터넷과 디지털 기술 발전으로 인해 주식 거래는 더욱 편리해졌다. 이에 더해 인공 지능(AI) 분야 및 전기차의 본격 부상으로 인해 빅테크의 부상 등 주식 종목의 시가총액 순위에도 혁명적인 변화가 일어나고 있다.

(☞[표 2] 미국 시총 상위 종목 참조, 2023년 말 현재 미국 전체 시총 1위부터 7위 포함 10개 중 7개가 나스닥 거래소 소속)

■ [표 2] 2023년 현재 미국 시총 상위 10종목   (2023/12/29, B$) (2024/10/24, B$)

회 사 명	심볼	거래소	시가총액	2023%	시가총액	시총순
Apple Inc.	AAPL	나스닥	2,994.4	48.2%	3,505.61	1
Microsoft Corporati	MSFT	나스닥	2,794.8	56.8%	3,157.04	3
ALPHABET CL C CA	GOOG	나스닥	1,633.5	58.8%	1,872.28	5
AMAZON.COM INC	AMZN	나스닥	1,570.1	80.9%	1,956.17	4
NVIDIA CORPORATI	NVDA	나스닥	1,223.2	238.9%	3,444.26	2
TESLA, INC.	TSLA	나스닥	789.9	101.7%	832.14	10
Meta Platforms, Inc.	META	나스닥	785.7	194.1%	1,240.45	6
Berkshire Hathaway	BRK.B	뉴욕	777.3	15.6%	986.70	8
Eli Lilly Company	LLY	뉴욕	553.6	60.7%	847.13	9
Taiwan Semiconduc	TSM	뉴욕	539.2	39.6%	1,026.44	7
합계/평균			13,661.7	89.5%	18,868.22	

순위상승 순위하락

PART1 미국 시장 일반

03 대표 주식 거래소는?

미국에는 전국적으로 많은 거래소가 있으며 대표적인 거래소로 상품이 주로 거래되는 뉴욕상업거래소(NYMEX, New York Mercantile Exchange), 선물이 거래되는 시카고선물/상업거래소(CME, Chicago Mercantile Exchange), 옵션이 거래되는 시카고옵션거래소(CBOE, Chicago Board Option Exchange) 등이 있으며, 주식 거래소로는 대표적으로 NYSE(New York Stock Exchange), NASDAQ(National Association of Securities Dealers Automated Quotations), AMEX(American Stock Exchange, NYSE American(약칭 NYSE Arca))가 있다.

1) 뉴욕증권거래소(NYSE, New York Stock Exchange)

① 설립: 1792년에 설립된 미국의 대표적 증권거래소로 현재 전 세계 거래소 중 시가총액 1위를 차지하고 있다(애칭은 Big Board).

② 거래 방식: NYSE는 전통적인 거래 방식으로서 주문이 실제로 주식 거래소에서 전문 거래자들에 의해 처리되며, 이를 옥션 방식이라고도 한다.

③ 상장 기업: 설립 당시 5개의 상장회사(최초 상장회사: Bank of New York/BK)

로 출발했다. NYSE에는 주로 역사가 오래된 비교적 큰 규모의 블루칩 기업들이 상장되어 있다. 다우 산업 평균 지수 편입 종목을 우선으로 NYSE에 상장된 대표적인 기업(Symbol)을 예로 들어보면 다음과 같다.

1900년 이전 설립한 회사로서 설립(괄호 안은 설립년도)순으로 BK(1784), BAC(1784), JPM(1799), C(1812), MO(1822), PG(1837), PFE(1849), AXP(1850), TRV(1850), SHW(1866), GS(1869), XOM(1870), LLY(1876), CVX(1879, 구 Chevron Texaco), JNJ(1886), KO(1886), MRK(1891), GE(1892) 등이고, 1900년대 이후 설립하여 100여 년이 된 기업을 보면, MMM(1902, 구 Minnesota Mining and Manufacturing Company), F(1903), GM(1908), IBM(1911), BA(1916), DIS(1923), CAT(1925) 등이 있으며, 이후 설립한 회사로 MCD(1940), WMT(1945), V(1958), NKE(1964), UNH(1977), HD(1978), VZ(1983), BRK.B(1998), CRM(1999) 등이 있다.

④거래 시간: NASDAQ, AMEX와 동일하게 평일 오전 9시 30분부터 오후 4시까지 거래가 이루어진다.

2) 나스닥 거래소(NASDAQ, National Association of Securities Dealers Automated Quotations)

① 설립: 장외시장(OTCBB, Over the counter bulletin board)에서 거래되던 주식을 장내로 유도하기 위해 FINRA(Financial Industry Regulatory Authority)의 전액 출자 자회사로 1971년 2월 8일 설립되었다. 처음엔 장외시장으로 출발했다가 무섭게 성장하며 장내시장으로 발돋움했다. 초기 NASD(National

Association of Securities Dealers)로 알려졌으며, 디지털화된 전자 거래 시스템을 기반으로 운영되고, NYSE보다 상장 요건이 완화되어 스타트업 류의 벤처 기업들이 상장을 통하여 자금 조달을 쉽게 함으로써 나스닥을 통하여 수많은 IT 거대 기업의 탄생이 이루어지게 되었다.

전 세계 거래소 중 시가총액순으로 NYSE에 이어 부동의 2위를 지키고 있으며 머지않아 NYSE를 제치고 전 세계 거래소 시가총액 1위로 부상할 것으로 예상된다.

② 거래 방식: NASDAQ은 거래소 개설 초기부터 전자 거래 시스템(NASDAQ의 이름 끝 두 글자인 'Automated Quotations'에 함축되어 있다)을 사용하여 거래가 이루어지며, 주문은 컴퓨터 네트워크를 통해 처리된다.

③ 상장 기업: NASDAQ은 기술과 혁신으로 유명하며 정보 기술(IT), 바이오테크놀로지(BT, Biotechnology), 기타 최첨단 산업 분야의 기업들이 주로 상장되어 성장 지향적인 회사로 인식되고 있다. 나스닥이 1971년에 발족되어 주로 나스닥의 발족 전후거나 이후에 설립된 회사가 많다. 1971년 이전에 설립된 나스닥 상장 회사 중에선 NYSE에서 이전한 기업이 많다.

대표적 상장회사로 시가총액순(시가총액 기준일: 2023/11/22)으로 예를 들어 보면(괄호 안은 설립년도), AAPL(1976), MSFT(1975), GOOG(1998), AMZN(1994), NVDA(1993), META(2004), TSLA(2003), AVGO(1960), ADBE(1982), ASML(1984, 네덜란드), COST(1976), PEP(1998), NFLX(1997), AMD(1969), AZN(1992, 영국), CSCO(1984), INTC(1968), TMUS(1994), CMCSA(1963), INTU(1983), PDD(2015, 중국, 테무 모회사), QCOM(1985),

AMGN(1980), TXN(1930, 최초의 반도체 회사), HON(1885), AMAT(1967), SBUX(1971), ISRG(1995), BKNG(1997), MDLZ(2000), MU(1978), ABNB(2007), MAR(1927), PYPL(1998), BIDU(2000. 중국), PLTR(2003), MRNA(2010), RIVN(2009), LCID(2007) 등이 있다.

[참고 2] 나스닥 거래소(시장)의 시총 규모에 따른 시장/지수 구분

- 대형주(Large-cap) 시장/지수: Nasdaq Global Select Market(Yahoo 코드: ^NQGS)
- 중형주(Mid-cap) 시장/지수: Nasdaq Global Market(^NQGM)
- 소형주(Small-cap) 시장/지수: Nasdaq Capital Market(^RCMP)

[참고 3] NYSE와 NASDAQ 종목의 차이

① Symbol 자릿수 차이: 2000년대 초반까지 NYSE는 Symbol 자릿수가 세 글자 이하이고, 나스닥은 네 글자 이상이었으나 META(구 FB, 두 글자)가 상장될 무렵부터 거래소 간 차이가 거의 없어졌다.

② 실적 발표 시간의 차이: 과거엔 기술주로 주로 구성된 나스닥 종목들은 주로 장 마감 후에 실적 발표를 하고, 금융업이나 전통 제조업 주가 많은 NYSE 종목은 주로 개장 전에 실적 발표하는 전통이 있었으나 현재는 장 마감 후(17시) 발표가 대세가 되고 있다.

■ **[표 3] 세계 증권거래소 시총 순위**

#	거래소	시총(T$)	23년 비중	16년 비중	
1	뉴욕	27.69	23.9%	29.1%	
2	나스닥	24.56	21.2%	11.6%	
3	중국	14.37	12.4%	10.9%	
4	유로넥스트	7.33	6.3%	5.1%	
5	인도	7.07	6.1%	4.6%	
6	일본	6.54	5.7%	7.4%	
7	홍콩	5.43	4.7%	4.8%	
8	캐나다	3.26	2.8%	3.0%	
9	영국	3.18	2.7%		
14	한국	1.83	1.6%	1.9%	비중증가
15	대만	1.59	1.4%	1.3%	비중감소

※ NYSE와 NASDAQ의 위상: 전 세계 증권거래소 시가총액의 약 45% 점유
※ (NYSE + NASDAQ): 57.6T$로 '25.3 전 세계 시총의 약 51% 점유
출처: World Federations of Exchanges, CompaniesMarketCap

[참고 4] NYSE 와 NASDAQ의 거래소 간 이전 사례

· 2000년대 들어 나스닥의 성장에 힘입어 NYSE와 NASDAQ 간의 거래 이전 사례가 눈에 띄게 증가하고 있다.
· 나스닥은 과거 2000년대 초만 하더라도 Symbol의 자릿수가 네 글자 이상(NYSE는 세 글자 이하)이었는데, 현재는 경계가 없어진 상태다. 상장 역사가 길면서 세 글자 이하인 나스닥 회사는 NYSE에서 이전한 회사로 보면 된다. 현재는 NYSE에도 네 글자인 회사*가 있고 나스닥에도 세 글자 이하인 회사가 있다.
· 거래소 간 이전 사례
① NYSE→NASDAQ: PEP, AMD, AZN, TXN, HON, ADP, ADI, MU, CSX, MAR, AEP, EXC, EA, BKR, XEL, ON, WBA(총 17 건)
② NASDAQ→NYSE: FI(구 FISV), ORCL(총 2건)

3) 아멕스거래소(AMEX, American Stock Exchange/NYSE American)

① 설립: 중소 규모 기업들의 상장을 위해 1908년에 설립된 증권거래소로 2012년에 NYSE Euronext에 인수되어 현재는 NYSE American(약칭: NYSEArca)으로 알려져 있다.

② 거래 방식: AMEX는 NYSE와 유사한 옥션 방식을 사용하여 거래가 이루어진다.

③ 상장 기업: AMEX는 주로 중소 규모의 기업들이 상장되어 있으며, 주로 성장 기업이나 새로운 기술 분야의 기업들이 AMEX 상장을 통해 자금을 조달한다. AMEX 상장 기업에는 특히 ETF(Exchange Traded Fund, 상장 지수 펀드) 종목이 많다.

---

* Symbol 자릿수가 네 글자인 NYSE 소속: UBER, BABA, AVTR, RBLX, CPNG, TWLO, PINS, PATH, FSLY, ORCL, IONQ 등

대표적인 ETF 상장 종목으로 DIA(1998, SPDR Dow Jones Industrial Average ETF), SPY(1993, SPDR S&P 500 ETF Trust), SPYG(2000, SPDR Portfolio S&P 500 Growth ETF), SPYV(2000, SPDR Portfolio S&P 500 Value ETF), VOO(2000, Vanguard S&P 500 Index Fund), VOOG(2010, Vanguard S&P 500 Growth Index Fund), VOOV(2010, Vanguard S&P 500 Value Index Fund), IWM(2000, iShares Russel 2000 ETF), PSQ(2006, ProShares Short QQQ), SPXU(2009, 3X Short S&P 500), SDOW(2010, 3X Short Dow30), ARKK(2014, ARK Innovation ETF[*])

4) 3대 주식거래소 비교(종합)

구 분	뉴욕증권거래소 (NYSE)	나스닥 거래소 (NASDAQ)	아멕스 거래소 (NYSE American)
설립	1792년 5월 26일	1971년 02월 08일	1908년
상장회사	2,800여 개	3,800여 개	600여 개
상장회사 특징	설립한 지 오래 된 Blue Chip 류의 우량 기업이 주로 상장, 금융업 및 전통 제조업 주가 많다. 가치주로 인식된다.	정보 기술(IT), 바이오 테크놀로지(BT), 기타 최첨단 산업 분야의 기업들이 주로 상장. 성장주로 인식된다.	중소 규모 기업 및 상장지수펀드(ETF)가 주로 상장되어 있다.
대표기업	BAC, JPM, PG, PFE, AXP, TRV, GS, XOM, LLY, CVX, JNJ, KO, MRK, GE 등	AAPL, MSFT, GOOG, AMZN, NVDA, META, TSLA, CSCO, INTC, HON, AVGO, AMGN 등	DIA, SPY, VOO, IWM 등 ETF 종목 다수 상장
시총(23년)	27.7조$	24.6조$	
종합지수	^NYA	^IXIC	^XAX
종가(23말)	16852.89	15011.35	4594.32

■ [표 4] 3대 거래소 종합지수 등락률 비교

* ① 나스닥 지수의 ETF 종목(ONEQ, QQQ, QQQM, TQQQ, SQQQ 등)과 SOXX(2001, iShares Semiconductor ETF)는 나스닥 거래소에 상장되어 있다.
② ETF 명칭을 설명하는 첫 글자는 자산운용사 또는 자산운용사를 상징하는 이름: 예) SPDR(자산운용사인 SSGA), Invesco(Invesco), iShares(세계 1위 BlackRock), Vanguard(세계 2위 Vanguard), ProShares(ProShares) 등

구분	NYSE	NASDAQ	AMEX
심볼	^NYA	^IXIC	^XAX
95말	3484.15	1052.13	550.00
23말	16852.89	15011.35	4594.32
2024-12-31	19097.10	19310.79	4686.28
24 YTD%	13.3%	28.6%	2.0%
95말 대비	448.1%	1735.4%	752.1%

[참고 5] 3대 증권 거래소의 성장률 비교

· 위 3대 거래소(NYSE, NASDAQ, AMEX)의 종합지수 등락률을 비교해 보면 나스닥 종합지수의 성장률이 단연 압도적.
· 이런 이유로 머지않아 나스닥 거래소의 시가총액이 NYSE의 시가총액을 추월할 것으로 예상된다.

■ [그림1] 나스닥 장기 차트

⇒ 나스닥의 장기 차트를 보면 나스닥이 2000년의 고점(3월 10일 종가 5048.62)을 돌파한 날이 2015년 4월 23일(5056.06)로 무려 15년(3,802일)이 경과할 정도의 장기간이 소요되었음을 감안하여 본다면 주가가 장기적으로 우상향한다 하더라도 적립식 투자의 중요성을 보여주는 단면이라 할 수 있다.

04 대표지수가 궁금해

1) 3대 지수

구분	다우산업평균지수	S&P 500지수	나스닥 종합지수
심볼	^DJI	^GSPC	^IXIC
시작일	1896.05.26(12개)	1957.03.04	1971.02.08
지수기준일	1928.10.01	1928.01.03(10)	1971.02.05(100)
지수산출 방식	주가평균(가격가중) Price-weighted	미 최초 시가총액식 Float-adjusted Market Cap-weighted	시가총액식
주관	S&P Dow Jones 사		www.nasdaq.com
거래소	NYSE, Nasdaq	NYSE, Nasdaq	Nasdaq
종목 수	30	503*	나스닥 거래소 전체
시가총액	13.55조$(23.12.29)	40.68조$(23.11.22)	24.56조$(2023년)

■ [표 5] S&P 500 ETF(SPY)의 Portfolio %로 S&P 500 시가총액 추정(2023/11/22일)

Symbol	Company	Portfolio%	Mkt Cap	S&P시총추정	거래소
AAPL	Apple Inc.	7.34%	2,954.57	40,253	NASDAQ
MSFT	Microsoft Corp	7.33%	2,805.16	38,270	NASDAQ
AMZN	Amazon.com Inc	3.48%	1,516.41	43,575	NASDAQ
NVDA	Nvidia Corp	3.14%	1,180.07	37,582	NASDAQ
GOOGL	Alphabet Class A	2.15%	808.93	37,625	NASDAQ
META	Meta Platforms, Inc.	1.98%	757.98	38,282	NASDAQ
GOOG	Alphabet Class C	1.85%	791.30	42,773	NASDAQ
BRK.B	Berkshire Hathaway B	1.72%	788.70	45,855	NYSE
TSLA	Tesla, Inc.	1.69%	748.48	44,289	NASDAQ
UNH	Unitedhealth Group	1.32%	506.03	38,336	NYSE
평균				40,680	

※ 2024/08/30 현재 51.0T$(2025.02.19, 56T$추정)
출처: slickcharts.com

■ [표 6] SPY ETF Sector별 비중

Sector	Percentage
Technology	28.7%
Healthcare	13.2%
Financial Services	12.3%
Consumer Cyclical	10.7%
Communication Svcs	8.7%
Industrial	8.2%
Consumer Defensive	6.6%
Energy	4.5%
Utilities	2.5%
Real Estate	2.4%
Basic Materials	2.2%
Total	100.0%

출처: finance.yahoo.com

■ [그림 2] S&P 500 섹터별 비중

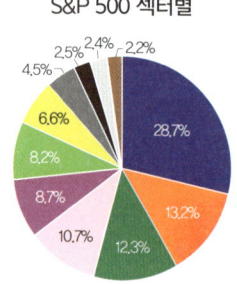

S&P 500 섹터별

2) 기타 대표 지수

구 분	나스닥 100	러셀 2000	필라델피아 반도체
심볼	^NDX	^RUT	^SOX
시작일	1985.01.31	1984년	1993.12.01
지수기준일	1985.01.01(100)		1993.12.01(100)
지수산출 방식	수정 시가총액식 Modified Market Cap-weighted	시가총액식 Market Cap-weighted	시가총액식
주관	www.nasdaq.com	FTSE 러셀	www.nasdaq.com
거래소	Nasdaq	NYSE, Nasdaq	NYSE(2), Nasdaq(28)
종목수	100	중소형 2,000개	30개
시가총액	20.2조$(23.12.29)		5.97조$(23.12.29)

※ 나스닥 100은 비 금융업 대형주 100개사(실제101개, GOOG+GOOGL)로 구성

[참고 6] 나스닥 100과 코스피의 시가총액식 차이

· 코스피는 종목별 시가총액을 지수 계산 시 100% 반영(따라서 삼성전자와 같은 초대형주에 의해 지수 왜곡도 가능). 단, 코스피 200의 경우 나스닥(100)과 같이 유동 조정 시가총액 방식을 사용한다.
· 나스닥 100의 경우 종목별 시가총액을 100% 반영하는 방식이 아니라 큰 회사의 경우 시총의 일부만을 반영=)초대형주에 의한 지수 왜곡을 완화, 이를 '수정시장가치 가중지수'(Modified market value-weighted index)라 한다.

3) 주가평균식(다우 지수 계산 방식)이란?

다우 지수는 다른 지수들이 시가총액식으로 지수를 산출하는 데 비해 주요 지수 중 유일하게 주가평균식이라는 특이한 지수 산출방식을 지수가 창안된 1880년대 초기부터 사용하여 현재에 이르고 있다. 오래된 역사성으로 존속 가능성이 높다는 점에서 주가평균식, 다른 말로 가격가중식(Price-weighted Index)을 제대로 이해할 필요가 있다.

(1) (다우 지수의)주가평균식 계산식:

① 당일 등락률: =((30개 종목의 당일 주가 등락 합계)/(30개 종목의 전일 주가 합계))×100%

*2023/12/01 사례: (+44.70/5454.74)×100%= +0.82%

☞ 실제 발표된 다우 지수 당일 등락률: +0.82%와 일치

② 연간 등락률: =((30개 종목의 연간 주가 등락 합계)/(30개 종목의 전년 말 주가 합계))×100%

*연간 기준 사례(12/01): (470.09/5029.35)×100%= +9.35%

☞ 실제 발표된 다우 지수 연간 등락률: +9.35%와 일치

■ [표 7] 실제 다우 지수 계산 사례

날짜	당일주가합	당일 시총	실제 다우%	다우 계산%	시총식 YTD%	실다우 YTD%	다우 지수
24-12-31	6921.27	19457.89	-0.07%	-0.07%	33.24%	12.88%	42544.22
22-12-30	5029.35	9525.42	-0.22%	-0.22%	-17.14%	-8.78%	33147.25
23-11-30	5454.74	11765.01	1.47%	1.47%	23.51%	8.46%	35950.89
23-12-01	5499.44	11791.08	0.82%	0.82%	23.79%	9.35%	36245.50
23-12-04	5493.13	11716.75	-0.11%	-0.11%	23.01%	9.22%	36204.44
23-12-05	5481.18	11785.84	-0.22%	-0.22%	23.73%	8.98%	36124.56
23-12-06	5470.64	11715.04	-0.19%	-0.19%	22.99%	8.77%	36054.43
23-12-07	5479.96	11763.55	0.17%	0.17%	23.50%	8.96%	36117.38
23-12-08	5499.80	11819.85	0.36%	0.36%	24.09%	9.35%	36247.87
23-12-11	5523.63	11794.08	0.43%	0.43%	23.82%	9.83%	36404.93
23-12-12	5549.88	11858.54	0.48%	0.48%	24.49%	10.35%	36577.94
23-12-13	5627.71	11986.73	1.40%	1.40%	25.84%	11.90%	37090.24
23-12-14	5651.60	11939.13	0.43%	0.43%	25.34%	12.37%	37248.35
23-12-15	5660.22	11969.60	0.15%	0.15%	25.66%	12.54%	37305.16
23-12-18	5660.30	11972.56	0.00%	0.00%	25.69%	12.55%	37306.02
23-12-19*	5698.54	12029.81	0.68%	0.67%	26.29%	13.31%	37557.92

※ 23/12/19처럼 실제 지수와 계산식 결과가 다른 이유는 배당락 등의 요인 때문
※ 23/12/01 다우 지수 계산=5499.44/5454.74-1=+0.82%=36245.50/35950.89-1

(2) **시가총액식 계산식**:

① 당일 등락률: =((30개 종목의 당일 시가총액 합계)/(30개 종목의 전일 시가총액 합계)-1)×100%

*2023년 12월 1일 사례: ((11791.08/11765.01)-1)×100%= +0.22%

☞ 실제 발표된 다우 지수 당일 등락률: +0.82%와 큰 차이

② 연간 등락률: ((30개 종목의 당일 시총액 합계)/(30개 종목의 전년말 시총액 합계)-1)×100%

*연간 기준 사례(12/01): ((11791.08/9525.42)-1)×100%= +23.79%

☞ 실제 발표된 다우 지수 연간 등락률: +9.35%와 큰 차이
☞ 다우 지수를 시가총액식으로도 계산해보는 이유는 주가평균식이 시장 상황을 정확히 반영하지 못하다 보니 시가총액식으로 계산하여 진짜 시장 상황을 보다 정확히 보기 위함이다.

(3) 주가평균식과 시가총액식의 차이

23-12-01 기준

구분	주가평균식 (실 다우)	시가총액식 (다우)	차이 (다우)	비고	
				나스닥	S&P 500
당일등락	0.82%	0.22%	0.60%	0.55%	0.59%
연간등락	9.35%	23.79%	−14.44%	36.70%	19.70%
등락종목수	23/7			75/25	141/44

※ 등락 종목 수는 다우 30, 나스닥 100, 파일 내 전체(186) 중
※ 당일 M7(Magnificent 7)의 등락률: −0.17%, 러셀 2000: +2.96% 나스닥의 경우도 M7의 하락(−0.17%)에도 지수가 상승한 점도 특이사항

■ [표 8] 다우 지수 구성 종목(주가순)

주가기준일 24-10-24

#	회사명	심볼	주가	주가비중	UNH대비
1	UnitedHealth Group Incorporated	UNH	560.81	0.086946	100.0%
2	The Goldman Sachs Group, Inc.	GS	524.50	0.081317	93.5%
3	Microsoft Corporation	MSFT	424.73	0.065849	75.7%
4	The Home Depot, Inc.	HD	402.68	0.062430	71.8%
5	Caterpillar Inc.	CAT	387.06	0.060009	69.0%
6	AMGEN	AMGN	315.69	0.048944	56.3%
7	McDonald's Corporation	MCD	301.58	0.046756	53.8%
8	Salesforce.com, inc.	CRM	286.76	0.044458	51.1%
9	Visa Inc.	V	283.22	0.043910	50.5%
10	American Express Company	AXP	269.98	0.041857	48.1%
11	Travelers Companies, Inc.	TRV	256.42	0.039755	45.7%
12	Apple Inc.	AAPL	230.57	0.035747	41.1%
13	JPMorgan Chase & Co.	JPM	224.98	0.034880	40.1%
14	Intl Biz Machines Corp.	IBM	218.39	0.033859	38.9%
15	Honeywell International Inc.	HON	209.10	0.032418	37.3%
16	AMAZON.COM INC	AMZN	186.38	0.028896	33.2%
17	Procter & Gamble Company	PG	169.62	0.026297	30.2%
18	Johnson & Johnson	JNJ	163.67	0.025375	29.2%
19	The Boeing Company	BA	155.20	0.024062	27.7%
20	Chevron Corporation	CVX	150.45	0.023325	26.8%
21	3M Company	MMM	126.47	0.019608	22.6%
22	Merck & Co., Inc.	MRK	105.88	0.016415	18.9%
23	The Walt Disney Company	DIS	95.40	0.014791	17.0%
24	Walmart Inc.	WMT	83.04	0.012874	14.8%
25	NIKE, Inc.	NKE	79.04	0.012254	14.1%
26	The Coca-Cola Company	KO	67.30	0.010434	12.0%
27	Cisco Systems, Inc.	CSCO	55.96	0.008676	10.0%
28	Dow Inc.	DOW	50.99	0.007905	9.1%
29	Verizon Communications Inc.	VZ	41.86	0.006490	7.5%
30	Intel Corporation	INTC	22.34	0.003464	4.0%
합계			6450.07	1	

※ 최저가 종목인 인텔(INTC) 주가는 최고가 종목인 유나이티드 헬스(UNH)의 4% 즉 1/25 수준.
⇒ 따라서 인텔의 경우 유나이티드 헬스와의 주가 차이가 지나치게 커서 교체 대상 1순위가 됨(2024/11/8 실제 교체됨, 다우, 종목 교체: NVDA/SHW+, INTC/DOW-)

[참고 7] 주가평균식과 시가총액식의 차이

- 미국의 주요 지수인 나스닥, S&P 500, 러셀 2000, 필라델피아 반도체 등과 나아가 코스피는 물론 주요국 지수가 대부분 시가총액식으로 지수를 산출하는 것은 그만큼 시가총액식이 시장 상황을 정확히 반영하는 것을 방증하는 것임에도 다우 지수는 초기부터 주가평균식(가격가중식)으로 산출함으로써 다우 지수의 대표성에 의문이 제기되고 있다.
- 다우 지수는 고가 종목의 지수 반영이 높아 현재 UNH, MSFT, GS, HD, MCD, AMGN 순으로 지수 반영 비중이 높다는 것이고, 전 세계 시총 1위인 AAPL은 주가순으로 12위에 불과하다. 고주가일수록 반영이 높다 보니 다우 지수에 포함되기 위해선 주가가 너무 높거나 낮으면 불리하다. 주가가 지나치게 높았던 AMZN*과 GOOG이 2022년 각각 20:1의 주식 분할(Stock Split)을 한 것도 다우 지수 편입을 염두에 둔 측면도 있다.
- 종목의 주가가 1위 고주가 종목(UNH)의 1/10 이하가 되면 교체 대상이 될 수 있어 현재 다우 종목 중 최저가 종목인 인텔(INTC, 1/25 수준)은 2024년 말경 같은 반도체 업종이면서 최고의 회사인 엔비디아(NVDA)로 교체될 가능성이 점쳐지고 있다.

＊ AMZN: 2024/02/26 다우 지수 편입(기존 WBA_Walgreens Boots 탈락)

CHAPTER 02
주식 투자, 미국이 답이다

 2008년 금융위기는 기존의 금융위기와 달리 미국에서 촉발된 것으로 전 세계 증권시장이 획기적 변화를 맞이하게 된 근본적인 이유가 되었다. 미국 시장의 위상 변화 속에서 상대적 비교우위에서 나아가 절대적인 존재로 부상하는 미국 주식에 투자할 이유를 찾아본다.

 나아가 한국 증권시장과의 관계 속에서 미국 주식 투자의 당위를 찾아보고 미국 시장과의 동조화와 연계하여 한국 주식에 대한 투자 전략도 제시한다.

01
왜 미국 시장인가?

1) 미국 증시의 위상

(1) 시가총액 면에서 전 세계 독보적 시장

미국의 대표적인 거래소인 뉴욕증권거래소와 나스닥거래소가 시가총액 면에서 2023년 현재 약 45%를 점유하면서 타국의 증권거래소와 비교가 안 될 정도로 독보적인 위상을 자랑한다. 전 세계 유일한 벤치마크(Benchmark)가 되는 시장이다. 선진국 시장(Developed Markets)조차 미국 시장과 견줄 만한 시장이 없으며, 이머징 마켓(Emerging Markets)에 속해 있는 중국 시장이 상해와 심천, 홍콩을 합친 시가총액 점유율이 약 17%로 그나마 유일한 경쟁 상대가 될 정도라 할 수 있고, 다른 G7 국가의 거래소조차 미국과는 경쟁 상대가 되지 않는다.

(2) MSCI 지수 내 압도적 위상

MSCI 지수는 모건스탠리 증권(MS)이 1969년 세계 최초로 개발한 국제 벤치마크로서 크게 3개의 카테고리로 나누어 MSCI(Morgan Stanley Capital International) 지수*를 발표하고 있는데, 3개의 카테고리는 다음과 같다.

---

* **MSCI 지수 산출 방식** S&P 500지수와 나스닥 종합지수와 같이 '유동성 주식을 대상으로 한 시가총액식(Float Adjusted Market Cap-weighted)'으로 MSCI 지수를 산출한다.

① MSCI World Index: 이름은 'World Index'이지만 선진 시장(Developed Markets)의 23개 국가로 구성된 지수

  - 시가총액 계(2023/10/31): 52.8T$(구성 종목 수: 1,511개)

  ☞ 미국 비중(70.08%, 37.0T$, 일본/6.13%, 나머지 21개국/23.79%)이 전체의 2/3가 넘는 압도적 비중을 차지하고 있다.

② MSCI Emerging Markets Index: 신흥국 시장 24개 국가로 구성된 지수
  - 시가총액 계: 6.3T$(구성 종목 수: 1,437개)

③ MSCI ACWI(All Countries World Index) IMI(Investable Market Index)(전 세계 투자 가능 지수): 위 선진 시장(23국)과 신흥국 시장(24국)을 주축으로 만든 전 세계 지수
  - 시가총액 계: 66.2T$(구성 종목 수: 9,204개)

  ☞ 미국 비중(61.39%, 40.6T$는 S&P 500 시총 수준)은 실제 미국 거래소의 2023년 전 세계 시가총액 비중 약 45%를 훨씬 능가.

> 미국 지수와 MSCI 지수의 비교표([표 9])를 보아도 특히 2013년 이후 MSCI 지수 대비 S&P 500은 MSCI 선진국 지수와 큰 차이가 없으나 나스닥은 MSCI 선진국 지수는 물론 이머징 마켓과도 압도적 우위, 나아가 고착화 현상을 확인할 수 있다. ⇒ MSCI 이머징 마켓 지수 부진이 코스피에도 투영되고 있고 이러한 사실이 미국 주식 투자 이유를 강화시킨다.

[표 9] MSCI Annual Performance

(단위: %)

Year	MS-ACWI	MS-World	S&P 500	MS-EM	NAS 100
2009	35.41	30.79	23.45	79.02	53.54
2010	13.21	12.34	12.78	19.20	19.22
2011	-6.86	-5.02	0.00	-18.17	2.70
2012	16.80	16.54	13.41	18.63	16.82
2013	23.44	27.37	29.60	-2.27	34.99
2014	4.71	5.50	11.39	-1.82	17.94
2015	-1.84	-0.32	-0.73	-14.60	8.43
2016	8.48	8.15	9.54	11.60	5.89
2017	24.62	23.07	19.42	37.75	31.52
2018	-8.93	-8.20	-6.24	-14.24	-1.04
2019	27.30	28.40	28.88	18.88	37.96
2020	16.82	16.50	16.26	18.69	47.58
2021	19.04	22.35	26.89	-2.22	26.63
2022	-17.96	-17.73	-19.44	-19.74	-32.97
계(09-12)	58.56	54.65	49.64	98.68	92.28
계(13-22)	95.68	105.09	115.57	32.03	176.93
합계(%)	154.24	159.74	165.21	130.71	269.21

출처: msci.com

위 [표 3] 세계 증권거래소 시총 순위

거래소	국가	지역	Mkt cap (USD tn)	비중 2023년	Mkt cap (USD tn)	비중 2016년	순위
New York S	United Stat	New York C	27.69	23.9%	19.57	29.1%	1
Nasdaq	United Stat	New York C	24.56	21.2%	7.78	11.6%	2
Shanghai St	China	Shanghai	8.15	7.0%	4.10	6.1%	3
Euronext	Europe	Amsterdam	7.33	6.3%	3.46	5.1%	4
Japan Excha	Japan	Tokyo	6.54	5.7%	4.96	7.4%	5
Shenzhen S	China	Shenzhen	6.22	5.4%	3.21	4.8%	6
Hong Kong	Hong Kong	Hong Kong	5.43	4.7%	3.19	4.8%	7
Bombay Sto	India	Mumbai	3.80	3.3%	1.57	2.3%	8
National St	India	Mumbai	3.27	2.8%	1.54	2.3%	9
Toronto Sto	Canada	Toronto	3.26	2.8%	1.99	3.0%	10
London Sto	United King	London	3.18	2.7%			11
Saudi Stock	Saudi Arabi	Riyadh	2.71	2.3%	0.45	0.7%	12
Deutsche B	Germany	Frankfurt	2.10	1.8%	1.72	2.6%	13
SIX Swiss Ex	Switzerland	Zurich	1.95	1.7%	1.40	2.1%	14
Nordic and	Europe		1.94	1.7%	1.25	1.9%	15
Korea Excha	South Kore	Seoul	1.83	1.6%	1.25	1.9%	16
Taiwan Stoc	Taiwan	Taipei	1.59	1.4%	0.84	1.3%	17
Australian S	Australia	Sydney	1.55	1.3%	1.27	1.9%	18
Johannesbu	South Afric	Johannesbu	1.36	1.2%	0.95	1.4%	19
Tehran Stoc	Iran	Tehran	1.29	1.1%			20
세계 거래소 합계			115.75	100.0%	67.20	100.0%	

■ [표 10] MSCI 비중 변화와 전 세계 거래소 시총 대비표

국가별	24MSCI 비중(A)	MSCI 순위(B)	MSCI 비중 증가(~'13)	23거래소 비중(C)	거래소 순위(D)	A-C
미국	65.40	1	12.10	45.1	1	20.3
일본	6.10	2	-1.30	5.7	4	0.4
영국	3.50	3	-4.20	2.7	7	0.8
캐나다	2.80	4	-0.90	2.8	6	0
프랑스	2.70	5	-0.80			
중국	2.40	6	0.40	12.4	2	-10
스위스	2.10	7	-1.10	1.7	10	0.4
독일	2.00	8	-1.30	1.8	9	0.2
인도	2.00	8	1.30	6.1	3	-4.1
대만	1.90	10	0.60	1.4	12	0.5
호주	1.80	11	-1.00	1.3	13	0.5
한국	1.30	12	-0.30	1.6	11	-0.3
네덜란드	1.10	13	0.20			
스웨덴	0.84	14	-0.40			
덴마크	0.83	15	0.30			
이태리	0.70	16	-0.30			
스페인	0.62	17	-0.60			
브라질	0.54	18	-0.50			
사우디	0.44	19	0.40	2.3	8	-1.86
홍콩	0.42	20	-0.60	4.7	5	-4.28

2) 미국 증시의 변화

(1) 2008년 금융위기 이후 양적 완화 조치 시행

2008년 금융위기 이후 미국 연준(FRB: Federal Reserve Board)에서 공격적인 금리 인하를 통해 2008년 말에 이르러 미국연방기금금리(FFR. Federal Fund Rate)가 사실상 0%에 가까워져 통화안정수단으로서 더 이상 금리를 인하할 수 없게 되자 미국 국채를 매입하여 시중에 유동성을 공급하는 이른바 양적 완화(Quantitative easing; QE)를 세 차례에 걸쳐 시행하면서 미국 증시는 물론 세계 증권시장에 근본적인 변화를 가져오게 되었다.

■ [그림 3] 2008년 금융위기 미국 주요 양적 완화 조치

미국 주요 양적완화 조치 (단위: 달러)

1차	2차	오퍼레이션 트위스트	3차	양적완화 축소
2009년 3월~ 2010년 3월	2010년 11월~ 2011년 6월	2011년 9월~ 2012년 12월	2012년 9월~ 2013년 말	2014년 1월~
국채와 모기지 채권 매입 1조 7500억	국채 매입 6000억	장기 국채 매입 3년 미만 단기 국채 매각 6670억	국채와 모기지 채권 매입 1조 2800억	국채 및 모기지 채권 매입 규모 월 850억 달러에서 750억 달러로 월 100억 달러 축소

출처: @namu.wiki

[참고 8] 금융위기 당시 양적 완화 조치

· 1차 양적 완화(QE1, 2009년 3월~2010년 3월): 부동산 시장 방어를 목표
· 2차 양적 완화(QE2, 2010년 11월~2011년 6월): 정부지출 긴축 방어를 목표
· 3차 양적 완화(QE3, 2012년 9월~2013년 말): 무기한 채권을 매입하여 경기를 살리는 공격적인 정책

[참고 9] 오퍼레이션 트위스트(Operation Twist)

중앙은행이 장기 채권은 사고, 동시에 단기 채권을 파는 식으로 시중금리의 인하를 유도하는 것
※**양적 긴축(Quantitative Tightening, QT)**: 중앙은행이 매입한 채권의 만기가 됐을 때 재투자하지 않거나 보유한 채권을 만기 전에 매각해 시중 유동성을 흡수하는 것

(2) 양적 완화 조치 시행 후 증권시장 상황 변화

■ [표 11] 금융위기 후 금리변동 일지

Date	FFR±	FFR	Dow%	Nasdaq%	Dow	Nasdaq
07-09-18	-0.50	4.750	2.51%	2.71%	13739.39	2651.66
07-10-31	-0.25	4.500	1.00%	1.51%	13930.01	2859.12
07-12-11	-0.25	4.250	-2.14%	-2.45%	13432.77	2652.35
08-01-22	-0.75	3.500	-1.06%	-2.04%	11971.19	2292.27
08-01-30	-0.50	3.000	-0.30%	-0.38%	12442.83	2349.00
08-03-18	-0.75	2.250	3.51%	4.19%	12392.66	2268.26
08-04-30	-0.25	2.000	-0.09%	-0.55%	12820.13	2412.80
08-10-08	-0.50	1.500	-2.00%	-0.83%	9258.10	1740.33
08-10-29	-0.50	1.000	-0.82%	0.47%	8990.96	1657.21
08-12-16	-0.75	0.250	4.20%	5.41%	8924.14	1589.89
15-12-16	0.25	0.500	1.28%	1.52%	17749.09	5071.13

2008년 미국 금융위기를 타개하고자 연준(FED, Federal Reserve)이 공격적인 금리 인하에 이어 무제한 양적 완화에 가까운 조치를 시행하게 되었고 이것은 증권시장에도 큰 변화를 가져오게 되었는데, 다름 아니라 전 세계에 나가 있던 미국의 해외투자 자금이 미국 본토로 환류하게 된 것이다.

과거 전 세계의 금융자본은 미국으로 흘러들어 갔다가 이 자본이 다시 전 세계로 투자되면서 미국을 포함한 전 세계 자본시장(증권시장)이 균형 있게 성장했는데, 양적 완화가 왕성하게 진행되었던 2012~2013년 이후로 금융자본의 미국 집중화가 심화되었다.

이때부터 미국과 다른 시장과의 수익률 차별화(미국의 상대적 우위)가 본격적으로 진행되었고, 이는 다시 미국 집중화를 더욱 심화시키게 되어 국가 간 수익률 불균형의 만성화 계기가 되었다는 점이다.

■ [표 12] 미 지수와 코스피 등락 비교

(단위: %, 십억)

Year	Dow%	Nasdaq%	Kospi%	유가증권시장 외인순매수	
2009	18.8%	43.9%	49.7%	32,386	
2010	11.0%	16.9%	21.9%	21,573	
2011	5.5%	−1.8%	−11.0%	−7,995	
2012	7.3%	15.9%	9.4%	17,462	
2013	26.5%	38.3%	0.7%	3,411	
2014	7.5%	13.4%	−4.8%	4,834	
2015	−2.2%	5.7%	2.4%	−3,578	
2016	13.4%	7.5%	3.3%	11,336	
2017	25.1%	28.2%	21.8%	6,582	
2018	−5.6%	−3.9%	−17.3%	−5,723	
2019	22.3%	35.2%	7.7%	950	
2020	7.2%	43.6%	30.8%	−24,565	코스피 강세
2021	18.7%	21.4%	3.6%	−25,601	코스피 약세

[표 12]에서도 일부 확인할 수 있듯이 IMF 이후 코스피는 외국인의 한국 시장 참여 증가와 함께 전 세계 시장 중에서도 돋보이는 시장이었으나, 미국의 양적 완화가 본격화된 2010년대 이후엔 외국인의 시장 참여 감소와 함께 미국 시장 대비 수익률 약세 현상이 고착화되고 있다([표 13] 참조). 미국 시장의 강세 배경엔 2000년대 중반 이후 특히 2010년경 ETF 종목 상장이 많이 이루어진 탓도 있다(2010년 상장 ETF: VOOG(9/7), VOOV, TQQQ(2/9), SQQQ).

    2008년 금융위기 이후 양적 완화 초기만 하더라도 자본의 미국 집중화가 심각하지 않았으나 시간이 갈수록 미국 집중이 심화되었고, 이는 2011년 이후 우리나라 유가증권 시장의 외인 순매수 동향으로 확인할 수 있다. 이로 인해 2011년 이후 코스피의 성적이 미국의 다우나 나스닥 지수와 대비 저조한 것을 알 수 있다.

■ [표 13] 코스피 첫 2000 돌파 후 미국 지수와 비교

(단위: P, %)

구분	2007-07-25	2024-12-31	기간수익%	연평균	CAGR(17)
코스피	2004.22	2399.49	19.7%	1.2%	1.1%
다우 지수	13785.07	42544.22	208.6%	12.3%	6.9%
나스닥	2648.17	19310.79	629.2%	37.0%	12.4%
S&P 500	1518.09	5881.63	287.4%	16.9%	8.3%
나스닥 100	2011.14	21012.17	944.8%	55.6%	14.8%
러셀 2000	812.50	2230.16	174.5%	10.3%	6.1%
필반도체	524.01	4979.93	850.4%	50.0%	14.2%

※ CAGR(Compound Average Growth Rate: 연평균 복합 성장률=복리 수익률)
⇒ 나스닥 CAGR 계산식: =(19310.79/2648.17)^(1/17)-1

■ [표 14] 기간별 미국 vs 전 세계 시장의 수익률 비교

MSCI Annual Performance(%)

Year	MS-ACWI	MS-World	S&P 500	MS-EM	NAS 100
계(09-12)	58.56	54.65	49.64	98.68	92.28
계(13-22)	95.68	105.09	115.57	32.03	176.93
합계(%)	154.24	159.74	165.21	130.71	269.21

※ MS-ACWI(MSCI ACWI): MSCI 전 세계 지수
※ MS-WORLD(MSCI World Index): MSCI 선진국 지수, S&P 500과 비교
※ MS-EM(MSCI Emerging Markets Index): MSCI 신흥국 지수, 나스닥과 비교
출처: msci.com

> * [표 14] 기간별 미국 vs 전 세계 시장의 수익률 비교 평가
> ① 2009-2012년 기간엔 MSCI 지수와 미국 지수 간에 수익률 차이가 없으며, 오히려 미 지수가 약간 저조하기도 했다.
> ② 2013-2022년 기간엔 미국 지수의 압도적 수익률 우위가 확인된다. 특히 한국이 소속되어 있는 MS-이머징 마켓 지수와 나스닥지수와의 차이가 크다는 사실이 코스피의 부진과 오버랩 되고 있다는 것이다.
> ⇒ 미국 지수의 수익률 우위는 미국 주식에 투자할 명분이 된다.

3) 미국 산업계가 전 세계 혁신산업 주도

(1) **반도체 산업의 태동**(역사적 이벤트와 마일스톤)

현대 주류 산업이라 할 컴퓨터 및 정보 기술(IT) 산업의 쌀이라 불리는 반도체 산업이 1950년대부터 태동하기 시작하여 본격적으로 꽃피운 것도 미국이었다.

① **초기 기술 개발**(1940-1950년대)
 - 1947년: 벨 연구소에서 트랜지스터의 발명. 1960년대 TXN에서 양산.
 - 1958년: 틸리스 및 쇼크리 연구소에서 통합회로(IC) 개발. 반도체 기술의 큰 발전 견인.

② **진보와 성장기**(1960-1970년대)
 - 1961년: 피어슨 연구소에서 집적회로(IC) 개발. 반도체 제조 공정과 집적도 향상(1970년대 TXN에서 양산).
 - 1970년대 초: 인텔(Intel)에서 마이크로프로세서 및 메모리 반도체 첫 개발. 개인용 컴퓨터 발전에 큰 기여.

③ **경쟁과 혁신의 시대**(1980-1990년대)
 - 1981년: IBM에서 개인용 컴퓨터(PC) 발매. 반도체 산업의 대중화와 컴퓨터 산업의 성장을 견인.
 - 1990년대: 반도체 기술의 진보와 경쟁이 치열해짐. 인텔, AMD, 퀄컴(Qualcomm), 텍사스 인스트루먼트(TXN, Texas Instruments) 등 다양한 기업들이 혁신적인 반도체 제품과 기술을 개발하며 시장을 선도.

④ 2000년대 이후

- 2000년대: 모바일 기기의 대중화와 인터넷의 발전으로 인해 반도체 수요 급증.

- 2010년대: 인공지능(AI, Artificial Intelligence), 사물 인터넷(IoT, Internet of Things), 자율주행 등의 기술 발전으로 인해 반도체 산업은 더욱 발전.

- 현재: 미국은 반도체 산업에서 세계적으로 주요한 입지를 구축, 반도체 업계 1위 엔비디아(NVDA)를 비롯, 브로드컴(AVGO), AMD, 인텔, 퀄컴(QCOM), TXN, 어플라이드 머티리얼즈(AMAT), 램리서치(LRCX) 등을 비롯한 다양한 기업들이 혁신적인 반도체 제품을 개발하며 반도체 산업을 선도하고 있다.

(2) 1980년대 테크 블룸(Tech Bloom) 시대 개화

1980년대는 미국이 기술 붐을 열면서 정보 기술 및 컴퓨터 산업이 급속히 성장하고 혁신을 이루었던 시기이다.

① IBM(IBM, 1911)

1980년대에 개인용 컴퓨터(PC) 시장에 IBM PC를 선보이며 PC의 대중화 선도, IBM은 집적회로(IC, Integrated Circuit) 기술과 소프트웨어 개발, 퀀텀 컴퓨팅 분야에서도 선도적 지위 유지.

② Apple(AAPL, 1976)

1980년대에 매킨토시 컴퓨터를 출시하여 IBM과 더불어 PC의 대중화 선도. 매킨토시는 사용자 친화적인 그래픽 사용자 인터페이스(GUI, Graphical User

Interface)를 갖춘 디자인과 창의성 혁신 제품.

③ Microsoft(MSFT, 1975)

1980년대에 MS-DOS(Disk Operating System)와 Windows 운영체제를 개발. MS-DOS는 개인용 컴퓨터(PC) 시장에서 지배적인 운영체제로 사용되었고, Windows는 사용자 인터페이스의 혁신과 함께 현재까지도 성공적인 운영체제 지위 유지.

④ Motorola(MSI, 1911)

1983년 상용 휴대전화 개발, 1989년 최초 플립폰 개발 등 휴대전화 선구자.

(3) 1990년대와 2000년대 이후- 인터넷 시대

1990년대 반도체 산업의 발전에 힘입어 개인용 컴퓨터(PC)가 대중화되면서 닷컴의 열풍과 더불어 인터넷 시대의 개막을 알렸고, 2000년대 이후 인터넷 열풍 시대라 해도 과언이 아닐 정도의 폭발적 성장을 이루게 되었다.

① 닷컴 열풍(1990년대)

1990년대 인터넷의 보급과 더불어 닷컴(.com) 기업이 우후죽순 생겨나며 닷컴 열풍이 불었다. 이후 닷컴 버블이 붕괴하면서 옥석이 가려지게 된다. 현존하는 기업으로는 아마존(AMZN), 구글(GOOG) 등이 대표적이다.

② 인터넷 시대(2000년대)

인터넷의 역사는 오래 거슬러 올라가지만 1989년 월드 와이드 웹(World

Wide Web, WWW)의 탄생과 이후 PC 운영체제(마이크로프로세서와 운영체제)의 진화와 더불어 개인용 컴퓨터(PC) 보급이 대중화되면서 2000년대 이후 인터넷 시대가 본격 개막.

 2000년대를 선도한 기업으로는 인텔(INTC, CPU), 마이크로소프트(MSFT, 윈도우), 아마존(AMZN, 인터넷 쇼핑), 구글(GOOG, 검색 서비스), 메타플랫폼(FB→META, 소셜미디어인 페이스북), 유튜브, 트위터, 인스타그램 등이 있다.

 ③ 인공지능, 양자 컴퓨팅, 자율주행 및 우주산업 시대(2010년대~)
 2010년대는 인공지능이 세상에 본격적으로 알려진 시기로, 인공지능을 이용한 자율주행 자동차(+전기차 보급 확대)와 생성형 인공지능인 ChatGPT까지 보급된 상황.

 2010년대 이후를 선도한/선도할 기업으로는 마이크로소프트(MSFT, 생성형 AI 협업), 오픈AI(ChatGPT), 알파벳—구글(GOOG, 생성형 AI/자율주행 Waymo/양자 컴퓨팅 '시카모어'), 아마존(AMZN, 음성 비서 Alexa/클라우드 AI), 메타 플랫폼스(META, 메타버스/VR), 테슬라(TSLA, 자율주행 Autopilot), 스페이스X(우주 발사체/위성통신), 애플(AAPL, 음성 비서 Siri/온디바이스 AI), 엔비디아(NVDA, GPU 기반 AI · 컴퓨터 비전 플랫폼), IBM(양자 컴퓨팅 'Eagle' 프로세서), AMD(AMD, AI 가속기/VR) 등이 있다.

[참고 10] 미국의 20세기 말 ~ 21세기 초 산업 변천

· 반도체 기업의 태동(괄호 안은 설립년도)
인텔(INTC, 1968/메모리 반도체 최초 개발), 어드밴스드 마이크로 디바이스(AMD, 1969), 텍사스 인스트루먼트(TXN, 1930/집적회로 양산), 엔비디아(NVDA, 1993/GPU) 등.

· 개인용 컴퓨터의 대중화 시대
IBM(IBM, 1911/개인용 컴퓨터, Personal Computer), 인텔(INTC, 1968/CPU(Central Processing Unit)), AMD(AMD, 1969/CPU), 마이크로소프트(MSFT, 1975/윈도우), 엔비디아(NVDA, 1993/GPU(Graphics Processing Unit)), 휴렛패커드(HP, 1939/개인용 컴퓨터 보급), 델컴퓨터(DELL, 1984/개인용 컴퓨터 보급) 등이 선도.

· 인터넷 →플랫폼 시대의 개막
야후(YHOO/상장 폐지, 1994/포털), 구글(GOOG, 1998/검색, 구글플레이), 아마존(AMZN, 1994/인터넷 쇼핑), 모토롤라(MSI, 1911/모바일 휴대폰), 메타플랫폼(META, 2004/페이스북), 유튜브(2005/동영상, 알파벳이 운영), 인스타그램(2010, 메타가 운영), 트위터(TWTR/상장 폐지, 2006/일론 머스크가 인수), 핀터레스트(PINS, 2010/사진 공유), 애플(AAPL, 1976/애플스토어) 등이 선도.

· AI, 양자 컴퓨팅, 자율주행 및 우주 시대의 개막
구글(GOOG, 1998/자율주행 자동차, 챗봇/2017, 양자 컴퓨팅), 마이크로소프트(MSFT, 1975/2023년 Open AI 인수, 양자 컴퓨팅), 테슬라(TSLA, 2003/자율주행 자동차, 전기차), 아마존(AMZN, 1994/Machine Learning AI), 메타플랫폼(META, 2004/이미지 구현 AI, 가상현실 메타버스), 아이비엠(IBM, 1911/양자 컴퓨팅 선두주자), 애플(AAPL, 1976/인공지능 비서 '시리'), AMD(AMD, 1969/AI Chip, VR), 엔비디아(NVDA, 1993/자율주행 GPU 기반 플랫폼 활용한 인공지능과 컴퓨터 비전 기술) 등이 선도.

■ [표 15] 나스닥 3대 지수의 구분 및 성과 비교   2023-12-29

구 분	^NQGS	^NQGM	^RCMP	나스닥	나스닥 100
	대형주지수	중형주지수	소형주지수		
지수 개시(2006/7/3)	989.54	1007.13	217.6	2190.43	1586.25
2022년말 지수	5027.05	2039.37	134.42	10466.48	10939.76
현재 지수(2023/12/29)	7291.62	2170.65	120.48	15011.35	16825.93
등락(2023년 %)	45.0%	6.4%	−10.4%	43.4%	53.8%
등락(2006/7/3대비 %)	636.9%	115.5%	−44.6%	585.3%	960.7%
사상최고가	7622.76	5378.06	357.42	16057.44	16906.80
최고가 기록일자	21-11-19	21-02-09	21-02-09	21-11-19	23-12-27
사상최고가 대비%	−8.12%	−62.98%	−68.60%	−6.51%	−0.48%

■ [표 16] 2023/12/11, M7급락(-1.47%)에도 지수 상승(N100: +0.85%)

지수	등락률	M7	등락률	상승상위	등락률	하락상위	등락률
DOW	0.43%	AAPL	-1.29%	AVGO	8.99%	ARM	-3.48%
NAS	0.20%	MSFT	-0.78%	GFS	5.43%	META	-2.24%
S&P 500	0.39%	GOOG	-1.42%	AMAT	5.02%	NVDA	-1.85%
NAS100	0.85%	AMZN	-1.04%	KLAC	4.64%	TTWO	-1.78%
러셀2000	0.15%	NVDA	-1.85%	LRCX	4.61%	TSLA	-1.68%
필반도체	3.40%	META	-2.24%	CEG	4.44%	GOOG	-1.42%
		TSLA	-1.68%	INTC	4.31%	AAPL	-1.29%
				ON	4.28%	AMZN	-1.04%
				AMD	4.26%	MSFT	-0.78%
N100/상승	88			ILMN	4.17%	WBA	-0.69%
N100/하락	12			GEHC	3.81%	WBD	-0.35%
3대지수	0.34%			MU	3.78%	CCEP	-0.03%
평균			-1.47%		4.81%		-1.39%

* 위 [표15~16]의 시사점

[표15]를 통해서는 나스닥 지수의 경우 시가총액으로 대, 중, 소형으로 분류 시 대형주의 상승률이 압도적이라는 사실을 알 수 있다. 그 이유는 산업을 선도하는 회사의 경우 시가총액이 클 수밖에 없고, 결국 이들이 증권 시장을 선도하는 현실을 확인해준다.

[표16]은 초대형주라 할 Magnificent 7 전 종목이 하락하면 나스닥 100 지수 내에서 이들의 시총 비중이 60%를 상회하므로 지수가 하락하는 게 당연해 보인다. 하지만 나스닥 100지수가 제법 크게 상승(+0.85%)한 것은 이날 등락 비율로도 상승 88개, 하락 12개로 상승 종목수가 압도한 탓도 있지만, 나스닥 100 지수의 경우 시가총액이 큰 종목은 시총을 100%가 아닌 일부만 반영하는 수정 시가총액식(Modified Market Cap-weighted)이라는 독특한 지수 산출방식을 사용하는 데 보다 큰 이유가 있다.

02
왜 미국 주식인가?

1) 미국 주식의 비교 우위

⑴ 전 세계 투자 자본의 미국 기업 집중 심화

2023년 10월 현재 MSCI 지수를 추종하는 펀드의 규모가 약 14.9조$이고, 'MSCI 선진국 지수(이하 MSCI 지수)' 내 시총 10대 종목을 보면 10개 종목 전부 미국 기업이며, MSCI 지수의 총 종목수가 1,511개인데 불과 이들 10개 종목의 시가총액 비중이 무려 20.64%([표 17])에 달할 정도로 미국 기업의 위상이 막강하다.

이렇게 된 근본적인 이유는 2008년 금융위기 이후 미국 대표기업의 산업 선도력이 확인된 데다 미국의 무제한 양적 완화로 인해 투자 환경이 대폭 호전된 데 힘입어 전 세계의 투자자본이 대거 미국으로 유입되면서 미국 기업의 수익률을 끌어올렸고, 이는 다시 미국으로의 자금 유입을 더욱 가속화하는 선순환 구조를 만들게 된 데 있다.

2023년 10월 현재 MSCI 전 세계(선진국 23개, 이머징 마켓 24개, 총 47개) 지수에서 미국의 비중이 59.3%로 10년 전인 2013년 3월 대비 11.6%가 증가하였고 다른 나라의 경우 대부분 비중이 축소된 바, 그만큼 미국으로의 자금 유입이 급증한 것을 알 수 있다.

■ **[표 17] MSCI 선진국 지수의 10대 종목과 구성비**

(단위: B$, 2023.10월) @MSCI.COM

회사명	유동성시총	지수비중%	Sector
APPLE	2,685.99	5.09	Info Tech
MICROSOFT	2,388.31	4.52	Info Tech
AMAZON	1,229.00	2.33	Cons Discr
NVIDIA	1,007.27	1.91	Info Tech
ALPHABET A	737.16	1.40	Comm Svcs
META PLATFORMS	666.46	1.26	Comm Svcs
ALPHABET C	662.41	1.25	Comm Svcs
TESLA	572.91	1.09	Cons Discr
UNITEDHEALTH	498.62	0.94	Healthcare
LILLY(ELI)	446.96	0.85	Healthcare
Total(10)/Avg.	10,895.09	20.64	2.064
Remainder(1,501)/Avg.		79.36	0.053

⇒ 불과 미국 10개가 20.6% 점유, 잔여 1,501개가 79.4%에 불과

※ 2023년 현재 주요 국가별 MSCI 비중(괄호 안 증감은 2013년 대비): 미국(59.3%, +11.6%p), 일본(6.1%, −1.8%p), 영국(3.9%, −4.0%p), 중국(3.3%, +1.1%p), 프랑스(3.0%, −0.1%p), 대만(1.8%, +0.4%p), 인도(1.6%, +0.8%p), 한국(1.4%, −0.4%p) 등으로 미국, 중국, 대만, 인도 등 극히 일부를 제외하고 대부분의 국가는 비중이 축소됨.

(2) 투자 수익률 면에서 미국기업이 압도

[그림 4] 지수별 누적 수익률 비교 차트에서 MSCI 지수 중 선진국 지수, 이머징 마켓 지수와 미국 지수, 그중에서도 특히 시가총액 상위 종목들이 포진해 있는 나스닥 100 지수의 수익률을 비교해보면 수익률 격차를 확연히 알 수 있다.

시작년도인 2009년은 이머징 마켓의 수익률이 1등이었으나 누적수익률이 2013년부터 나스닥 100 수익률이 다른 지수의 수익률을 앞서고 있다.

나스닥 100 지수와 다른 지수의 수익률은 2008년 금융위기 이후 미국에서

무제한 양적 완화(Quantitative Easing; QE)가 시행된 초기엔 미국 지수와의 수익률 격차가 크지 않았으나 2012~2013년경부터 미국 지수의 수익률과 다른 선진국(MS-World)은 물론 이머징 마켓(MS-Emerging Market) 수익률과의 수익률 격차가 계속 확대되어가고 있다.

■ [그림 4] Cumulative Index Performance(2008~2022)

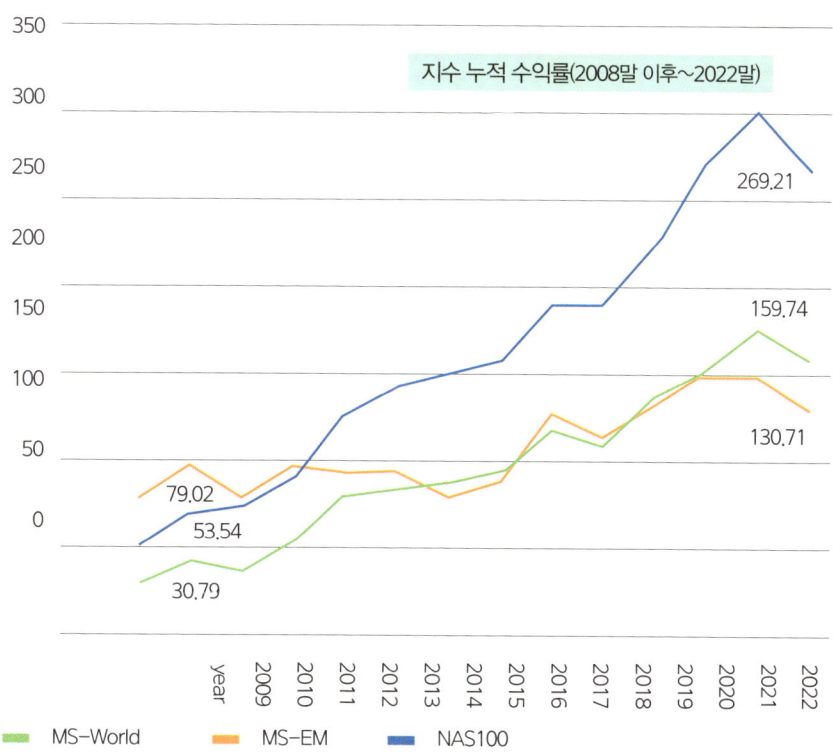

출처: @msci.com & finance.yahoo.com

2) 미국 주식 투자는 미래의 주류 산업에 편승

(1) 1980년대 이후 산업은 미국 기업이 주도

20세기 초 이래 미국의 산업이 전 세계의 주류 산업이 되었고, 1950년대 이후 현대 주류 산업이 된 컴퓨터 및 정보 기술(IT) 산업의 쌀이라 불리는 반도체 산업을 일군 것도 미국이다. 미국은 반도체 산업의 부흥과 함께 현대 신 산업인 소프트웨어 산업을 꽃 피우며 현재에 이르고 있다.

① 1970년대 이후 반도체 시대(괄호 안 숫자는 설립년도): 초기 반도체 산업을 이끈 회사는 집적회로(IC)의 텍사스 인스트루먼트(TXN, 1930), 메모리를 첫 개발한 인텔(INTC, 1969) 등이 주도.

② 1980년대 테크 블룸 시대: 개인용 컴퓨터를 첫 개발한 아이비엠(IBM, 1911)과 애플(AAPL, 1976), CPU를 개발한 인텔, 윈도우 운영체제를 개발한 마이크로소프트(MSFT, 1975) 등이 주도.

③ 1990~2000년대 휴대전화와 인터넷 시대: 상용 휴대전화를 첫 개발한 모토롤라(MSI, 1911), 휴대전화를 대중화시킨 애플, 인터넷 시대를 만개시킨 아마존(AMZN, 1994)과 구글(GOOG, 1998), 메타플랫폼(META, 2004) 등은 모두 미국 기업이다.

(2) 2010년대 이후 신 산업도 미국 기업이 주도

2010년대 이후 현재와 미래의 신 산업이라 할 인공지능(AI)과 전기차/자율주행(Autonomous Driving), 양자 컴퓨팅(Quantum Computing), 우주 산업 시대를 가장 앞서서 이끌 주역 역시 미국의 구글, 마이크로소프트, 테슬라, 아마존, 메타플랫폼, 아이비엠, 애플, AMD, 엔비디아 등 미국 기업이 대부분을 차지하고 있다.

현재도 미국 기업이 가장 앞서 있지만, 미래 신 산업 역시 미국 기업이 주도할 것으로 보는 이유는 다음과 같다.

① **자금**: 국제 투자 자금이 가장 많이 몰려 있는 곳도 미국이며, 개별 기업 측면으로도 잉여 자금이 가장 많이 축적되어 있어 투자 환경이 가장 양호.

② **벤처 기업 열풍**: 미국은 대학부터 이공계에 대한 선호도가 높고, 벤처기업에 대한 선호도가 아주 높은 곳으로 알려져 있다.

③ **인수합병(M&A) 분위기**: 미국은 인수합병(M&A)이 가장 활발해서 인수합병을 통한 시너지 효과로 신 산업의 성공 가능성이 높은 곳.

⇒ 이러한 환경으로 미국 기업들이 장차 신 산업 분야에서도 강자로 우뚝 설 가능성이 높다. 결국 미국 기업 투자는 미래의 주류 산업에 투자하는 것으로 미국 주식 투자를 정당화해준다.

■ [표 18] 미국의 혁신 성장 기업 리스트   23-12-08 → 시총기준일

설립	Symbol	회사명	시총(B$)		2023%	거래소	업종/섹터
1911	IBM	Intl Biz Ma	↘ 147.9	●	15%	NYS	Info. Tech. Services
1976	AAPL	Apple Inc.	↑ 3043.8	●	51%	NAS	Consumer Electronics
1975	MSFT	Microsoft Co	↑ 2781.4	●	56%	NAS	Software
1993	NVDA	NVIDIA COR	↑ 1173.4	●	225%	NAS	Semiconductors
1960	AVGO	BROADCOM	↗ 441.1	●	69%	NAS	Semiconductors
1969	AMD	ADV MICRO	↘ 208.3	●	99%	NAS	Semiconductors
1968	INTC	Intel Corpora	↘ 180.0	●	62%	NAS	Semiconductors
1985	QCOM	QUALCOMM	↘ 148.0	●	21%	NAS	Semiconductors
1930	TXN	TEXAS INSTR	↘ 142.6	●	−5%	NAS	Semiconductors
1967	AMAT	APPLIED MA	↘ 123.6	●	52%	NAS	Semic. Equipment
1980	LRCX	LAM RESEAR	↓ 92.7	●	67%	NAS	Semic. Equipment
1911	MSI	Motorola Sol	↓ 53.9	●	27%	NYS	Comm. Equipment
1984	CSCO	Cisco System	↘ 196.6	●	2%	NAS	Comm. Equipment
1998	GOOG	ALPHABET CL	↑ 1581.1	●	54%	NAS	Internet Content
1994	AMZN	AMAZON.CO	↑ 1523.4	●	76%	NAS	Internet Retail
2003	TSLA	TESLA, INC.	↑ 775.1	●	98%	NAS	Auto Manufacturers
2004	META	Meta Platfor	↑ 738.6	●	177%	NAS	Internet Content
1997	NFLX	NETFLIX, INC	↑ 198.6	●	54%	NAS	Entertainment
1994	TMUS	T-MOBILE US	↑ 180.9	●	12%	NAS	Telecom Services
1998	PYPL	PAYPAL HOL	↓ 63.5	●	−17%	NAS	Credit Services
2012	COIN	Coinbase Glo	↓ 28.2	●	314%	NAS	Finl. Data & exchange
2008	PINS	Pinterest Inc	↓ 20.5	●	44%	NYS	Internet Content
2007	ABNB	Airbnb, Inc.	↓ 89.4	●	65%	NAS	Travel Services
2009	UBER	Uber Techno	↑ 127.0	●	149%	NYS	Software-Application
2015	IONQ	IonQ, Inc.	↓ 2.8	●	297%	NYS	Computer Hardware
1980	AMGN	AMGEN	↘ 144.0	●	2%	NAS	Bio. Drug Manufacturers
1876	LLY	Eli Lilly Comp	↑ 567.7	●	65%	NYS	Bio. Drug Manufacturers

[표18] 미국의 혁신 성장 기업 리스트를 보면 총 27개 기업 중 뉴욕증권거래소 소속 기업이 6개, 나스닥거래소 소속 기업이 21개로 나스닥 소속이 압도적으로 많다. 업종으로는 반도체가 8개로 1위이고 기타 컴퓨터 SW/HW, 인터넷 콘텐츠 등의 순이며 이들이 현재는 물론 미래에도 전 세계 산업을 선도하고 있고 앞으로도 선도할 대표 기업이다. 이 점에서 미국 주식이 비교우위에 서 있다고 할 수 있다.

03
한국 시장과의 비교

1) 투자 환경 비교

　미국의 대형 투자은행 입장에서 미국 시장만이 우선적으로 투자하는 1차 시장이고, 여타 시장은 부차적으로 투자하는 2차 시장이 된 점이 2010년대 미국의 양적 완화기 이후 바뀐 가장 큰 변화라 할 수 있다. 이에 더해 미국 기업들이 풍부한 자금으로 공격적인 인수 합병 등을 통해 회사를 키우고 이익 규모를 크게 늘리며 다른 나라 기업들과 비교 불가의 비교우위를 갖게 된 것도 미국 주식에 투자를 유인하는 계기가 되고 있다.

(1) 미국 시장은 국제 투자자본의 우선 시장(Primary Market)

　국제 자본시장은 2008년 금융위기 이전과 이후로 완전히 다르게 변모하게 되는데 과거의 금융위기는 미국과는 관계가 없는 일로 치부되기 마련이었으나 막상 미국에서 금융위기가 발발하자 내 코가 석 자인 상황에서 전 세계로 나가 있던 미국의 금융자본이 미국으로 환류되는 계기가 되었다고 볼 수 있다.

　즉 2000년 닷컴 버블 붕괴와 2001년 9.11테러를 겪으면서 미국 주식시장이 큰 하락을 경험한 상황에서 닷컴 버블을 치유한 지 얼마 지나지 않아 2007년 서브프라임 모기지 위기가 발생하고 미국이 글로벌 금융위기의 진원지*가 되었다. 이는 그동안 금융위기를 남의 일로 치부해왔던 미국 증시를 각성시키는 계기가 된 것이고, 이로 인해 미국 금융시장에 대한 근본적인 변화(미국 집중 심화)가 일어나게 되었다.

더욱이 금융위기를 치유하기 위한 과정에서 무제한 양적 완화를 통해 미국 금융시장에 돈이 넘쳐나는 상황에서 가장 유리한 미국 시장을 두고 다른 나라에 투자할 유인이 급격히 감소했다. 이후 자금의 미국 집중 심화와 더불어 자연스레 미국 주식 투자 수익률이 여타 시장의 수익률을 압도하면서 연쇄적으로 미국으로 투자금이 집중되는 선순환 구조를 만들게 된 것이다.

(2) 한국 시장은 국제 투자자본의 2차 시장(Secondary Market)에 불과

미국 시장만이 1차 시장(Primary Market, 우선 시장)이고 여타 시장은 2차 시장(Secondary Market, 부차 시장)인 상황에서 미국 시장으로의 자금 집중 심화는 필연적으로 한국 시장에 영향을 줄 수밖에 없다. 미국의 양적 완화가 진행될수록 미국과 한국의 수익률 격차를 피할 수 없게 되고, 한국 주식시장에서 외국인 투자비중이 급격히 감소했다. 결국 매수 주체의 공백 현상을 겪으며 2011~2013년경 이후부터 미국 주식시장 대비 한국 주식시장의 수익률 약세가 고착화되고 있다.

---

* 연이은 위기로 나스닥이 2000년 고점(2000.3.10, 5048.62)을 종가로 돌파하는 데 15년(2015.4.23, 5056.06)이 걸리게 된다.

■ [표 19] 한미 주요 대형주 등락/시총 비중 비교 (단위: B$, %)

구 분	나스닥 100(등락/시총)		코스피 200(시총/등락)		구 분
등락/지수	● 47.03%	16084.69	336.60	● 15.63%	지수/등락
전체시총(A)		19,215.93	1,338.06		전체시총(A)
5/10개(B)	10,103.18	12,603.25	682.00	548.35	10/5개(B)
B/A	52.6%	65.6%	51.0%	41.0%	B/A
AAPL	● 0.6%	3043.84	331.65	● 31.3%	삼성전자
MSFT	● 56.0%	2781.37	77.09	● −1.1%	LG엔솔
GOOG	● 54.0%	1581.14	71.03	● 70.0%	SK하이닉스
AMZN	● 75.5%	1523.44	38.62	● −13.6%	삼바로
NVDA	● 225.1%	1173.40	29.96	● 22.6%	현대차
META	● 176.5%	738.58	30.51	● 70.5%	포스코홀딩스
TSLA	● 98.0%	775.15	26.58	● 45.7%	기아
AVGO	● 68.9%	441.12	23.68	● −23.9%	삼성SDI
COST	● 33.8%	270.42	25.85	● −20.3%	LG화학
ASML	● 24.6%	274.80	27.03	● 22.5%	네이버
평균	● 83.9%	1260.33	68.20	● 17.4%	평균	23-12-08

[참고 11] 한국의 자본자유화(주식시장 개방) 일정

· 1981년 10월: 외국인에 국제투자신탁(수익증권 통한 간접투자) 허용.
· 1984년: 외국인 대상 첫 수익증권 '코리아 펀드' 출범.
· 1985년: 국내기업 해외증권 발행 허용.
· 1992년: 국내 주식시장, 외국인 직접투자 첫 허용(외국인의 국내 기업 투자한도 10%).
· 1995년: OECD(Organization for Economic Co-operation and Development) 가입.
· 1997/12/12: 외국인 투자한도 50%로.
· 1997/12/31: 외국인 투자한도 55%로.
· 1998/12/31: 외국인 투자한도 100%로 완전 개방.

(3) 정보의 투명성 및 투자자 보호 제도의 우위

미국 증권시장이 1929년 10월 발생한 대공황 이후 증시를 규제하고 투자자 보호를 강화하기 위한 노력을 강화하였는데, 대표적인 것이 1934년 설립된 SEC(Securities & Exchange Commission, 증권거래위원회)다. 이를 통해 증시의 투명성과 공정성을 강화하였으며, 투자자 보호에도 중요한 역할을 수행하며, 미국 증시를 선진화된 시장으로 만드는 데 기여하였다.

미국은 SEC의 역사가 긴 만큼 다양한 공시제도가 있는데, SEC 주관의 사내 자료 공시시스템으로 EDGAR(Electronic Data Gathering, Analysis and Retrieval)가 있어 상장 기업은 기업의 재무 정보, 경영진 구성, 주주 혜택 등과 같은 중요한 정보를 투자자들에게 공시해야 할 의무가 있다.

또한 상장기업은 정기적으로 10-K 보고서(연간 보고서), 10-Q 보고서(분기 보고서), 8-K 보고서(특별 보고서)와 같이 다양한 보고서를 제출해야 하고 이러한 보고서는 기업의 재무 상태, 경영 정보, 중대 사건 발생 등을 상세히 기재하여 투자자들에게 기업의 정보를 투명하게 제공하게 된다.

※ 8-K 특별보고서(NVDA)

SEC Filing: NVDA

8-K

Item 8.01 Other Events

On October 23, 2023, the United States Government informed NVIDIA Corporation, or the Company, that the licensing requirements of the interim final rule entitled "Implementation of Additional Export Controls: Certain Advanced Computing Items; Supercomputer and Semiconductor End Use; Updates and Corrections", dated October 18, 2023, applicable to products having a "total processing performance" of 4800 or more and designed or marketed for datacenters, is effective immediately, impacting shipments of the Company's A100, A800, H100, H800, and L40S products. These licensing requirements were originally to be effective after a 30-day period, as

엔비디아의 8-K 특별 보고서 사례: 2023년 10월 23일, 미국 정부는 NVIDIA Corp.또는 회사에 추가 수출 통제 시행 → 회사로서는 재무 결과에 단기적으로 의미 있는 영향을 미칠 것으로 예상하지 않습니다.

출처: fianace.yahoo.com

미국 시장에서 규칙 위반에 대해 다양한 규정과 조항으로 결정되는데, 대표적인 위반 행위로 공시불이행(Non-compliance with disclosure requirements), 불공정(내부자) 거래(Insider trading), 조작거래(Market manipulation), 부적절한 광고 및 판매 홍보(Misleading advertising and sales promotion) 등이 있다.

SEC(미국증권거래위원회), FINRA(금융업계규제기구) 및 증권 거래소 등의 규제 기관이 투자자 보호와 규제, 감독을 담당하고 있다.

2) 투자의 측면에서 미국과 한국 기업의 차이

주식 투자가 결국엔 기업에 투자한다는 차원에서 미국과 한국 기업을 사업 형태와 기업 이익의 측면에서 비교해보면 미국 기업의 비교우위를 확인할 수 있게 되어 미국 주식 투자를 정당화해준다.

(1) 사업 형태의 차이

한국 기업은 여전히 전통적인 제조업(Hardware)이 주인 반면, 미국 기업은 1980년대 테크 블룸 시대를 전후하여 소프트웨어(Software) 산업이 본격적으로 태동하였고, 2000년대 인터넷 시대를 맞아서 플랫폼 비즈니스([참고 12])라는 이전과 완전히 새로운 산업을 일으키며 소프트웨어 산업을 더욱 부흥시키는 계기가 되고 있다.

[참고 12] 플랫폼 비즈니스(Platform Business)란?

사업자가 제품 또는 서비스를 직접 제공하는 것이 아니라 제품이나 서비스를 제공하는 생산자 그룹과 이를 필요로 하는 사용자 그룹을 서로 연결하는 것. 한국에도 네이버나 카카오, 쿠팡 등 다양한 부문에서 플랫폼 사업을 하고 있으나 국내에 국한되어 규모가 작고, 한국의 대기업은 여전히 전통 제조업에 머물러 있으나 미국의 대형 기술주들은 예외 없이 플랫폼 비즈니스를 전 세계 대상으로 펼치고 있다는 점에서 큰 차이가 있다.

하드웨어 산업은 산업의 역사가 길고 경쟁자가 많아 가격 결정권이 약한 반면, 소프트웨어 산업은 산업의 역사가 짧고, 변화가 빨라 공급자의 가격 결정권이 높은 속성상 하드웨어 산업보다 소프트웨어 산업의 이익률이 훨씬 높다는 점에서 미국 기업에 대한 투자의 유인이 높다고 할 수 있다.

(2) 기업 이익의 차이

앞서 얘기한대로 미국 기업들은 산업 분류상 소프트웨어 산업의 비중이 높아 한국 기업보다 훨씬 높은 이익률을 보여주고 있으며, 높은 이익률은 고 PER를 정당화시켜 줄 수 있어 미국 기업들이 상대적으로 높은 PER에도 투자 매력 역시 높다고 할 수 있다.

[표 20] 나스닥 100과 코스피 200 시총 상위 종목의 주가(등락)을 비교해보면, 시장의 상승이 강했던 2023년의 등락이나 전년과 비교 시 상대적으로 약했던 2024년의 등락을 보더라도 나스닥 시총 상위 종목이 양호한 성적을 보여주고 있다. 다른 차원에서 매출/이익(률)로 보더라도 매출 및 영업이익 규모는 나스닥이 3.5배 이상이고, 당기 순이익은 약 6.7배, 영업이익률은 일견 비슷해 보이나 순이익률은 약 2배의 차이를 보여주고 있다.

■ [표 20] 나스닥 100/코스피 200 10대 종목 시총, 등락 비교

1. 나스닥 100 시총 상위 10개

나스닥 100지수 → 24-10-25 ↗ 0.59% ↑ 20.96% ↑ 53.81%

Symbol	회사명	주가		시총(B$)		당일%		2024%		2023%
AAPL	Apple Inc.	231.41	↑	3518.4	●	0.36%	●	20.2%	●	48.2%
MSFT	Microsoft Co	428.15	↑	3182.5	●	0.81%	●	13.9%	●	56.8%
GOOG	ALPHABET C	166.99	↑	1901.0	●	1.50%	●	18.5%	●	58.8%
AMZN	AMAZON.CO	187.83	↑	1971.4	●	0.78%	●	23.6%	●	80.9%
NVDA	NVIDIA COR	141.54	↑	3472.0	●	0.80%	●	185.8%	●	238.9%
META	Meta Platfor	573.25	↑	1252.4	●	0.96%	●	62.0%	●	194.1%
TSLA	TESLA, INC.	269.19	↑	860.0	●	3.34%	●	8.3%	●	101.7%
AVGO	BROADCOM	173.00	↑	808.0	●	0.96%	●	55.0%	●	99.7%
COST	COSTCO WH	891.22	↗	394.9	●	−0.25%	●	35.0%	●	44.6%
ASML	ASML HLDG	711.70	↘	280.0	●	0.13%	●	−6.0%	●	38.5%
평균	10		↑	1764.0	●	0.90%	●	36.7%	●	75.1%
				17640.4 단순평균% →				41.6%		96.2%

2. 코스피 200 시총 상위 10개

코스피 200지수 → 24-10-25 ↗ 0.14% ↓ −4.08% ↑ 22.98%

Symbol	회사명	주가		시총(B$)		당일%		2024%		2023%
SSE	Samsung Ele	55900	↘	240.22	●	−1.24%	●	−28.8%	●	42.0%
LES	LG Energy So	407000	↓	68.56	●	0.12%	●	−4.8%	●	−1.8%
HYNIX	SK Hynix	201000	↘	105.33	●	1.41%	●	42.0%	●	88.7%
SSBIO	Samsung Bio	1061000	↓	54.36	●	1.92%	●	39.6%	●	−7.4%
HDC	Hyundai Mot	225500	↓	33.99	●	−1.31%	●	10.8%	●	34.8%
POSCO	Posco Holdin	335500	↓	19.95	●	−1.18%	●	−32.8%	●	80.7%
KIA	Kia Corp.	92700	↓	26.68	●	1.98%	●	−7.3%	●	68.6%
SSDI	Samsung SD	322000	↓	15.94	●	−1.68%	●	−31.8%	●	−20.1%
LGC	LG Chemical	322500	↓	16.39	●	−1.68%	●	−35.4%	●	−16.8%
NAVER	NAVER	167800	↓	19.42	●	−2.50%	●	−25.1%	●	26.2%
평균	10		↓	60.08	●	−0.27%	●	−19.0%	●	27.7%
				600,843 단순 평균% →				−7.3%		29.5%

[참고 13] 미국 주식과 한국 주식의 평가
- 미국 주식과 한국 주식의 성과를 비교해보면 한국 주식이 상대적 우위를 점하는 것은 PER이 유일. PER이 낮은 것이 반드시 좋은 게 아닌 것이, EPS성장률이 높다면 미래의 PER이 낮아지는 것이어서 높은 PER이 정당화됨. 엔비디아가 대표 사례(성장률, 124%)⇒계산 예)PER(80), EPS성장률(124%): PEG=80/124=0.65. 피터 린치는 PEG 수치가 1.5 이상이면 매수하지 않았음.
- PER(Price Earning Ratio, 주가수익비율)=주가/EPS=시가총액/순이익
- PEG(Price Earning to Growth Rate, 주가이익증가율) =PER/EPS성장률
- PER이 과거의 성적표라면 PEG는 미래의 성장성을 감안하는 것으로 PER이 상대적으로 높더라도 미래 성장성이 높다면 투자 가치가 있다고 평가할 수 있음.→EPS성장률=PER/PEG
- PEG는 finance.yahoo.com→Symbol 입력→Statistics에서 확인 가능.

(3) 인수합병의 시각 차이

미국과 한국의 기업 간에는 인수합병에 대한 시각의 차이가 크다. 미국 기업의 경우 수많은 인수합병을 통해 사업 영역을 확장하거나 시너지 효과를 창출하면서 회사의 비약적 성장을 일궈왔으며, 이에 반해 한국 기업의 경우 인수합병보다는 회사의 분할을 시도하는 경우가 많아 미국의 성장하는 빅테크 기업들의 흐름과 거리가 있다.

*미국 빅테크 기업들의 대표적 인수합병 사례

① 애플: 2015년 이후 100개 기업 인수(삼성전자는 2000년 이후 26곳 불과, 특이 회사도 별로 없음), 음악 스트리밍 기업 비츠일렉트로닉(2014, 32억$), 인텔 모뎀 사업부(2019, 10억$), 전력 반도체 다이얼로그 세미컨덕터(2018, 6억$) 등

② 마이크로소프트: 구인 구직 플랫폼 링크드인(2016, 262억$), 오픈 소스 커뮤니티 깃허브(2018, 75억$), 의료 AI 뉘앙스 커뮤니케이션즈(2021, 197억$), 게임 액티비전 블리자드(2022, 687억$), 챗 GPT 오픈 AI(투자/2023, 130억$) 등

2021년 56건(257억$)

③ 알파벳(구글): 동영상 공유 유튜브(2006, 16.5억$), 사이버 보안 맨디언트(2022, 54억$) 등 2021년 22건(220억$), 검색으로 출발 M&A를 통해 인공지능, 클라우드 플랫폼으로 확장

④ 아마존: 유기농 식품 체인 홀푸드 마켓(2017, 137억$), 영화 제작사 엠지엠 홀딩스(2021, 84.5억$) 등 2021년 29건(157억$), M&A 통해 전자상거래에서 AI, IoT, 클라우드 선두주자로 도약

⑤ 메타플랫폼: 사진 및 동영상 공유 인스타그램(2012, 10억$), VR/AR 오큘러스(2014, 23억$) 등 2017년까지 약 60여 개 기업 인수, M&A 통해 소셜네트워크 서비스에서 동영상, VR/AR 시장 선점.

[참고 14] 미국 투자 유망주 분류 용어에 따른 기업 명단

- Magnificent 7(M7, 2023년 선정된 미국의 대표 빅테크 기업 7선): Apple, Microsoft, Alphabet, Amazon, Nvidia, Metaplatform, Tesla 등 미국 기술주 시총 1~7위 기업
- FAANG(2010년대 중반 미국의 대표 빅테크 5선=)페이스북이 메타로 사명을 바꾸면서 MANGA로 변신): Facebook(Metaplatform), Apple, Amazon, Netflix, Google
- MAGA(2018년부터 불리워진 전 세계 최고의 시가총액 상위 4선): Microsoft, Apple, Google, Amazon
- GAFA(인수합병에 진심인 기업 4선): Google(Alphabet), Amazon, Facebook(Metaplatform), Apple

3) 미국 주식에 투자하면 한국 주식 투자에도 도움

미국 시장을 분석하고 미국 주식에 투자하면서 한국 주식 투자자가 얻게 되는 여러 이점도 있다. 한국 주식시장과 미국 시장과의 동조화의 정도가 예전만 같지 못하긴 하나 외국인 투자비중이 여전히 30%를 상회하고 있다. 특히 한국의 시총 상위 종목의 경우 50%를 넘나드는 상황, 전 세계 시장이 하나의 시장처럼 움직이는 상황에서 미국 시장과의 연계성은 결코 과소평가할 수 없다.

(1) **한국 시장의 미국 시장 동조화**

한국 시장의 미국 시장과의 동조화는 1997년 IMF 이후 미국이 주도한 금융 제도의 도입과 더불어 타의로 시작되었고, 1990년대 말 닷컴 열풍과 함께 급격히 확산되었다. 이는 비단 한국만의 차원이 아니라 전 세계 시장의 동조화가 진전되는 기폭제로 작용했다. [표 21] 미국 지수와 아3국 지수 등락/상관 관계에서 보듯 한국은 물론 일본이나 대만을 가릴 것 없이 미국 시장과의 동조화가 진행된 것을 알 수 있다.

[표 21]에서 각 지수별로 등락을 보면 등락의 크기만 다를 뿐 방향이 대체로 일치한다. 미국 지수와의 상관 관계를 계산해보면, 아 3국 지수 모두 미국 지수와의 상관 지수가 약 0.7 정도로 높은 것을 알 수 있다. 이처럼 높은 상관 지수로 인해 미국 주식에 투자하는 경우 자연스럽게 미국 시장의 움직임에 관심을 갖게 된다. 이 책에서 설명하는 내용을 배우면 미국 시장을 보다 잘 이해하게 되고, 그렇게 된다면 한국 주식 투자 시에도 많은 인사이트와 아이디어를 얻게 되는 부수적 효과도 기대할 수 있게 되는 것이다.

■ [표 21] 미국 지수와 아3국 지수 등락/상관 관계

Year	다우%	나스닥%	코스피%	니케이%	대만가권%
1999	25.2%	85.6%	82.8%	36.8%	31.6%
2000	-6.2%	-39.3%	-50.9%	-27.2%	-43.9%
2001	-7.1%	-21.1%	37.5%	-23.5%	17.0%
2002	-16.8%	-31.5%	-9.5%	-18.6%	-19.8%
2003	25.3%	50.0%	29.2%	24.5%	32.3%
2004	3.1%	8.6%	10.5%	7.6%	4.2%
2005	-0.6%	1.4%	54.0%	40.2%	6.7%
2006	16.3%	9.5%	4.0%	6.9%	19.5%
2007	6.4%	9.8%	32.3%	-11.1%	8.7%
2008	-33.8%	-40.5%	-40.7%	-42.1%	-46.0%
2009	18.8%	43.9%	49.7%	19.0%	78.3%
2010	11.0%	16.9%	21.9%	-3.0%	9.6%
2011	5.5%	-1.8%	-11.0%	-17.3%	-21.2%
2012 ↑	7.3%	15.9%	9.4%	22.9%	8.9%

Year	다우%	나스닥%	코스피%	니케이%	대만가권%
2013	26.5%	38.3%	0.7%	56.7%	11.8%
2014	7.5%	13.4%	-4.8%	7.1%	8.1%
2015	-2.2%	5.7%	2.4%	9.1%	-10.4%
2016	13.4%	7.5%	3.3%	0.4%	11.0%
2017	25.1%	28.2%	21.8%	19.1%	15.0%
2018	-5.6%	-3.9%	-17.3%	-12.1%	-8.6%
2019	22.3%	35.2%	7.7%	18.2%	23.3%
2020	7.2%	43.6%	30.8%	16.0%	22.8%
2021	18.7%	21.4%	3.6%	4.9%	23.7%
2022	-8.8%	-33.1%	-24.9%	-9.4%	-22.4%
다우상관			0.528	0.751	0.749
나스닥상관			0.724	0.785	0.792

(2) 미국의 주도주를 보면 한국 주식이 보인다

미국 지수와 코스피 지수 간에도 동조화가 되지만 미국 기업이 세계의 기술과 혁신 분야를 선도하다 보니 한국 시장에서도 미국의 혁신 기업과 동조하게 되는 것은 필연이다. 따라서 미국 시장에 투자하는 것만으로 자연스럽게 미국 시장의 주도주를 쉽게 알게 되어 한국 시장에서 유사한 주식에 투자함으로써 한국 주식의 수익률을 제고할 수 있게 된다.

(3) 한국 주식의 종가 전략에 대한 아이디어

미국 시장을 알면 부수적으로 얻는 효과로 미국 시장과 한국 시장의 동조화를 이용, 미국 시장 대비 한국 시장의 상대적 강/약세를 이용하여 한국 시장에서의 종가 전략, 즉 종가로 매수할 것인가 또는 매도할 것인가를 판단할 수 있다.

＊상대적 강/약세의 기준 및 종가 전략:

① 최근 5일 간의 미국 지수와 코스피의 등락 합계를 비교, 코스피가 ±1.5% 이상 차이가 날 때 반대로 진입하는 전략, 즉 코스피가 1.5% 이상 강하면 종가 매도, 1.5% 이상 약(-1.5%)하면 종가로 매수하는 전략

② 전날 미국 지수 등락/추세와 상반되게 형성된 코스피 종가: 미국의 추세 방향을 따라 종가로 진입하는 전략(예: 미국의 추세가 상승이고 지수도 상승했는데, 익일 코스피가 과하게 하락(과함의 기준: 전날 미국 등락 대비 코스피가 -1% 이상 벌어진 경우)하면 종가로 매수한다.

③ 전날 종가로 진입한 코스피의 청산: 익일 시가권 또는 익일 장중 청산을 원칙으로 한다.

[참고 15] 연도별 미국 주식과 한국 주식의 동조화 사례

① 2019년 미국, 나스닥 100(+38.0%)〈필반도체 지수(+60.1%) 및 AMD(+148.4%) 급등: 2019년 한국, 코스피 200(+12.1%)〈삼성전자(+44.2%) /SK 하이닉스(+55.5%) 등 지수 대비 초과 수익
② 2020년 미국 나스닥 100(+47.6%)〈테슬라(+743.4%) 급등: 2020년 한국, 코스피200(+32.5%) 〈2차 전지 LG 화학(+159.5%) /삼성SDI(+166.1%) 등 지수 대비 초과 수익
③ 2023년 미국 나스닥 100(+53.8%)〈필반도체 지수(+64.9%) 및 엔비디아(+238.9%) 급등: 2023년 한국, 코스피200(+23.0%)〈삼성전자(+42.0%)/SK하이닉스(+88.7%) 등 지수 대비 초과 수익
④ 2024년 08월 23일 나스닥 100(+17.2%)〈AI/반도체(엔비디아+161.2%, SMCI +115.7%)가 지수 대비 급등: 2024년 8월 23일 한국, 코스피200(+2.8%)〈하이닉스(+31.1%), 한미반도체(+90.9%) 등 AI/반도체 관련주 강세

· **한국 시장의 미국 시장 동조화 증가: 시가 반영이 훨씬 높다**
⇒ 1999~2023/12/20 기간 중: 나스닥 vs 코스피 시가/종가 상관 지수: 0.731/0.372
⇒ 의미 해석: 시가 상관계수가 높고 종가 상관계수가 낮은 것은 글로벌 시장과의 동조화 속에서 전일의 미국 지수의 등락을 시가에 반영 후 장중으론 코스피의 자체 요인에 의해 움직이기 때문이고, 자체 요인에 따라 움직이면서 전날 미국 지수와 괴리가 클 경우 종가 전략으로 새로운 수익 기회가 발생할 수 있다.

※ **코스피 종가 전략 사례**

한국 날짜	미3대5일%	코5일%	종가전략손익
23-10-26	-2.84%	-4.83%	0.54%
23-10-31	-0.99%	-4.43%	0.65%
23-11-03	4.38%	2.85%	1.33%
23-11-06	5.84%	8.30%	1.04%
23-11-07	4.68%	7.29%	-0.67%
23-11-13	1.44%	-3.94%	0.88%
23-11-14	1.20%	-0.44%	2.01%
23-12-05	0.83%	-1.09%	0.37%
23-12-06	0.63%	-0.97%	-0.09%
23-12-07	0.32%	-1.70%	0.73%
합계 손익			6.81%
종가전략 승률			80.0%

⇒ 좌측 표에서 보듯 미국 지수와 코스피 지수 간에는 상당한 불균형적 상황이 자주 연출되며, 많은 경우 미국 지수 등락률 대비 코스피 지수가 역방향으로 과도하게 반영 시 차익 기회가 발생(코스피 과하락시 매수, 과상승시 매도로)함을 알 수 있다.

■ [그림 5] 코스피 외인 보유 추이

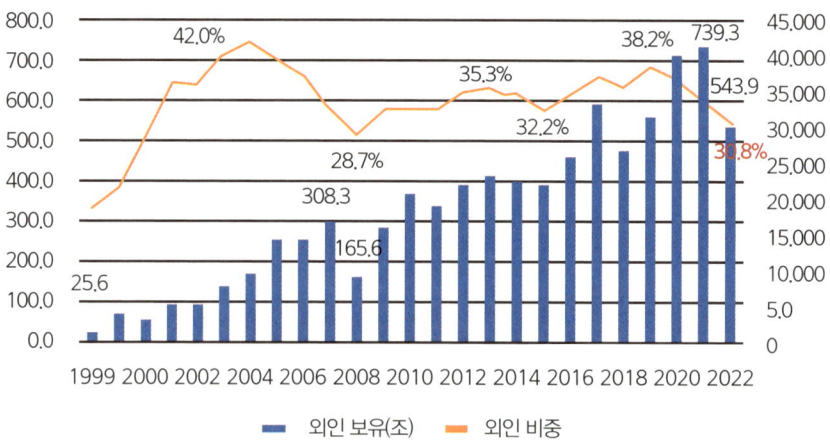

코스피에 대한 외인 보유 비중이 2004년을 정점으로 꺾이기 시작하였고 어쨌든 2010년까지는 코스피가 상대적 강세 모습을 보이기도 했다. 그러나 2008년 금융위기로 인한 양적 완화가 시작된 2009년 이후 미국 시장 편중 현상이 두드러지면서 양적 완화가 끝나가던 2010년대 초 이후 양적 완화의 누적 효과가 나타나며, 2011년부터 미국 강세/코스피의 상대적 약세([표 22] 참조)가 두드러지게 되었다.

■ [표 22] 다우, 나스닥/코스피 연도별 등락

Year	다우%	나스닥%	코스피%
1999	25.2%	85.6%	82.8%
2000	-6.2%	-39.3%	-50.9%
2001	-7.1%	-21.1%	37.5%
2002	-16.8%	-31.5%	-9.5%
2003	25.3%	50.0%	29.2%
2004	3.1%	8.6%	10.5%
2005	-0.6%	1.4%	54.0%
2006	16.3%	9.5%	4.0%
2007	6.4%	9.8%	32.3%
2008	-33.8%	-40.5%	-40.7%
2009	18.8%	43.9%	49.7%
2010	11.0%	16.9%	21.9%

↑ 코스피가 상대적 강세 기록

2011	5.5%	-1.8%	-11.0%	I 코스피가 상대적 약세 기록
2012	7.3%	15.9%	9.4%	
2013	26.5%	38.3%	0.7%	
2014	7.5%	13.4%	-4.8%	
2015	-2.2%	5.7%	2.4%	
2016	13.4%	7.5%	3.3%	
2017	25.1%	28.2%	21.8%	
2018	-5.6%	-3.9%	-17.3%	
2019	22.3%	35.2%	7.7%	
2020	7.2%	43.6%	30.8%	
2021	18.7%	21.4%	3.6%	
2022	-8.8%	-33.1%	-24.9%	
2023	13.7%	43.4%	18.7%	코스피 상승
2024	12.9%	28.6%	-9.6%	코스피 하락

※ 2023/2024 다우시총%: +26.0%/+33.2%(2024년은 엔비디아 편입 효과)

(4) 미국과 한국 시장 비교(종합)

구 분	미국 시장	한국 시장
중요도(위치)	최우선(본류)	부차적(지류)
투명도(준법성)	완벽(불법에 가혹)	부족(불법에 관대)
개방도	완전개방	완전개방
상승기 전략	우선 매수	부차적 매수
하락기 전략	집수(위기 시 회귀)	철수(위기 시 탈출)
세계시총비중('23)	45.10%	1.60%
MSCI비중('23)	59.30%	1.40%

■ [표 23] 미국과 한국 대표 주식의 수익률 비교

[나스닥 100 시총 상위 10개사]

회사	주가('15말)	주가('23말)	시총(B$)	23YTD%	16~23%	16~23CAGR
AAPL	24.59	231.41	3518.4	48.2%	841.1%	32.3%
MSFT	55.48	428.15	3182.5	56.8%	671.7%	29.1%
GOOG	37.94	166.99	1901.0	58.8%	340.1%	20.4%
AMZN	33.79	187.83	1971.4	80.9%	455.9%	23.9%

NVDA	0.82	141.54	3472.0	238.9%	17161.0%	90.4%
META	104.66	573.25	1252.4	194.1%	447.7%	23.7%
TSLA	16.00	269.19	860.0	101.7%	1582.4%	42.3%
AVGO	13.08	173.00	808.0	99.7%	1222.6%	38.1%
COST	161.50	891.22	394.9	44.6%	451.8%	23.8%
ASML	88.77	711.70	280.0	38.5%	701.7%	29.7%
합계/평균			17640.4	80.4%	746.1%	29.3%

[코스피 200 시총 상위 10개사]　　　　　　　　　　　　　　　　*평균등락률: NVDA제외

회사	주가('15말)	주가('23말)	시총(B$)	23YTD%	16~23%	16~23CAGR
삼성전자	25200	55900	240.2	42.0%	121.8%	10.5%
LG엔솔	300000	407000	68.6	-1.8%	35.7%	3.9%
SK하이닉스	30750	201000	105.3	88.7%	553.7%	26.5%
삼바로	144000	1061000	54.4	-7.4%	636.8%	28.4%
현대차	149000	225500	34.0	34.8%	51.3%	5.3%
포스코홀딩스	166500	335500	20.0	80.7%	101.5%	9.2%
기아	52600	92700	26.7	68.6%	76.2%	7.3%
삼성SDI	114000	322000	15.9	-20.1%	182.5%	13.9%
LG화학	328500	322500	16.4	-16.8%	-1.8%	-0.2%
네이버	131600	167800	19.4	26.2%	27.5%	3.1%
합계/평균			600.8	29.5%	178.5%	10.8%

* **미국과 한국 대표 종목 수익률 비교**

- 미국과 한국 대표 주식의 수익률을 비교해보면 차이가 너무 커서 비교 자체가 무의미할 정도.

- 지수(나스닥 100 vs 코스피 200)로 비교해도 2015년말 이후 2023년 기준, 276.9% VS 38.5%로 양 지수 간 7.2배의 차가 발생. 10대 종목으로 비교하면 2015년 이후 누적 수익률은 NVDA는 제외하고도 746.1% VS 178.5%로 차이가 무려 4.2배 차이. 시총 차와 별개로 2019년 이후 하락했던 2022년을 제외하고 한국의 대장주가 크게 열위.

⇒ 결론적으로 주식 투자의 목적이 수익률에 있는 만큼, 이 정도의 수익률 차이라면 미국 주식에 투자할 충분한 이유가 된다. 미국 주식 투자로 얻을 수 있는 것은 비단 수익에 국한한 게 아니라 신산업의 조류에 편승하기도 하는 만큼 부수적 효과도 기대할 수 있다.

4) 한국 주식 대비 미국 주식의 비교 우위

미국 주식과 한국 주식을 비교할 때 근본적으로 차이가 나는 것으로 가장 흔하게 비교하게 되는 요인으로 주주환원율을 들 수 있다. 다음 그래프에서 보듯 2011~2017년간 한국의 주주환원율은 18%로 이는 중국의 33%에도 미치지 못하며, 대만의 60%나 특히 미국의 97%와 천양지차로 한국의 상장회사들이 주주들을 홀대하고 있음을 보여준다. 이런 점에서 미국 기업은 주주 친화적이라 할 수 있다.

■ [그림 6] 주주환원율 비교

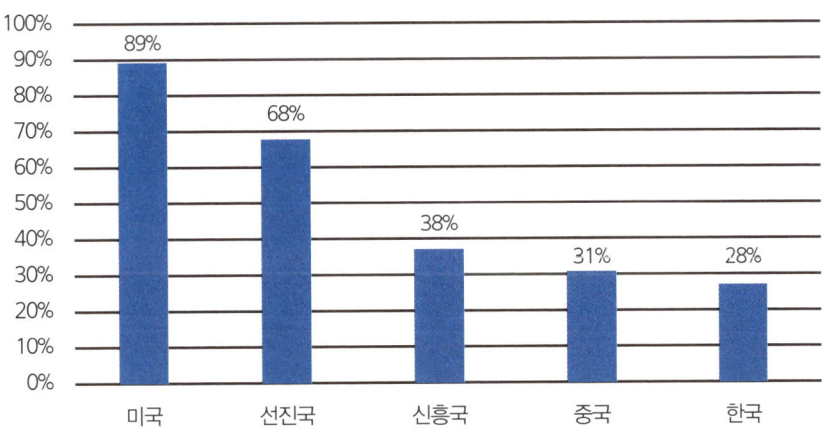

*주주환원율 비교
위 주주환원율 차트를 보면 한국은 미국이나 선진국은 물론 신흥국 시장이나 심지어 중국에 비해서도 낮은 수치를 기록하면서 사실상 전 세계에서 가장 낮은 수준이라는 것이고, 이 점이 "코리아 디스카운트"의 근본 이유가 되고 있어 코스피의 Value-up program을 위해서도 주주환원율의 제고가 요청되고 있다.

(1) 주주환원율의 차이

주주환원율은 (배당+자사주 매입)/당기순이익의 산식으로 구하는 것으로, 즉 기업의 이익을 주주에게 환원해주는 비율이다.

주주환원율의 최근 10년간 평균 수치로 보아도 미국이 89%인 반면 한국은 28%에 불과, 이는 다른 주주 권리보호방안 미흡*과 더불어 한국 주식이 저평가(코리아 디스카운트[표 19])되는 근본적 이유가 된다.

(2) 주주환원율 중 자사주 매입 비율

자사주 매입액의 시가총액 대비율이 미국 2.89% vs 한국 0.22%로 10배가 넘는 큰 차이가 있다.

- 미국 주요 기업의 자사주 매입액(최근 10년간)

① AAPL: 620B$(5년 전인 2019년 말 시총 1,305B$ 대비 약 47.5%)

② GOOG: 193B$(2019년 말 시총 919B$ 대비 약 21.0%)

③ MSFT: 180B$(2019년 말 시총 1,203B$ 대비 약 15.0%)

④ META: 130B$(2019년 말 시총 494B$ 대비 약 26.3%)

유통주식수를 감소시킴으로써 주가 상승에 긍정적인 요인으로 작용한다는 점에서 자사주 매입은 중요하다. 이런 자사주 매입에서 압도적 차이를 보이고 있는 점이 미국 주식에 투자할 충분한 유인이 된다.

---

* **한국의 주주 권리 보호방안 미흡 사례** 물적 분할 후 모회사와 자회사 동시 상장, 공정 가치가 아닌 시가 합병비율 등(출처: 『주주 권리가 없는 나라』(부제: 왜 한국 주식시장은 공정과 상식이 작동되지 않는가), 박영옥/김규식 공저, 센시오 출판)
  – 물적 분할: 기존 회사를 분할하고자 할 때 기존 회사가 지분을 100% 보유한 회사를 신설하는 형태로 이루어지는 회사분할
  – 인적 분할: 존속회사 주주들의 자기 주식 소유 비율대로 신설법인 주식을 나눠 갖는 방식의 회사분할

(3) 모자(母子) 회사 동시 상장 비율

2019년 기준, 자본시장연구원 자료를 보면 영국 0%, 미국 0.5%, 독일/프랑스 3%인데 비해 한국은 8.47%로 압도적으로 높다.

미국의 애플이 휴대폰 사업만 떼거나, 구글의 모회사인 알파벳이 구글만 따로 떼어 상장한다면 모기업의 시가총액이 낮아질 수밖에 없어 미국에선 상상조차 할 수 없는 일이다. 그런 일이 다반사로 일어나는 곳이 한국 주식시장이고, 주주환원율과 더불어 이러한 요인이 코리아 디스카운트를 일으킨다. 바로 미국 주식에 투자해야 할 이유라 할 수 있다.

전 세계 투자자금이 미국으로 몰리는 이유는 기업의 성장성뿐 아니라, 앞서 살펴본 시장에 대한 신뢰에도 있다. 이는 자금 유입을 재촉진하는 요인으로 작용한다.

시장 추세 읽기

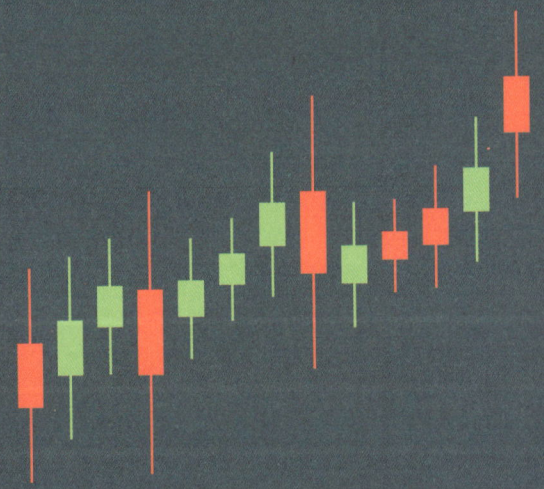

Part 2

3. 미국 주식, 추세가 답이다
- 01 추세가 답이다!
- 02 추세란?
- 03 특별한 사례로 본 추세의 중요성
- 04 아시아(with 유럽) 시장에서 인사이트 얻기
- 05 미국의 주가 운동 3법칙
- 06 추세는 차트 추세로

4. 미국 주식시장 중장기 추세 판단법
- 01 금리와 주가의 관계
- 02 VIX와 주가의 관계

CHAPTER 03
미국 주식, 추세가 답이다

　통상 주식 투자자들은 재료가 중요하다고 생각하여 재료를 과신하는 경향이 있는데, 이 장에서는 미국 시장 시황 분석과 주식 매매에 있어 재료보다 추세가 훨씬 중요하다는 것을 실증적 사례와 함께 살펴본다.

　사실 단기적인 주식매매에 있어 추세만큼 중요한 것은 없으며, 이 장에서 간단히 추세를 파악할 수 있는 방법을 제시함으로써 단기 주식매매에 있어 성공적인 투자가 될 수 있도록 그 방법을 제시하고 있다. 이 장을 통해 추세만 잘 익힌다면 주식매매에서 절반은 성공한 것이라고 감히 단언한다.

01
추세가 답이다

1) 재료와 주가의 관계

(1) 재료가 주가변동 요인?

주가의 변동을 설명하는 요인으로 경제 전반으로는 경제성장률이라든지, 기준 금리(and/or 국채 금리), 고용 지표 등은 물론 개별 기업 단위의 실적(가이던스 포함) 등 소위 재료에 지나치게 집중한 나머지 시장 참여자들 사이에선 주가의 변동을 예상하는 데도 재료를 과신하는 경향이 강하다.

그렇다면 주가의 변동을 예상하는 데 재료가 과연 어느 정도 효과적일 것인지를 생각해보면 "예"라는 답을 쉽게 도출해낼 수는 없을 것이라 본다. 물론 미래에 올 재료의 방향을 비교적 정확히 예측할 수 있다면 모르지만 이는 현실적으로 거의 불가능함을 가정한다면 재료에 집착할 필요는 없다.

그럼에도 실제 마감 시황을 전하는 증권 뉴스에서 예외 없이 당일의 주가 변동을 설명할 때 재료의 영향을 빠짐없이 얘기하곤 한다. 그렇다면 같은 뉴스로 다르게 반응하는 주가에 대해 어떻게 설명할 것인가?

흔히 주가의 변동 요인으로 들고 있는 대표적인 재료로 금리를 꼽을 수 있으며, 특별히 금리 인하야말로 주가 상승의 절대선(絶對善)으로 인식하곤 하는데, 이 말이 맞으려면 금리가 인하됐을 때 전부는 아니더라도 주가 상승일이 하락일을 압도해야 할 텐데 과연 그럴까?

(2) 금리와 주가의 관계

■ [표 24] 미 FRB 금리결정일의 지수 등락

① 1986~2023

구분	지수방향	다우/일수	다우%	나스닥/일수	나스닥%
금리 인상일	상승	32	0.87%	34	1.22%
	하락	31	-0.78%	29	-0.76%
소 계		63	0.06%	63	0.31%
금리 인하일	상승	26	1.40%	34	1.77%
	하락	34	-1.95%	26	-2.18%
소 계		60	-0.50%	60	0.06%
금리 vs 지수 상관			0.168		0.102

② 2003~2023

구분	지수방향	다우/일수	다우%	나스닥/일수	나스닥%
금리 인상일	상승	20	0.77%	17	1.52%
	하락	17	-0.78%	20	-0.79%
소 계		37	0.06%	37	0.27%
금리 인하일	상승	6	1.96%	6	2.44%
	하락	10	-2.46%	10	-2.30%
소 계		16	-0.80%	16	-0.53%
금리 vs 지수 상관			0.251		0.216

[표 24] 미 FRB 금리결정일의 지수 등락에서 금리를 인상한 날의 주가 등락을 보면, 총 63회 중 다우는 32번 상승하였고, 나스닥은 34번 상승하여 상승한 날과 하락한 날이 거의 비슷하며, 평균 등락으로는 다우와 나스닥이 각각 +0.06%, +0.31% 상승하여 "금리 인상=악재"라는 등식은 성립하지 않는다.

또한 상승한 날의 평균 상승률이 하락한 날의 평균 하락률보다 절대치로 더 큰(다우 0.87%/-0.78%, 나스닥 1.22%/-0.76%) 것으로 나타나 오히려 상승이 더 강한 것을 알 수 있다.

금리를 인하한 날은 총 60회 중 다우는 총 26번 상승, 나스닥은 총 34번 상승으로 다우와 나스닥 간에 약간 엇갈렸으며, 이 경우에도 절대값 기준으로 상승일의 상승률보다 하락일의 하락률이 더 큰 것으로 나타나 하락이 우세한 것으로 볼 수 있다. 총 평균 등락으로는 다우는 -0.50% 하락한 반면, 나스닥은 +0.06% 상승으로 엇갈렸는데, 미국 시장의 경우 나스닥 시장이 뒤늦게 개설(1971), 급격히 성장한 탓에 초기 20~30여 년간 신규 상장주식의 영향이 크게 작용하여 아무래도 나스닥의 상승률이 컸던([표 25] 기간별 다우, 나스닥 등락 비교 참조) 데다 이후 미국 산업을 이끄는 주요 종목으로 자리잡다 보니 금리 방향과 관계없이 상승이 약간 우세한 것을 알 수 있다. 그러나 나스닥 시장 개설 후 초기 30여 년을 제외한 2003년 이후로 한정하여 보면, 다우와 나스닥 공히 일반적으로 알려진 것과 달리 대체로 금리 인상≒주가 긍정 반응, 금리 인하≒주가 부정 반응의 등식이 약간 더 자연스러운 것을 알 수 있다.

■ [표 25] 기간별 다우, 나스닥 등락 비교(참고: 코스피 등락)

년도별	다우	나스닥	코스피	다우누적%	나스닥누적%	코스피누적%
1984	1,211.57	247.10	142.46			
1999	11,497.12	4,069.31	1,028.06	848.9%	1546.8%	621.6%
2023	37,689.54	15,011.35	2,655.28	3010.8%	5975.0%	1763.9%

나스닥 시장이 1971년(다우 지수 시작: 1896년) 개설되었고, 나스닥에 상장된 회사를 중심으로 1980년대(Tech Bloom)와 1990년대(닷컴 열풍)를 거쳐 2000년대 이후 미국 및 전 세계 산업을 선도하면서 상승률이 독보적이었으며 이 현상은 현재까지 이어지면서 나스닥이 다우 대비 상대적 강세를 지속하고 있다. 한편 다우 지수의 산출 방식이 주가 평균식이어서 시가 총액식 대비 시장 상황을 정확히 반영하지 못하고 있는 점도 다우 지수의 부진한 한 요인이 된다. 2022/23년의 경우, 주가 평균식으로 -8.78%/13.70%, 시가 총액식은 -17.14%/26.04%로 차이([표 26] 참조)가 있다. 코스피의 경우 나스닥은 물론 다우에 비해서도 부진한 모습은 미국 주식에의 투자 이유를 강화시켜 주는 요인이 된다.

■ [표 26] 2022~2023년 다우(주가 평균식 VS 시가 총액식)

24-10-25	15510.26	-0.61%	14.45%	0.03%	11.74%	42114.40
날짜	당일시총	실제 다우%	시총식YTD%	시총식%	실다우YTD%	다우현재가
22-12-30	9525.42	-0.22%	-17.14%		-8.78%	33147.25
23-12-29	12005.40	-0.05%	26.04%	-0.09%	13.70%	37689.54

좀 더 정확히는 금리 변동 사례에서 금리와 주가 등락 간 상관 지수[*]를 구하면 "0.168(금리 vs 다우)~0.102(금리 vs 나스닥)" 수준으로 상관지수의 수치로 보면 정(正)의 상관 관계도 아니고 역(逆)의 상관 관계도 아니며, 따라서 어느 쪽이든 유의미한 결과로 보기 어려운 것이 사실이다.

(3) 실적과 주가의 관계

주가가 결국 기업의 실적을 반영한다고 보면, 주가 변동의 가장 대표적인 재료로 기업 실적을 들 수 있겠는데 그렇다면 위의 금리 변수와 마찬가지로 기업 실적과 주가 간에 어떤 상관 관계가 있을까?

지수 영향이 제한적인 중소형주는 별론으로 하더라도 시가총액이 큰 빅테크(대표적으로 Magnificent 7)의 경우 지수 영향이 심대하기 때문에 빅테크의 실적에 따라 당해 기업 주가는 물론 지수(특히 나스닥)가 움직이는 게 당연해 보인다.

[표 27]은 빅테크의 2023년 3분기 실적발표 이후 주가와 당일 3대 지수의 등락을 보여주는 표인데, 총 12건 중 빅테크의 주가 등락과 당일 지수 간 등락 방향이 일치하는 건수가 5건으로 일치율이 42%에 불과하다. 빅테크 실적 발표에 따른 주가 등락과 지수의 등락 방향과 상관이 낮다는 표현이 가능하리라 본다.

---

[*] 상관지수 함수식=CORREL(금리 변동 영역: 주가 변동 영역), 상관지수의 수치가 "1"이면 "같은 방향으로 100% 일치", "-1"은 "반대 방향으로 100% 일치", "0"은 "상관이 없다"의 의미여서, 결론적으로 보면 상관지수가 "0.168~0.102"라면 금리와 주가는 상관이 낮다고 평가할 수 있다.

■ **[표 27] 2023.3Q 이후 빅테크 실적 발표 후 종목 VS 지수 등락 일치 현황**

날 짜	발표 기업	종목 %	3대지수%	일치 여부
23-10-19	TSLA -	-9.30%	-0.85%	일치
23-10-25	MSFT +	3.07%	-1.39%	불일치
23-10-25	GOOG -	-9.60%	-1.39%	일치
23-10-26	META -	-3.73%	-1.23%	일치
23-10-26	IBM +	4.87%	-1.23%	불일치
23-10-27	AMZN +	6.83%	-0.41%	불일치
23-10-27	INTC -	9.29%	-0.41%	불일치
23-11-03	AAPL -	-0.52%	0.99%	불일치
23-11-22	NVDA -	-2.46%	0.47%	불일치
24-01-24	NFLX +	10.70%	0.06%	일치
24-01-25	TSLA -	-12.13%	0.45%	불일치
24-01-26	INTC -	-11.91%	-0.09%	일치
총/일치건수/일치율		12	5	42%

⇒ 종목 vs 지수 등락 불일치 원인 중 하나로 나스닥 100 지수의 경우 시총 초대형주의 경우 시총을 일부만 반영하는 수정시가총액식(Modified Market cap-weighted)이란 독특한 지수 산출 방식을 사용하고 있어 종목과 지수와 불일치가 나타난다. 개별종목의 등락에 지나친 의미를 부여할 건 아니라는 사실이다.

※ 심볼 우측 "+(-)"는 실적(전망)이 예상 상회(하회) 의미
※ 일치 여부는 종목 등락과 지수 등락 방향의 일치 여부
※ 빅테크는 장 마감 후 실적을 발표, 위 날짜는 발표 익일

(4) 결: 재료와 주가의 관계

위에서 주가를 움직이는 여러 가지 재료 중 대표적으로 금리와 실적을 예로 들어 금리와 실적 발표 이후 지수의 등락을 살펴본 바, 금리와 실적은 이후 지수의 등락과 유의미한 상관 관계를 보여주지 못한다는 것, 다른 말로 하면 금리나 실적과 같은 메가톤급 재료조차 지수 등락과 거의 관계가 없다는 것이다. 물론 금리와 실적뿐만 아니라 경제 지표나 양적 완화(긴축), 더 나아가 전쟁 같은 경제 외적인 변수에 이르기까지 수많은 재료가 있어 이를 모두 수치화하기 어렵기에 금리와 실적 변수만 살펴본 것이긴 하나, 대부분의 지표 역시 금리나 기업 실적 같은 재료와 크게 다르지 않다는 경험적 사실을 분명히 얘기할 수 있다.

이는 주식 투자자라면 어느 정도 공감하는 부분이고, 증권 뉴스나 증권 전문가의 발언을 통해서도 느낄 수 있으리라 본다. 이제 실증적 고찰을 통해 얻은

결론을 바탕으로 재료와 추세와의 관계를 살펴보고자 한다.

2) 재료보다는 추세다!

앞(재료와 주가의 관계)에서 재료(금리와 실적을 중심으로)와 주가의 관계를 살펴봤으나 재료와 주가 간에는 어떤 유의미한 상관 관계가 없었다. 이번에는 완전히 다른 관점에서 주가와의 관계를 살펴보고자 한다.

미국 시장을 오랜 기간 관찰해온 결과, 다른 어떤 요인보다 중요한 것이 추세라는 사실을 발견하였고, 이 절에서는 추세가 주가에 어떤 결과로 나타나고 있는지를 앞에서 언급한 같은 데이터를 통해 비교 검증하고자 한다.

(1) 금리 결정일- 추세와 주가의 관계

앞서 금리 결정일의 주가는 금리의 방향과 유의미한 상관 관계가 없다(금리 인상일 다우 상승확률 51%/나스닥 상승확률 54%, 금리 인하일 다우 상승확률 43%/나스닥 상승확률 57%⇒결론적으로 50% 내외)는 사실을 보여주었다. 그럼에도 당시의 다우와 나스닥의 추세(상승/하락 추세)로 구분하여 보면 금리 인상과 인하 여부에 별 관계없이 상승 추세일 때는 지수가 상승한 경우가 압도적으로 많고 하락 추세일 때는 지수가 하락한 경우가 절대적으로 높은 것을 알 수 있다.

- 다우 상승 추세: 다우 상승확률(37/60) 62%, 나스닥 상승확률(39/60) 65%,
- 나스닥 상승 추세: 다우 상승확률(35/60) 58%, 나스닥 상승확률(44/60) 73%,
- 다우 하락 추세: 다우 상승확률(9/41) 22%, 나스닥 상승확률(13/41) 32%,
- 나스닥 하락 추세: 다우 상승확률(14/44) 32%, 나스닥 상승확률(14/44) 32%

즉, 금리 결정과 관계없이 당시의 추세와는 상당히 높은 연관성을 보여주고 있음을 알 수 있다. 다우나 나스닥이 상승 추세일 때 다우와 나스닥 공히 상승 확률이 높고 평균 등락률이 모두 플러스이며, 이 경우 금리 인상의 경우보다 금리 인하의 경우 평균 등락(상승)률도 훨씬 높은 것으로 나타나 금리 인하가 호재가 되는 경우는 바로 이 경우를 말하는 것이라 하겠다.

다우나 나스닥이 하락 추세일 때 다우와 나스닥 공히 하락 확률이 높고 평균 등락률도 모두 마이너스이며, 이 경우 금리 인상의 경우보다 금리 인하의 경우 평균 하락률도 훨씬 큰 것으로 나타나 이 경우는 금리 인하가 호재가 되기 보다는 거의 재앙 수준이라 하겠다.

결론적으로 금리 인상이나 금리 인하가 중요한 변수가 되기보다는 당시의 추세가 훨씬 중요하다는 것이고, 따라서 금리 인상이나 금리 인하에 초점을 맞추기보다 당시의 추세를 살펴 주가 움직임을 예상해보려는 노력이 중요하다. 한편 금리와 주가 간에는 당일의 등락보다 제4장에서 설명하는 '금리 인상기 ≒ 대세 상승기' '금리 인하기 ≒ 대세 하락기'의 관점에서 살펴볼 필요가 있다.

■ [표 28] 금리 결정일 추세 구분에 따른 지수 등락(1986~2023)

금리±	추세±	일수/다+/나+	다우%	나스닥%	다상승확률	나상승확률
인상	다우+	27/16/14	0.21%	0.39%	59.3%	51.9%
	다우−	24/7/9	−0.29%	−0.05%	29.2%	37.5%
	나스닥+	27/16/18	0.25%	0.57%	59.3%	66.7%
	나스닥−	24/9/9	−0.25%	−0.10%	37.5%	37.5%
	소 계	63/32/34	0.06%	0.31%	50.8%	54.0%
인하	다우+	33/21/25	0.70%	1.26%	63.6%	75.8%
	다우−	17/2/4	−3.08%	−2.37%	11.8%	23.5%
	나스닥+	33/19/26	0.53%	0.83%	57.6%	78.8%
	나스닥−	20/5/5	−2.42%	−1.33%	25.0%	25.0%
	소 계	60/26/34	−0.50%	0.06%	43.3%	56.7%

※ 다우/나스닥 우측의 "+(−)"는 "상승(하락) 추세"를 의미

■ [표 29] 추세 구분에 따른 금리 결정일 지수 등락(1986~2023)

추세±	금리±	일수/다+/나+	다우%	나스닥%	다상승확률	나상승확률
다우+	금리+	27/16/14	0.21%	0.39%	59.3%	51.9%
	금리−	33/21/25	0.70%	1.26%	63.6%	75.8%
	소 계	60/37/39	**0.48%**	**0.87%**	61.7%	65.0%
나스닥+	금리+	27/16/18	0.25%	0.57%	59.3%	66.7%
	금리−	33/19/26	0.53%	0.83%	57.6%	78.8%
	소 계	60/35/44	**0.40%**	**0.71%**	58.3%	73.3%
다우−	금리+	24/7/9	−0.29%	−0.05%	29.2%	37.5%
	금리−	17/2/4	−3.08%	−2.37%	11.8%	23.5%
	소 계	41/9/13	**−1.45%**	**−1.01%**	22.0%	31.7%
나스닥−	금리+	24/9/9	−0.25%	−0.10%	37.5%	37.5%
	금리−	20/5/5	−2.42%	−1.33%	25.0%	25.0%
	소 계	44/14/14	**−1.24%**	**−0.66%**	31.8%	31.8%

※ 금리 우측의 "+(−)"는 "금리 인상(인하)"를 의미

> *** 위 언급한 '추세'의 정의?**
> 단순하게 차트로 추세를 읽는 것인데, 당일 지수와 20일 이동평균선(MA)과의 관계로 추세를 판단한다.
> − 상승 추세: 당일 지수가 20일선 위(위)에 있으며 20일선이 상향(+) 중('+위')
> − 하락 추세: 당일 지수가 20일선 밑(밑)에 있으며 20일선이 하향(−) 중('−밑')
> − 나머지 '−위'와 '+밑'은 중립추세라 한다.
> ⇒ 이를 종합적으로 '차트 추세'라 한다.

(2) 기업실적 발표 − 추세와 주가의 관계

실적과 주가의 관계에서 기업 실적의 예상 상회(하회)가 당일의 주가와는 유의미한 상관 관계를 보여주지 못한다는 사실을 알 수 있었는데, 그럼에도 금리 결정의 경우와 마찬가지로 당시의 다우와 나스닥의 추세(상승/하락 추세)로 구분하여 보면 기업 실적과 관계없이 상승(하락) 추세일 때 지수가 상승(하락)한 경우가 압도적으로 많다는 사실을 보여주고 있다.

즉 기업 실적을 발표한 이후 당해 기업의 주가는 당해 실적을 비교적 정확히 반영하는 반면, 당해 종목의 등락과 이날 지수 등락 방향과의 일치율로 보

면 총 12건 중 5건으로 41.7%에 그치고 있다. 하지만 전날의 추세와 당일 지수의 등락 방향을 비교해보면, 총 12건 중 11건이 일치하여 전날 추세와 당일 지수의 등락 방향 일치율이 무려 91.7%에 달한다. 결국 개별 기업 실적의 호·악재보다는 당시의 추세와 관련이 깊다는 사실을 데이터가 보여준다.

(3) 추세와 주가의 관계 종합

위에서 금리와 기업 실적 면에서의 추세와 주가의 관계를 살펴보았는데, 금리 결정이나 기업 실적 발표 등의 재료는 지수의 등락과 어떤 유의미한 상관 관계를 보여주지 못한다는 것이다. 그러나 당시의 지수의 추세와 당일의 지수 등락과 유의미한 상관 관계를 보여준다는 것이어서 재료보다는 추세가 중요하다는 사실을 입증해주고 있다고 할 수 있다.

■ **[표 30] 2023.3Q 이후 빅테크 실적 발표 후 지수등락 VS 추세 일치 현황**

날짜	발표 기업	종목 %	3대지수%	전일 추세	추세:지수%
23-10-19	TSLA -	-9.30%	-0.85%	하락	일치
23-10-25	MSFT +	3.07%	-1.39%	하락	일치
23-10-25	GOOG -	-9.60%	-1.39%	하락	일치
23-10-26	MFTA -	-3.73%	-1.23%	하락	일치
23-10-26	IBM +	4.87%	-1.23%	하락	일치
23-10-27	AMZN +	6.83%	-0.41%	하락	일치
23-10-27	INTC -	9.29%	-0.41%	하락	일치
23-11-03	AAPL -	-0.52%	0.99%	상승	일치
23-11-22	NVDA -	-2.46%	0.47%	상승	일치
24-01-24	NFLX +	10.70%	0.06%	상승	일치
24-01-25	TSLA -	-12.13%	0.45%	상승	일치
24-01-26	INTC -	-11.91%	-0.09%	상승	불일치
총/일치건수/일치율		12	11		91.7%

※ 심볼 우측 "+(-)"는 실적(전망)이 예상 상회(하회) 의미
※ 일치 여부는 지수 등락과 지수 추세 방향의 일치 여부
※ 빅테크는 장 마감 후 실적을 발표, 위 날짜는 발표 익일

02
추세란?

1) 추세와 추세 강도의 의미

앞에서 살펴본 것처럼 재료와 주가 간에는 유의미한 상관 관계가 없고, 재료보다는 오히려 당시의 추세가 높은 상관성을 보여준다. 즉 주가 등락과 상관관계는 재료보다는 추세가 우위에 있다는 결론에 이르게 되어 이번에는 재료와 추세, 추세 강도와의 관계성을 살펴보고자 한다.

재료와 추세와의 관계성을 살펴보기에 앞서 추세(趣勢)와 추세 강도의 의미에 대해 먼저 살펴보기로 한다.

(1) 추세와 추세 강도란?

추세의 사전적 의미를 보면, 한자로는 달릴 趣, 기세 勢로 "달리는 기세"라 할 수 있고, 국어 사전에서는 "어떤 현상이 일정한 방향으로 나아가는 경향"이라고 풀이하고 있다. 통상 주식시장에서는 "가격이 일정 기간 동일한 방향으로 움직이는 것"을 말하는데 보통 "상승"이나 "하락"과 붙여서 "상승 추세" 또는 "하락 추세"로 많이 쓰게 된다.

따라서 사전적 의미와 결합하여 흔히 주식시장에서 "상승 추세"라 함은 "주가가 일정 기간 상승 방향으로 움직이는 것(현상)"이고 "하락 추세"라 함은 "주가가 일정 기간 하락 방향으로 움직이는 것(현상)"으로서 "추세"는 결국 다르게 표현하면 "방향성"이라 말할 수 있다. [그림 기]에서 보듯 상승 추세보다 하락 추세가 위아래로 변동이 크다는 사실을 인식할 필요가 있다.

■ [그림 기] 상승/하락 추세기 차트

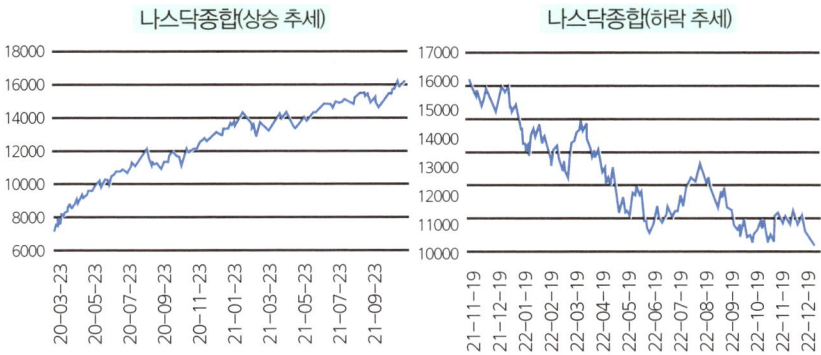

추세가 어떤 일정한 방향으로 나아가는 방향성이라면, 추세 강도는 추세(방향성)가 얼마나 강한 것인가(추세의 강한 정도)를 나타내는 것으로, 즉 방향성이 얼마나 강하냐, 약하냐를 측정하는 것이라 보면 되겠다.

(2) 추세 강도의 의의

추세라 해도 강도가 강한 추세(강추세)가 있을 수 있고, 강도가 약한 추세(약추세)가 있을 수 있어서 주식시장에서 "추세 강도"를 살펴보는 것은 장래의 방향을 예측하는 데도 큰 도움이 된다. 그러므로 주식 투자자로선 추세를 논할 때는 추세 강도를 같이 고려하려는 노력을 게을리하지 않는 게 아주 중요하다고 본다.

추세는 물리학에서 말하는 관성의 법칙을 말하는 것으로, 상승 추세에서는 상승하려는 경향이 강하고 하락 추세에선 하락하려는 경향이 강하기 마련인데, 이러한 관성의 법칙이 강하게 작동하면 강추세요, 관성의 법칙이 약하게 작동하면 약추세 즉 "추세가 약하다" 또는 "추세 강도가 약하다"고 말할 수 있다.

위에서 언급했던 빅테크 실적 발표 시 기업 실적(과거 실적 및 전망Guidance 포함)과 관계없이 지수가 추세 방향대로 움직이는 것이 바로 추세라 할 수 있다. 다만 2024년 1월 26일의 경우 단 한 차례 지수의 등락이 추세와 불일치(인텔의 경우 이젠 빅테크는 아니어서 의미 반감)가 있었는데, 바로 이날이 "추세가 약하다" 또는 "추세 강도가 약하다"라고 표현할 수 있다는 것이다.

바로 이런 점에서 추세는 중요하며, 더불어 추세와 어긋난 행보를 보이는 경우 이후의 시장이 기존 추세의 방향과 반대로 움직일 가능성을 예고하기도 하기에 추세 강도가 중요하다는 것이다.

2) 추세와 추세 강도로 시장 예상하기

앞에서 추세와 추세 강도의 중요성을 강조했는데, [표 31] 긴급 금리 인하와 주가 등락 현황 자료에서 보듯, 미 FRB에서 1987년 블랙먼데이 이후 임시 회의를 열면서까지 총 일곱 차례나 긴급 금리 인하를 단행했다. 총 일곱 번 모두 예외 없이 급락한 가운데 이 가운데 여섯 번은 당시의 추세대로 급락 마감(⇒추세의 중요성)하였고, 2007년 12월 11일 단 한 차례만 당시의 추세(상승)와 달리 또 하락하였다.

이후 주가가 다우와 나스닥 공히 당일 지수 대비 최대 50% 이상 하락([표 32] 참조⇒추세 강도의 중요성)함으로써 추세와 추세 강도의 중요성을 보여주는 사례라 할 수 있다.

■ [표 31] 긴급 금리 인하 당일 주가 등락 현황

FOMC일자	다우%	나스닥%	금리-폭	주가추세	비고
87-10-19	-22.61%	-11.35%	-0.50	하락	
01-09-17	-7.13%	-6.83%	-0.50	하락	
07-12-11	-2.14%	-2.45%	-0.25	상승	→ 대세 하락
08-01-22	-1.06%	-2.04%	-0.75	하락	
08-10-08	-2.00%	-0.83%	-0.50	하락	
20-03-03	-2.94%	-2.99%	-0.50	하락	
20-03-16	-12.93%	-12.31%	-1.00	하락	
평균	-7.26%	-5.54%	-0.57		

■ [표 32] 2007년 12월 11일 긴급 금리 인하 이후 주가 동향

구분	다우	나스닥	다우 최대	나스닥 최대
당일 지수	13432.77	2652.35	-51.3%	-52.2%
이후 低價	6547.05	1268.64	→ 저점일: 09-03-09일	

(1) 추세로 시장 예상하기

추세적 관점에서는 시장은 추세 방향대로 움직일 것이라 예상하는 게 장래의 시장을 예상하는 기본적 방법이라 할 수 있다.

즉 어떤 재료가 있는 경우, 시장은 당시의 추세에 따라서,

(1) 상승 추세라면 장래에도 상승을 예상하고,
(2) 하락 추세라면 장래에도 하락을 예상하면 된다는 것이다.

여기서 중요한 사실은 "어떤 재료가 있는 경우"라는 점이 중요한데 "재료가 있을 때" 시장의 움직임이 좀 더 의미가 있고, "재료가 없을 때" 의미가 반감된다는 것을 기억할 필요가 있다.

물론 재료의 유무와 관계없이 추세 방향대로 움직이는* 것이 사실이고 미래 역시 추세 방향대로 움직이리라 예상하는 것이 자연스럽긴 하나 재료의 출현 시 예상이 더욱 의미가 있다는 뜻이다.

■ [표 33] 연속 상승/연속 하락 횟수 기록(1985~2023)

구 분	다우	나스닥	다우 최대	나스닥 최대
8일연속+	50	129	13	18
8일연속-	6	11	-8	-9
5일연속+	360	613		
5일연속-	159	201		

최근 연속 상승 사례로 다우 지수가 23/7/10~23/7/26의 13일 연속 상승 기록이 있고, 나스닥은 21/10/25~21/11/8의 11일 연속 상승 기록이 있으며, 심지어는 최대 18일 연속 상승(85/1/8~85/1/31, 기간 중 245.9→278.7, +13.3% 상승) 기록도 있다.

결론적으로 상승 추세에선 상승할 것이라 예상하고, 하락 추세에선 하락할 것이라 예상하는 것이 추세에 따라 시장을 예상하는 방법이 된다.

(2) 추세 강도로 시장 예상하기

추세로 시장을 예상할 때 미래의 주가는 현재의 추세 방향으로 진행될 것이라 예상하면 되는 데 비해, 추세 강도로 시장을 예상할 때는 진행중인 추세가 얼마나 강한지 혹은 약한지를 감안하여 판단해야 한다.

즉 추세 강도가 강할 때는 미래의 주가가 추세 방향으로 진행할 것으로 예상하면 되는 것이고, 단적인 예로 증시 격언에 주로 회자되는 "기다리는 조정은

---
* 추세 방향대로 움직이는 대표적 사례가 연속 상승, 연속 하락이 많은 것이 그 증거([표 33] 참조)

없다"는 표현이 바로 강추세에 일반적으로 예상하는 방법이라 할 수 있다.

추세 강도가 약할 때는 장래의 주가가 추세 반대 방향으로 예상하는 것이 자연스러운 시장 예측법이라 하겠다.

단적인 사례로 2007년 12월 11일 FRB에서 임시 회의까지 열면서 긴급 금리 인하를 단행하였는데, 당시 전날 기준 추세가 상승 추세였음에도 당일 다우와 나스닥 지수가 각각 −2.14%, −2.45% 급락하였다. 이 사례는 추세 강도가 약한 대표적 사례요, 이후 주가는 기존의 추세 방향과 반대로 진행될 것이라는 것이고, 실제 이후의 시장은 [표 32]에서 보듯, 이날 이후 15개월여간 이날 종가 대비로 다우와 나스닥이 각각 −51.3%와 −52.2% 하락하면서 추세 강도의 중요성을 실증하고 있다.

■ [표 34] 최근 기준 다우/나스닥 연속 상승 최고 기록

1) 다우(13일 연속)   2) 나스닥(11일 연속)

Date	다우%	Date	나스닥%
23-07-10	0.62%	21-10-25	0.90%
23-07-11	0.93%	21-10-26	0.06%
23-07-12	0.25%	21-10-27	0.00%
23-07-13	0.14%	21-10-28	1.39%
23-07-14	0.33%	21-10-29	0.33%
23-07-17	0.22%	21-11-01	0.63%
23-07-18	1.06%	21-11-02	0.34%
23-07-19	0.31%	21-11-03	1.04%
23-07-20	0.47%	21-11-04	0.81%
23-07-21	0.01%	21-11-05	0.20%
23-07-24	0.52%	21-11-08	0.07%
23-07-25	0.08%		
23-07-26	0.23%		
합계 %	5.29%	합계 %	5.91%

※실제 추세 대응 전략 제시 사례

[미국 장중시황] 25/1/23일(18:10분): 전날 나스닥 추세가 상승으로 전환한 바, 18시에 개장한 개장전 거래에서 하락(나스닥 −0.5% 대)으로 출발, 이 경우 오늘은 시총매매와 관계 없이(오버매매 관점에서) 개장전 거래에서 저가매수 대응이 가능. TQQQ를 18시 직후에 매수(86.45, −1.5%) 추천, → 당일 종가(88.34) 청산 시 +2.18% 수익

위 추세 대응 사례는 아래에서 상술할 '추세우위의 법칙'을 감안하여 미국 시장의 추세를 고려한 매매 대응을 보여주는 단적인 사례이다.

03
특별한 사례로 본 추세의 중요성

앞에서 같은 재료라도 추세 그리고 추세 강도에 따라서 재료가 시장에 다르게 반영된다는 사실을 실증적인 데이터를 근거로 설명했다. 그만큼 추세와 추세 강도의 중요성을 보여주는 것이라 할 수 있다.

1) 특별한 사건 발생에 따른 지수 등락

여기서는 전쟁이나 테러 같은 특별한 사례(사건)를 예로 들어 추세의 중요성을 살펴보고자 한다. 비슷한 사례에도 불구하고 시장이 다른 반응을 보인다는 사실, 비슷한 사건이라도 당시의 추세에 따라 달리 반응하는 것을 알 수 있다.

즉 전쟁이나 테러 사건 같은 국제적인 이슈가 있는 경우 대체로 악재로 작용하여 주가가 하락할 것 같지만 반드시 그렇지가 않고 당시의 추세에 따라서나 반복성에 따라 시장이 다르게 반응한다는 사실을 기억할 필요가 있다. 이러한 사건의 가장 극적인 사례로 들 수 있는 것이 바로 2005년 런던에서 발생한 지하철 폭발물 테러 사건이라 할 수 있다.

2005년 7월 7일 런던 시각 오전 9시(한국시간 17시) 직전, 런던의 지하철 등에서 폭발물 테러 사건이 발생했다. 뉴욕 시간 오전 3시로 미국 시장이 개장되기 전이었고 초유의 9.11테러를 겪은 이후여서 당시 개장 전 거래되는 미국의 지수 선물 가격이 개장 전 선물 가격 제한폭(-5%)까지 하락, 매매가 일시 정지되는 서킷 브레이커(circuit breakers)가 발동되기도 했다. 막상 미국 시장이 개장되며 개장 초반엔 급락*하기도 했으나 결국은 상승으로 마감하며 극적으로 반전하였다.

■ [표 35] 런던 테러 Date 이후 지수 등락

Date	DOW%	NAS%	S&P 500%	NAS100%
05-07-07	0.31%	0.34%	0.25%	0.38%
05-07-08	1.43%	1.79%	1.17%	1.96%
05-07-11	0.68%	1.07%	0.63%	0.94%
05-07-12	-0.06%	0.36%	0.23%	0.51%
05-07-13	0.41%	0.04%	0.09%	0.13%
05-07-14	0.68%	0.41%	0.26%	1.02%
05-07-15	0.11%	0.18%	0.12%	0.28%
05-07-18	-0.62%	-0.55%	-0.55%	-0.49%
05-07-19	0.68%	1.32%	0.67%	1.30%
05-07-20	0.40%	0.71%	0.48%	0.77%
합계등락	4.07%	5.80%	3.37%	6.99%

결국 전쟁이든 테러든 특별한 사건 발생 시 당시의 추세에 따라 상승 추세라면 종가는 상승으로 마감하고, 하락 추세라면 하락으로 마감한다는 것이고, 역시 추세와 다르게 반응하는 상황 출현 시는 추세 강도가 약해졌다고 판단하면 되는 것이다.

2) 특별한 사건에 따른 지수 예상

특별한 사건 발생 시 일반적으로 생각하는 호, 악재의 구분과 무관하게 시장은 추세에 따라 움직일 것으로 예상하면 된다. 다만 특별한 사건이 초유의 사건인지 아닌지의 여부와도 관련이 있다.

런던 지하철 폭발물 테러 사건의 경우 사상 초유의 사건이었던 9.11테러와

* 다우(-1.25%)→ +0.31%, 나스닥(-0.89%)→ +034%, 나스닥 선물(-5%)→ +038%(나스닥 100 지수)

달리 한 번 겪어본 것이어서 사건의 반응도가 다르다는 것이다. 따라서 어떤 특별한 사건이 발생하더라도,

① **당시의 추세가 어떠한지**와
② **이러한 사건이 초유의 사건인지 아닌지**의 여부에 따라 시장이 달리 반응한다는 사실을 기억할 필요가 있다.

이후의 등락조차 당일의 추세나 당일의 등락 방향대로 움직이는 공통적인 현상을 발견할 수 있다는 사실에 주목하자. 혹시 반대로 움직인다면 추세가 약하다는 것으로 이후 방향은 기존 추세 반대로 움직인다는 것이다

■ [표 36] 주요 사건 당시/이후 지수 등락 현황

사건명	날짜	다우%	나스닥%	추세	후 10일%	
걸프전쟁	90-08-02	-1.20%	-1.61%	하락	-6.35%	
사막의 폭풍	91-01-17	4.57%	2.90%	하락	7.02%	추세 반대 → 상승 추세
9.11 테러	01-09-17	-7.13%	-6.83%	하락	-3.40%	
런던 테러	05-07-07	0.31%	0.34%	상승	4.06%	
10.7 하마스전	23-10-09	0.59%	0.39%	중립	-2.72%	

1) 걸프전은 이라크가 쿠웨이트를 침공한 사건, 이후 연합군을 결성, 1991년 연합군이 쿠웨이트를 수복(작전명: 사막의 폭풍).
2) 2차 걸프전 당시는 하락 추세였으나 지수가 급등, 초유의 사건이 아니었으며 연합군 참전으로 조기 종전 가능성이 있었던 데다, 이 때의 추세 반대(=약추세) 형성으로 이후 시장은 급등하게 된 것.
3) 9.11(화) 테러 당시 당일~금(9.14) 휴장 후 다음 주 월(9.17) 개장하였고, 이날 긴급 금리 인하 (-0.5%) 단행하였으나 급락 마감.
4) 2005년 7월 7일 오전 9시경 런던 지하철 테러 사건으로 당시(한국 17시) 미국 선물이 개장전 거래에서 -5%로 서킷 브레이커가 발동되었음.
5) 후 10일%는 사건 발생 이후 다우와 나스닥의 10일간 합계등락 평균.

04
아시아(with 유럽) 시장에서 인사이트 얻기

1990년대 인터넷의 보급 확산으로 전 세계의 정보가 실시간 소통되고 있고, 이때부터 국가 간 자본자유화가 급격히 진전되었다. 그 결과 전 세계 증권시장이 유기적으로 연결되어 미국과 아시아 증권 시장 간에도 동조화 흐름이 나타났고, 경중의 차이는 있을지언정 이는 [표 21] 미국 지수와 아시아 3국 지수 등락/상관 관계로도 입증되고 있다.

1) 아시아 시장과 다른 미국 시장

동조화 흐름 속에서도 특정 사안에 대한 반응 면에서 보면 미국 시장은 아시아 시장과 다르게 움직이는 속성을 갖고 있다.

첫째로, 미국 시장은 시가총액 기준으로 전 세계 시가총액의 45%(2023년 말 기준 50%가 넘었을 것으로 예상)이상을 점유하고 있으며, MSCI 지수 기준으로는 MSCI 선진국 지수에서는 약 70%, MSCI 전 세계 지수로는 약 61%를 상회할 정도로 거대한 시장이어서 위상이 절대적이다.

둘째로, 미국 시장이 이 정도 위상이다 보니 다른 시장의 움직임과 다른 특성을 보이고 있다. 비근한 예로 2024년 1월 17일 중국의 GDP 부진 발표로 아시아 시장이 급락*한 가운데, 유럽 시장까지 전이되어 미국 시장이 시가권에서는 급락하기도 했으나 종가로는 약보합으로 회복했다. 이처럼 다른 시장과 뚜렷한 차별성을 보여준다는 것이다.

■ [표 21] 미국 지수와 아시아 3국 지수 등락/상관 관계(1999~2022)(일부 캡처)

Year	다우%	나스닥%	코스피%	니케이%	대만가권%
1999	25.2%	85.6%	81.7%	36.8%	31.6%
2000	-6.2%	-39.3%	-49.1%	-27.2%	-43.9%
중략					
2021	18.7%	21.4%	3.6%	4.9%	23.7%
2022	-8.8%	-33.1%	-24.9%	-9.4%	-22.4%
다우상관			0.528	0.751	0.749
나스닥상관			0.724	0.785	0.792

(1) 2024년 1월 17일 "중국의 GDP 부진" 뉴스 이후 주요 지수 동향

■ [표 37] 아시아 시장의 사례에 따른 미국 시장의 반응

구분	24-01-17	24-01-18	24-01-19
코스피	-2.47%	0.17%	1.34%
아5국평균	-1.95%		
유3국평균	-1.13%		
다우	-0.25%	0.54%	1.05%
나스닥	-0.59%	1.35%	1.70%
S&P 500	-0.56%	0.88%	1.23%
3대 평균	-0.47%	0.92%	1.33%

⇒ 24/1/17 중국의 GDP 부진 발표로 아시아 시장이 급락

DATE		다우지수	나스닥지수	SP_500지수
24-01-17	22	-0.25%	-0.59%	-0.56%
24-01-18	23	0.54%	1.35%	0.88%
24-01-19	24	1.05%	1.70%	1.23%
24-01-22	25	0.36%	0.32%	0.22%
24-01-23	26	-0.25%	0.43%	0.29%

* 공히 아시아 3국 모두 다우, 나스닥과 상관이 높은 가운데 굳이 비교하면 한국이 일본이나 대만 대비 상관이 가장 낮다. 이는 2013년 이후 한국이 미국 시장 대비 수익률이 저조한 가장 큰 이유가 되고 있다.

① **아시아**: 한국 −2.47%, 일본 −0.40%, 대만 −1.07%, 상해 −2.09%, 항생 − 3.71% ⇒ 평균 −1.95%
② **유럽**: 영국 −1.48%, 독일 −0.84%, 프랑스 −1.07% ⇒ 평균 −1.13%
③ **미국**: 다우 −0.25%, 나스닥 −0.59%, S&P 500 −0.56% ⇒ 평균 −0.47%

위의 사실로 알 수 있는 것은 다른 시장의 움직임과 완전 동떨어질 수는 없으나 그 영향이 제한적이라는 것을 감안한다면, 한국 시장의 경우 이날 종가권에서 매수할 만하며 미국 주식의 경우에도 시가권의 급락은 훌륭한 매수의 기회가 될 수 있다는 것이다.

물론 이 경우 당시 미국 시장의 추세가 상승 추세였다는 사실이 또한 중요하다. 앞서 제3장에서 언급하였듯 추세의 중요성을 얘기하는 것에 다름 아니라는 점이다.

즉 이날의 추세가 하락 추세였다면 이날 "중국의 GDP 부진"이라는 재료와 관계없이 급락으로 반응할 수도 있었는데, 상승 추세여서 달리 반응했다는 사실에 주목할 필요가 있다.

이날의 경우에도 시가권의 저점 수준에서 크게 회복한 것은 물론 이후 이틀 동안의 미국 3대 지수는 연속하여 급등을 이어간 것이 미국 시장의 차별성을 보여주는 것이라 할 수 있다.

2) 아(亞) 시장에서 참고할 미국 시장의 독특한 특성

다른 시장을 압도하는 큰 규모만큼 미국 시장이 다른 시장과 차별화되는 독특한 특성을 갖고 있는데 이는 다음과 같다.

첫째, 미국 시장은 다른 시장의 영향에 구애받지 않고 독자적으로 움직이는 전 세계 유일한 시장이라는 점이다. 전 세계 금융시장이 서로 유기적으로 연결되어 움직이긴 하나 미국의 시장 규모가 절대적이다 보니 미국 시장이 다른 시장에 영향을 줄지언정, 미국 시장이 다른 시장의 영향을 거의 받지 않는다는 사실이다. 따라서 미국 시장을 미국 시장 자체로 판단해야지, 다른 시장의 결과로 미국 시장을 판단하는 우를 범해선 안 된다.

둘째, 어떤 돌발적 재료나 사건 발생으로 아시아와 유럽이 한 방향으로 반응할 경우 미국은 특별히 달리 반응한다는 점이다. 이 또한 미국 시장의 가장 큰 특성 중의 하나로, 이는 미국이 20세기 중반 이후로 전 세계 유일무이한 초 강대국의 지위를 누리게 되었고, 21세기 들어 미국 증권 시장의 시가총액 규모가 전 세계 거래소 시가총액의 50% 내외로 급상승한 영향으로 더욱 강화되고 있다는 판단이다.

이는 다른 말로 미국 시장에 적용되는 독특한 법칙인 "합창 반대의 법칙"이라 부를 수 있는데, 즉 아시아나 유럽 등 다른 시장이 합창하듯 한 방향으로 움직이는 경우 미국 시장은 다른 시장이 합창하는 방향의 반대로 움직이는 경향성을 이르는 것이다.

05 미국의 주가 운동 3법칙

1998년 이래로 미국 시장을 오래 관찰해온 결과로 내린 결론은 미국 시장은 특이한 주가 운동 법칙이 있다는 것이어서 전술한 바 있다. 이를 종합하여 소개하고자 하며 이러한 법칙을 잘 이해하고 투자에 적용한다면 높은 수익률을 달성하는 데 도움을 받을 수 있을 것이다.

1) 추세 우위의 법칙

(1) 추세 우위의 법칙이란?

미국 시장이 추세가 재료보다 우위에 있다는 것은 전술한 바와 같다. "추세 우위의 법칙"은 바로 재료보다 추세가 중요하다는 원칙을 이르는 것이다.

물론 이 법칙은 다른 시장에서도 어렵지 않게 관측되는 것이어서 일반적인 주가 운동 법칙이라 할 수도 있으나, 다른 시장의 경우 미국 시장의 영향을 받는 측면이 있어 "추세 우위의 법칙"이 온전히 작동한다고 보기 어렵다. 따라서 다른 시장의 영향에 비교적 자유로운 미국 시장에 더욱 잘 맞는 주가 운동 법칙이라 할 수 있다.

투자자라면 재료를 완전히 무시하지 못해 어쨌든 의식하기 마련인데, 문제는 발표될 재료에 대해 어림으로 예측할 수는 있으나 정확히 알기 어렵다. 이런 측면에서 보면 "추세 우위의 법칙"은 매우 중요하다고 할 수 있다.

(2) 매매 대응은?

재료보다 추세가 중요하다는 점에서, 재료를 정확히 예측하기 어렵다면 주가가 당시의 추세 방향대로 움직일 것을 예상하고 추세 방향에 맞춰 대응해야 한다. 특히 중요한 재료라면 더욱 신경을 곤추세우고 대응하면 될 일이다.

극단적인 사례일 수 있지만, 1987년 블랙 먼데이를 포함 현재까지 총 일곱 차례 긴급 금리 인하가 있었는데, 한 번의 예외 없이 일곱 번 모두 주가가 급락으로 반응했다. 당시의 추세가 7회 중 6회가 '하락 추세'여서 흔히 호재로 인식되고 있는 금리 인하에 주가가 급락으로 모두 반응한 사실은 "추세 우위의 법칙"이 작동된 대표적 사례라 할 수 있다.

여기서 중요한 점은 특별한 재료 이후의 주가 움직임은 더욱 강력하게 형성된다는 점이다.

2) 강도 중요성 법칙

(1) 강도 중요성 법칙이란?

① 주가가 추세 방향대로, 움직이면 추세 강도가 강하다고 하고 이후 주가 역시 기존 추세가 지속되는 것으로 예상할 수 있으며 그러나,

② 주가가 추세 방향과 반대로, "추세 우위의 법칙"에도 불구하고 주가가 추세의 반대 방향으로 반응한 경우 추세 강도가 약하다고 하고, 추세 강도가 약해지면 이후 추세가 기존 추세의 반대로 움직일 가능성이 높은 것을 "강도 중요성 법칙"이라 한다.

(2) 매매 대응은?

일반적으로 어떤 재료에 대한 반응으로 주가는 통상 추세 방향대로 움직이지만(=강 추세), 특이하게도 주가가 추세의 반대로 반응하는 경우가 간혹 있는데(=약 추세), 강 추세에는 강 추세대로 추세 방향으로 적극 매매할 필요가 있고, 약 추세의 경우 기존 추세가 당장 또는 조만간 바뀔 가능성이 높다는 점에서 추세 반전을 염두에 둔 매매 대응이 필요하다.

"추세 우위의 법칙"과 마찬가지로 강추세와 약추세 공히 이후의 주가 움직임은 더욱 강력하게 형성된다는 점에서 적극적인 대응이 필요하다는 것이다([그림 9] 2차 걸프전 이후 다우 차트 참조).

3) 합창 반대의 법칙

(1) 합창 반대의 법칙이란?

어떤 재료에 대해 아시아나 유럽의 시장이 한 방향으로 반응 시, 미국 시장은 유독 아시아나 유럽의 방향과 반대로 움직일 가능성이 높은 법칙을 이르는 것이다. 이는 미국 시장 고유의 청개구리 특성이기도 하고, 다른 시장의 반응이 단선적(예: 전쟁/테러=악재)이거나 당시 미국의 추세와 다른 점에 기인한 것일 수도 있다.

일반적으로 어떤 재료에 대한 반응은 개장 초반엔 아시아 시장이나 유럽의 반응과 유사할 수 있으나 종가는 기존의 추세에 따를 가능성이 높아 미국 시장은 결국 당일 아시아나 유럽의 반응과 완전 반대로 형성되는 경우가 빈번해진다. 물론 9.11 테러 당시처럼 미국의 추세가 하락으로 맞물려 미국 시장도 아시아·유럽과 같은 방향으로 움직이는 경우도 있다.

(2) 매매 대응은?

미국 시장을 오래 관찰한 관찰자의 시각에서 보면, 미국 시장의 움직임은 애써 다른 시장의 움직임을 무시하려는 경향이 특히 강해서 이런 현상이 발생하는 것일 수도 있다.

그러나 다른 한편으론 미국 시장의 독보적이고 절대적인 규모로 보면 일견 이해되기도 한다. 미국 외 다른 시장이 지나치게 재료의 외관에 몰두하는 반면 미국 시장은 재료에 대한 해석이 다르기도 하거니와 기존 추세에 따라 재료를 판단*하는 합리적인 시장이라는 사실 때문이기도 하다.

일단 한국 시장을 포함한 아시아 시장에서 특정 재료에 대한 반응이 한 방향으로 크게 움직이는 경우, 흥분은 금물이며 최대한 냉정하게 시장을 바라볼 일이다.

① 재료가 신선한지? 재료가 신선하면 가점, 진부한 재료면 감점을 한다.

② 아시아 시장의 반응이 당시의 미국 시장의 추세와 같은 방향인지를 판단 후 미국의 추세 방향과 같다면 아시아 시장의 방향과 같은 방향으로, 미국 추세 방향과 다르다면 아시아 시장의 반응과 반대로 매매(=큰 수익기회) 대응을 하면 된다. 여기에 재료의 신선도 여부에 따라 가산점을 부여하여 대응을 하면 된다.

---

* 상승 추세의 악재는 사고 하락 추세의 호재는 팔라!

■ **[그림 8] 러-우크라전(22/02/24) 개전 후 나스닥 선물 차트**

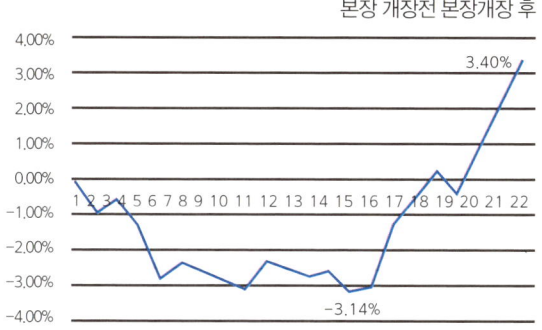

러-우크라전 당시 나스닥선물 차트

→ 러-우전 당시 미 지수의 추세는 하락이었으나 지수가 당일 및 익일까지 급등하며 "합창 반대의 법칙"이 작동된 대표적 사례라 할 수 있으며, 이 틀간의 급등으로도 상승 추세 전환엔 실패하여 이후 다시 하락 추세를 이어가게 된다.

※ 러-우크라전(2022-02-24) 개전 후 나스닥 선물이 미국 개장 전 급락(-3.14%)하기도 했으나 종가로는 오히려 급등(+3.40%)
※ 마감→"합창 반대의 법칙" 증명

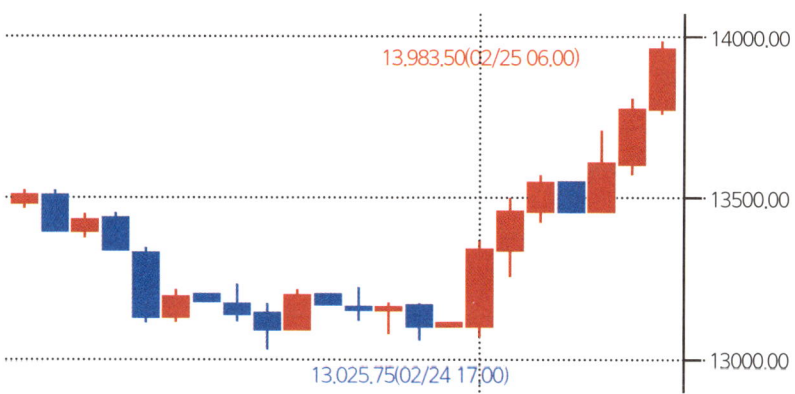

■ **[표 38] 주요 사건 당시/이후 다우/나스닥 지수 등락 현황**

사건명	다우%	나스닥%	추세	추세강도	후10일%	
걸프전쟁	-1.20%	-1.61%	하락	강추세	-6.35%	
사막의폭풍	4.57%	2.90%	하락	약추세*	7.02%	→ 2차 걸프전
9.11테러	-7.13%	-6.83%	하락	강추세	-3.40%	
런던테러	0.31%	0.34%	상승	강추세	4.06%	
10.7하마스전	0.59%	0.39%	중립		-2.72%	

※ 추세 반대(하락 추세에 상승)로 움직이면 추세가 바뀌는 단적인 사례

PART2 시장 추세 읽기

■ [그림 9] 1~2차 걸프전 개전 전날~이후 한 달간의 다우 차트

강추세(추세 방향) 사례
1차 걸프전 당시 다우차트

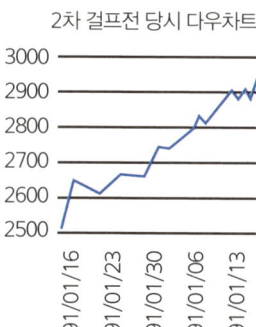
약추세(추세 반대 방향) 사례
2차 걸프전 당시 다우차트

■ [표 39] 주가 운동 3법칙의 대표적 사례

날짜	05-07-07	22-02-24	23-10-09*
지수\사건	런던 테러	러-우크라전	하마스전
영국	-1.36%	-3.88%	-0.03%
독일	-1.85%	-3.96%	-0.67%
프랑스	-1.39%	-3.83%	-0.55%
한국	아(亞)시장 마감 후 테러 발생	-2.60%	아(亞)시장 휴장
일본		-1.81%	
대만		-2.55%	
다우	0.31%	0.28%	0.59%
나스닥	0.34%	3.34%	0.39%
S&P 500	0.25%	1.50%	0.63%
미지수 평균	0.30%	1.71%	0.54%
3법칙→	추세우위	합창반대	강도중요성

※ 하마스전은 10월 7일(토), 이후 첫 거래일 10월 9일

06
추세는 차트 추세로

앞서 강조했듯이 그만큼 추세가 중요하다. 그렇다면 추세를 정의하는 게 중요할 수 있는데, 추세를 판단하는 방법이 여러 가지 있을 수 있으나 차트로 추세를 판단하는 방법을 추천한다. 엑셀로도 과거의 추세를 쉽게 검증할 수 있다.

1) 차트 추세의 정의

차트 추세란 단순하게 차트로 추세를 파악하는 것인데 당일의 지수와 20일 이동평균선(MA)과의 관계로 추세를 판단하는 것을 말한다.

① **상승 추세**: 당일 지수가 20일선 위(위)에 있으며 20일선이 상향(+) 중('+위')이면 상승 추세라 한다.
② **하락 추세**: 당일 지수가 20일선 밑(밑)에 있으며 20일선이 하향(−) 중('−밑')이면 하락 추세라 한다.
③ **중립 추세**: 나머지 '−위'와 '+밑'은 중립 추세라 한다.

이 방법이 좋은 점은 엑셀의 간단한 수식으로 계산하여 결과를 알 수 있다는 것이다. 따라서 과거 데이터만 있으면 얼마든지 추세를 파악하고 그 결과로 데이터를 쉽게 검증할 수 있다는 장점이 있다.

⇒ 엑셀 산식 예(2024년 1월 17일 중국 GDP 부진에 아시아 시장 급락 전날 나스닥 추세): =IF(AND(Z21〉Z20,D21〉Z21),"+위",IF(AND(Z21〉Z20,D21〈Z21),"+밑",IF(A ND(Z21〈Z20,D21〈Z21),"-밑","-위")))⇒ 결과: "+위" 즉 "상승 추세"였음.

※범례) Z21은 당일 20MA, Z20은 전일 20MA, D21은 당일 지수
⇒ 위 수식의 의미: =IF(AND(당일 20MA〉 전일 20MA, 당일지수 〉 당일 20MA),"+위",IF(AND(당일 20MA〉전일 20MA,당일 지수〈당일20MA),"+밑", IF(AND(당일20MA〈전일20MA,당일지수〈당일20MA),"-밑","-위")))

2) 차트 추세에 의한 손익 결과

[표 40] 차트 추세에 의한 지수별 손익 비교(2000~2023)

연도별	다우	나스닥	S&P 500	99말 다우	99말 나스닥	99말 S&P 500
2000	−1945.02	−57.14	−298.89	11497.12	4069.31	1469.25
2001	−312.06	−257.15	−92.03			
2002	−103.77	−125.00	−23.20			
2003	1338.38	347.42	165.96			
2004	−217.36	44.55	7.39			
2005	138.17	150.69	44.39			
2006	858.62	211.19	70.68			
2007	−1483.63	10.75	−182.38			
2008	−1861.72	−20.80	−223.88			
2009	2122.34	330.01	133.69			
2010	1406.96	440.03	172.26			
2011	23.20	138.97	−38.42			
2012	−35.05	204.27	91.89			
2013	1154.95	531.29	93.00			
2014	−102.97	260.98	66.34			
2015	−1025.96	−277.09	−194.67			
2016	2276.51	649.56	224.33			
2017	3720.84	672.96	246.33			
2018	−2071.92	−390.56	−63.63			
2019	2922.81	2196.35	554.11			
2020	1537.64	4371.44	570.08			
2021	1084.46	672.25	324.67			
2022	21.30	−1208.40	−180.38			
2023	3294.26	4277.65	1035.70			
합계	12740.98	13174.22	2503.34	1.1	3.2	1.7
연평균	530.87	548.93	104.31	↓ (합계손익/99말 지수) 대비 배율		
99말 지수비	4.6%	13.5%	7.1%	→(연평균/99말 지수) 대비율		

→ 상승 추세 진입 시 매수 후 하락 추세로 전환 시 청산한 손익을 연도별로 전부 합산한 결과임

※ TQQQ매매이익 by나스닥 추세신호

나스닥 추세신호 TQQQ매매이익

TQQQ상장(2010년 이후 매매 결과/매수신호 only)

위 차트 추세 손익의 결과를 보면 대형주 지수 중 다우 지수가 가장 저조한데, 이는 다우 지수가 주가평균식이어서 시장 상황을 정확하게 반영하지 못하고 있는 탓이라 할 수 있다. 추세 손익 면에서 나스닥이 압도적 손익 결과를 보여주고 있는데, 그만큼 나스닥 지수의 추세 강도가 강하다는 방증이다.

⇒ 추세 강도로 본 상승/하락 추세 읽기: 손익평가상으로 보더라도 나스닥

의 추세 강도가 타 지수 대비 압도적으로 높다. 이에 더해 일일 지수 움직임으로도 상승 추세에서는 주로 성장주(기술주)가 포진된 나스닥이 강하게 상승하게 된다. 상승하더라도 나스닥이 상대적으로 약하면 추세 강도가 약한 것이고, 머지않은 장래에 하락 전환이 임박한 것으로 읽을 수가 있다.

하락 추세 역시 나스닥이 강하게 하락하게 되는데 나스닥의 하락이 강하지 않으면 조만간 추세의 반전을 기대해볼 수 있다는 것이다.

⇒ 상승 추세(하락 추세는 반대)의 특징: 대형주와 성장주(기술주)가 중소형주와 가치주(우량주) 대비 강세를 보이고, 특히 재료와 관련, 호재에 반응하고 악재는 덜 반응하거나 오히려 악재로 하락할 때 매수의 기회를 제공하며 강하게 반전하면서 이후 추세적 상승 흐름을 보인다.

■ [표 40-1] 나스닥 차트 추세 신호에 의한 TQQQ 매매손익(2010~2023)

2010년 투자조건	최초 주가	초기 투자					
	$0.46	$10,000					
연도별	신호손익	투자손익	누적손익%	연도별	신호손익	투자손익	누적손익%
2010	$0.34	$7,011	70.1%	2018	−$2.37	−$12,904	502.6%
2011	$0.29	$4,886	119.0%	2019	$13.35	$75,997	1262.6%
2012	$0.14	$2,536	144.3%	2020	$26.73	$241,149	3674.1%
2013	$0.79	$12,451	268.8%	2021	$14.08	$122,946	4903.5%
2014	$0.77	$9,249	361.3%	2022	−$12.48	−$161,337	3290.2%
2015	−$0.66	−$5,884	302.5%	2023	$32.38	$438,922	7679.4%
2016	$1.74	$13,825	440.7%	합계	$78.08	$767,938	
2017	$2.98	$19,092	631.6%	연평균	$5.58	$54,853	

위 TQQQ(ProShares UltraPro ETF) 매매손익(2010~2023)은 나스닥 차트 추세 신호(매수 Only)로 TQQQ의 상장일(2010.02.11) 이후부터 매매한 결과이며, 나스닥 추세 신호를 적용하여 주식을 매매하더라도 높은 수익을 올릴 수 있어 그만큼 나스닥 추세 신호가 탁월함을 알 수 있다.
이 사례에서 TQQQ가 나스닥 100 ETF인 QQQ의 3배 ETF이긴 하지만 지수를 거래하는 것이니만큼 기업 리스크가 없어 괜찮은 투자라 할 수 있다.

CHAPTER 04
미국 주식시장 중장기 추세 판단법

제3장에서는 재료보다 추세가 중요하며 주식매매에 있어 추세는 알파(α)요 오메가(Ω)라 칭할 수 있음을 설명하였다. 이 장에서는 주식 투자에 있어 가장 중요한 부분인 중장기 추세를 판단하는 방법을 살펴보고 그에 따른 대응법을 설명한다.

중장기 추세 판단에서 중요한 요소로 금리, 금리변동에 따른 주식/채권 투자의 대체관계, 특히 VIX의 다이버전스 사례로 중장기 추세를 읽는 방법도 제시한다.

01
금리와 주가의 관계

1) 금리 변동일 지수 등락

■ [표 41] 미 FRB 금리결정일의 지수 등락(2000~2023)

구분		지수방향	다우/일수	다우%	나스닥/일수	나스닥%
금리 인상일		상승	22	0.85%	20	1.58%
		하락	18	−0.76%	20	−0.79%
	소계		40	0.13%	40	0.39%
	상관관계/상승확률		0.017	55.0%	0.098	50.0%
	상승 확률 계			52.5%		
금리 인하일		상승	12	1.87%	14	3.03%
		하락	16	−2.27%	14	−2.83%
	소계		28	−0.49%	28	0.10%
	상관관계/상승확률		0.236	42.9%	0.126	50.0%
	상승 확률 계			46.4%		

(1) 금리 인상일

[표 41] 미 FRB 금리결정일의 지수 등락에서 보듯, 2000~2023년 말 기간 중 금리 인상 총 40회에서 다우 지수는 22회 상승(상승 확률 55%), 나스닥은 20회 상승(상승 확률 50%)으로, 종합해보면 총 80회 중 상승 42회(상승확률 55%)인 셈이다. 즉 일반적으로 알려진 "금리 인상=악재"의 등식을 무색케 하는 것이다.

즉 데이터상으로 금리를 인상한 총 40일 중 다우는 22일 상승(상승확률 55%, 평균등락률 +0.13%)하였고 나스닥은 절반인 20일 상승(평균등락률 +0.39%), 합계로도 상승확률 52.5%(평균등락률 +0.26%)로 금리를 인상한 날의 주가가 하락하지 않고 오히려 상승하고 있다는 것이고, 적어도 "금리 인상=악재"의 등식은 아니라는 것이다.

■ [표 42] 최근 금리변동(인상)일의 주가등락

FOMC일자	금리변동	변동후금리	다우%	나스닥%	S&P 500%
22-03-16	0.250	0.50	1.55%	3.77%	2.24%
22-05-04	0.500	1.00	2.81%	3.19%	2.99%
22-06-15	0.750	1.75	1.00%	2.50%	1.46%
22-07-27	0.750	2.50	1.37%	4.06%	2.62%
22-09-21	0.750	3.25	-1.70%	-1.79%	-1.71%
22-11-02	0.750	4.00	-1.55%	-3.36%	-2.50%
22-12-14	0.500	4.50	-0.42%	-0.76%	-0.61%
23-02-01	0.250	4.75	0.02%	2.00%	1.05%
23-03-22	0.250	5.00	-1.63%	-1.60%	-1.65%
23-05-03	0.250	5.25	-0.80%	-0.46%	-0.70%
23-07-26	0.250	5.50	0.23%	-0.12%	-0.02%
평균 등락(11)			0.08%	0.68%	0.29%
상승일			6	5	5

[표 42] 최근 금리변동(인상)일의 주가등락에서 최근의 금리 인상 시기의 3대 지수의 등락을 보면, 평균 등락은 3대 지수 공히 상승으로 나타나고, 상승 일수로도 거의 균형을 보이고 있는 바, 금리 인상이 반드시 악재가 아니라는 점을 여실히 보여주고 있다.

(2)) 금리 인하일

금리 인하 총 28회 중 다우 지수는 12회 상승(상승 확률 43%), 나스닥 지수는

14회 상승(상승 확률 50%), 종합하여 총 56회 중 상승 26회(상승확률 46%)로 일반적으로 알려진 "금리 인하=호재"의 등식을 무색하게 한 것이다.

[표 41] 데이터에서 금리를 인하한 총 28일 중, 다우는 12일 상승(상승확률 43%, 평균 등락률 -0.49%)하였고 나스닥은 절반인 14일 상승(평균 등락률 +0.10%), 합계로도 상승확률 46.4%(평균 등락률 -0.20%)로 금리를 인하한 날의 주가가 상승하는 게 아니라 오히려 하락하고 있다는 것이고, 적어도 "금리 인하=호재"의 등식이 성립되지는 않는다는 것이다.

(3) 긴급 금리 인하일의 주가 등락

1987년 블랙먼데이를 포함하여 2020년 코로나 팬데믹에 이르기까지 FRB가 정례 회의일이 아닌 날 긴급 금리 인하를 발표한 사례가 총 7회 있었는데, 이 경우 예외 없이 주가지수가 급락한 사실이야말로 "금리 인하=호재"가 아니라는 사실을 극명하게 보여주는 것이 아닌가 한다.

■ [표 31] 미 연방기금금리(FFR) 긴급 금리 인하와 당일 주가 등락

FOMC일자	당일 나우	당일 나스닥	인하후FFR	인하폭	비고
87-10-19	-22.61%	-11.35%	6.75	-0.50	블랙 먼데이
01-09-17	-7.13%	-6.83%	3.00	-0.50	9.11 테러
07-12-11	-2.14%	-2.45%	4.25	-0.25	서브프라임
08-01-22	-1.06%	-2.04%	3.50	-0.75	서브프라임
08-10-08	-2.00%	-0.83%	1.20	-0.50	서브프라임
20-03-03	-2.94%	-2.99%	1.25	-0.50	
20-03-16	-12.93%	-12.31%	0.25	-1.00	
평균	-7.26%	-5.54%		-0.57	

종합해서 결론을 내보면 일반적으로 알고 있는 것과 다르게 최소한 "금리 인상=악재" 또는 "금리 인하=호재"의 등식이 성립하지 않으며, 아니면 적어도 금리 변동과 지수 등락 간에는 유의성이 약하다고 해야 할 것이다. 따라서 금리 변동에 지나치게 일희일비할 필요는 없다는 사실을 먼저 기억해둘 필요가 있다.

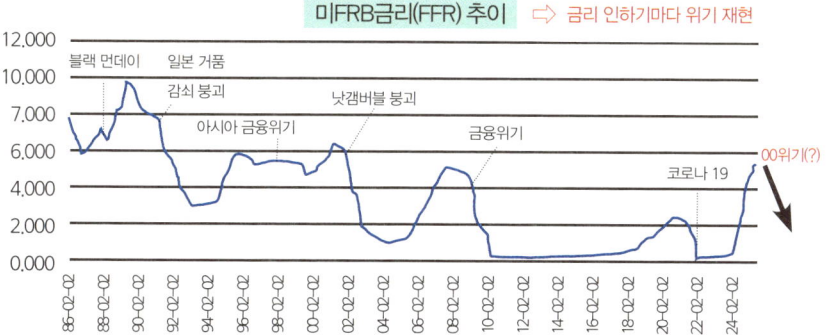

■ [그림 11] 금리 인하기마다 재현되는 위기 국면

2) 미국 연방기금금리(FFR) 와 주가의 관계

앞에서 확인했듯 금리 결정과 주가등락 간에 역(逆)의 상관관계(예: 금리 인하=주가 상승)가 아닌 정(正)의 상관관계(예: 금리 인상=주가 상승)가 있다. 이는 [그림 10] 금리와 주가 차트에서 보듯 금리와 주가 간에 추세적으로 동행함을 확인할 수 있다.

■ **[그림 10] 미 지수와 연방기금금리(FFR)(1998~2023) 차트**

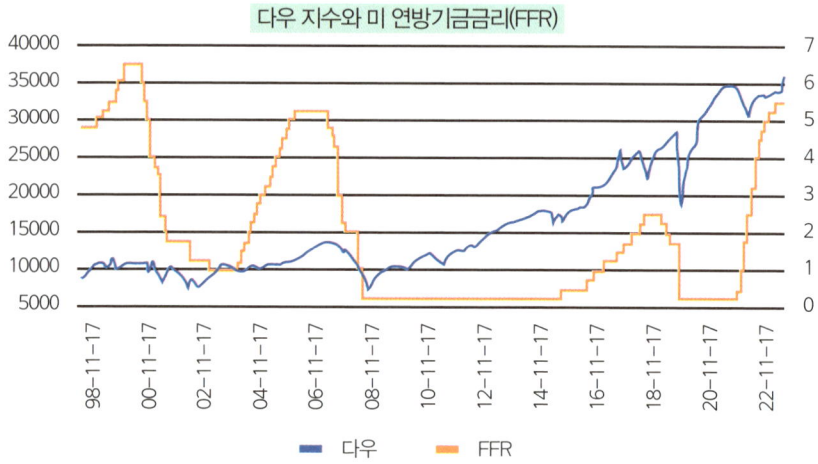

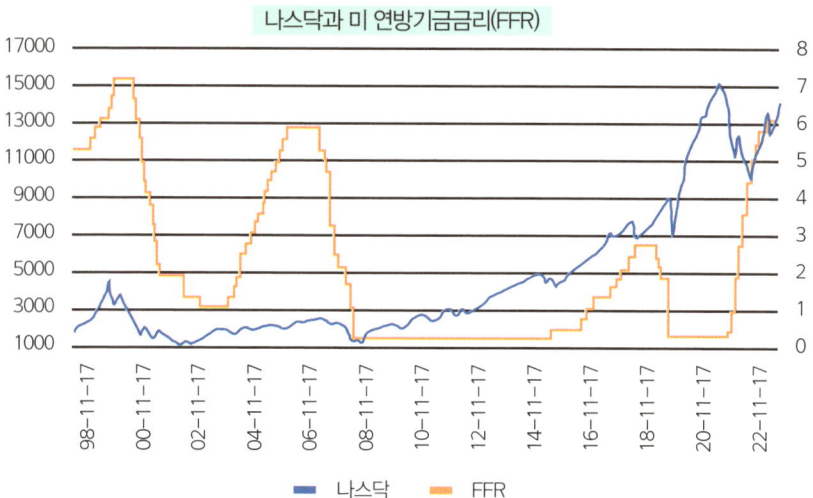

(1) 금리와 주가 등락과의 상관관계

① 금리 인상의 경우, 금리 변동과 지수 등락과의 상관관계를 나타내는 상관지수(CORREL함수, 범위: 1~-1 사이)로 보면 금리 인상의 경우 다우는 0.017, 나스닥은 0.098로 양(陽)의 상관관계를 보여주고 있어 금리와 주가 간에는 역방향이 아니라 오히려 정방향인 것을 알 수 있다.

② 한편 금리 인하의 경우에도, 금리 인하와 지수 등락 간의 상관관계를 보면, 다우의 경우 0.236, 나스닥은 0.126으로 금리 인상의 경우와 마찬가지로 양(陽)의 상관관계를 보여주는 것으로 금리 인하 시 주가가 하락하는 경향을 보여주고 있는 것에 다름 아니라는 사실을 확인할 수 있다.

■ [그림12] 다우와 연방기금금리('98~'24)차트   ■ [그림13] 나스닥과 연방기금금리('98~'24)차트

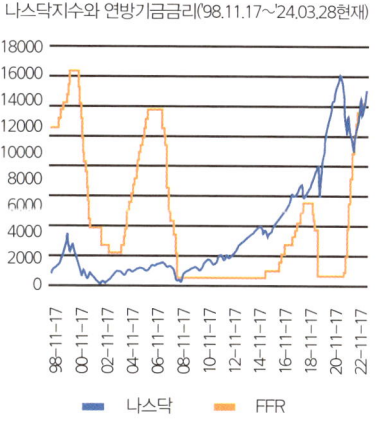

■ [그림 14] 금리 고저와 다우 고저 차트(2000~2024)

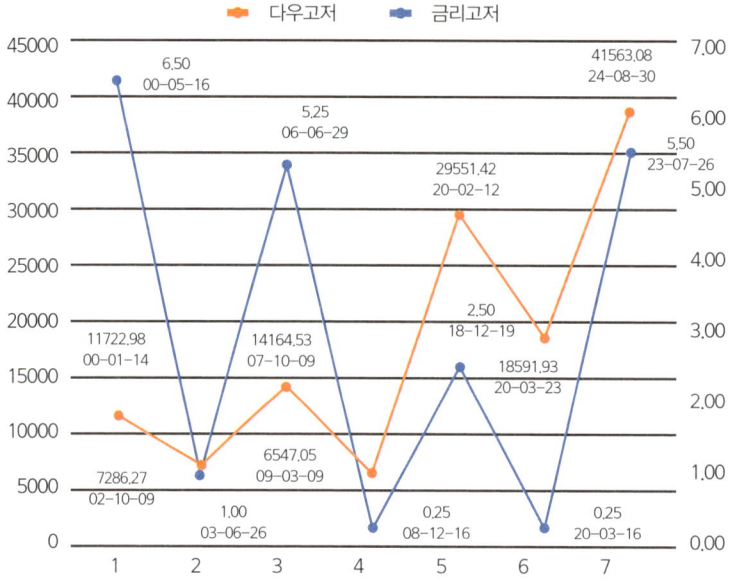

(2) 금리와 주가 추세와의 상관관계

앞서 금리 변동일 "금리 변동과 주가 등락" 간의 상관관계인 상관지수 (CORREL 함수, 범위: 1~-1 사이)를 보여주고 있는 바, 상관지수로도 금리 변동과 주가 등락 간에 정(正)의 상관관계를 보인다는 것이다.

한편 금리와 주가 간에 정(正)의 상관관계가 있다는 것은 양자의 차트상으로도 확인되는 바, 즉 [그림 10~12]의 지수와 연방기금금리 차트로 보더라도 추세적으로 동행함을 확인할 수 있다. 이 차트 상으로 다우와 나스닥 공히 주가 고점(저점)과 금리 고점(저점)의 형성 시기가 유사함을 보여주고 있다는 것이다.

① 금리 고점과 주가 고점의 경우

[표 43]을 보면 알 수 있듯이 2000년 주가 고점의 경우 다우는 2000년 1월 14일, 나스닥은 2000년 3월 10일에 형성된 뒤 추세적 하락이 시작되었다. 당시는 금리 인상기로 금리 고점이 2000년 5월 16일에 6.50%였던 것과 비교하면 주가 고점이 금리 고점보다 일찍 형성되었다.

이후 도래한 두 번째 주가 고점은 2007년 10월에 형성되었고, 금리 고점은 주가 고점 대비 이른 2006년 6월 29일에 형성되었으니 금리 고점이 먼저 도래한 사례였다. 이후 금리 고점이 2018년 12월 19일(2.50%)에 형성되었으나 금리 2.50%는 금리 고점으로 평가할 수 없는 수준이어서 이후의 세 번째 금리 고점은 2023년 7월 26일(5.50%)로 봄이 타당할 것이다.

즉 2000년 이후 세 번째 금리 고점을 2023년 7월 26일(또는 이후 다시 금리 인상이 있을 경우는 그 시점)로 본다면 주가 고점은 현재 진행형이긴 하나 금리 고점과 주가 고점과의 동행성에서 본다면 언젠가 주가 고점이 도래한다는 것이다.

② 금리 저점과 주가 저점의 경우

[표 43]을 보면 2000년 고점(금리 6.5%) 이후 주가와 금리가 지속 하락하다가 주가는 2002년 10월 9일에 저점을 기록하였으며, 금리는 2003년 6월 25일(1%)에 저점을 기록하여 주가 저점이 먼저 도래(-178일)했다. 반면 두 번째 사이클에서는 주가가 2009년 3월 9일에 저점을 기록하였고 금리는 주가 저점보다 이른 2008년 12월 16일에 저점을 기록해서 금리 저점이 먼저 도래(55일)했다. 두 번의 사례 모두 주가 저점과 금리 저점이 비슷한 시기에 형성되었다.

이상에서 주가와 금리가 동행 관계에 있음을 확인했다. 2024년 5월 현재의 상황을 보면, 금리와 주가는 공히 상승 추세에 있다. 최근 추가 금리 인상은 없을 것이라는 FRB 파월 의장의 견해를 고려한다면 금리 고점은 2023년 7월 26일(5.25~5.50%)로 보면 될 것이다.

■ **[표 43] 2000년~현재_다우, 나스닥 and 금리 고저 and 등락**

2000년~현재_다우, 나스닥 and 금리 고저 and 등락						금리고저일	
다우	날짜	나스닥	날짜	금리고저	날짜	다우	나스닥
11722.98	00-01-14	5048.62	00-03-10	6.50	00-05-16	10934.57	3717.57
7286.27	02-10-09	1114.11	02-10-09	1.00	03-06-25	9011.53	1602.66
14164.53	07-10-09	2859.12	07-10-31	5.25	06-06-29	11190.8	2174.38
6547.05	09-03-09	1268.64	09-03-09	0.25	08-12-16	8924.14	1589.89
29551.42	20-02-12	9817.18	20-02-19	2.50	18-12-19	23323.66	6636.83
18591.93	20-03-23	6860.67	20-03-23	0.25	20-03-16	20188.52	6904.59
41563.08	24-08-30	18647.45	24-07-10	5.50	23-07-26	35520.12	14127.28
41563.08	24-08-30	17713.62	24-08-30	24-08-30 현재			

2000년~현재_다우, 나스닥 and 금리 고저 and 등락					금리고저일간 지수±		
다우고저%	다우고저일	나스고저%	나스고저일	금리고저±	다우	나스닥	다우.금리일차
	00-01-14		00-03-10				-84
-37.8%	02-10-09	-77.9%	02-10-09	-5.50	-1923.04	-2114.91	-178
94.4%	07-10-09	156.6%	07-10-31	4.25	2179.27	571.72	321
-53.8%	09-03-09	-55.6%	09-03-09	-5.00	-2266.66	-584.49	55
351.4%	20-02-12	673.8%	20-02-19	2.25	14399.52	5046.94	288
-37.1%	20-03-23	-30.1%	20-03-23	-2.25	-3135.14	267.76	5
94.4%	24-08-30	156.6%	24-07-10	5.25	15331.60	7222.69	277
0.0%	24-08-30	-5.0%	24-08-30	※금리 고저 등락과 지수등락 상관관계↓			
					0.74	0.79	

* **주가 고저와 금리 고저 간 관계**

위 표는 주가 고저와 금리 고저 기록일을 표시한 표인데, 앞서거니 뒤서거니 하며 금리 고저와 주가 고저가 동행함을 알 수 있다.
① 주가 고점과 금리 고점 간에는 영업일수 기준으로 -84일(마이너스는 금리 고점이 늦다는 의미) 부터 +321일까지 차이로 대체로 주가 고점이 늦게 오며, 현재 기준 금리 고점 23/07/26(당시 5.25~5.5%)과 비교하면 첫 금리 인하가 예정된 24/09/18과 비교 시 +289일의 시차가 있다는 것으로, 머지않은 시기에 주가 고점이 올 수 있다는 것이다.
② 주가 저점과 금리 저점 간에는 영업일수 기준으로 -178일(마이너스는 금리 저점이 늦다는 의미) 부터 +55일까지 차이가 있는데 주가 저점이 거의 비슷하게 오는 경향이 있다.

금리가 고점에 다다랐다면 주가 고점이 머지않았다는 것이며, 2024년 12월까지 주가는 상승 추세가 진행되었다. 주가 고점이 금리 고점보다 한참 늦게 왔던 2006년 6월 29일(금리 고점)/2007년 10월 9일(주가 고점, 양 기간 차: 321일) 사례로 보아 2023년 7월 26일의 금리 고점 이후 343일이 경과된 후 형성된 2024년 12월의 주가 고점(다우: 2024년 12월 4일)은 주가 고점으로 인식하기에 충분하며, 2024년 12월 30일의 중기 하락 추세 전환 이후부터 대세 하락이 시작된 것으로 보면 된다.

(3) 금리와 주가 추세가 동행하는 이유

앞에서 금리와 주가 추세 간에는 정(正)의 상관관계가 있으며 추세적으로 동행함을 확인한 바, 여기에서 금리와 주가 추세가 동행하는 이유에 대하여 알아보자.

이런 현상이 나타나는 이유는, 보통 경제가 하락(상승)할 때는 주가가 하락(상승)하게 되고 경제 및 주가를 방어(진정)하기 위해 FRB에서 금리를 인하(인상)하게 되기 때문이다. 이러한 이유로 금리와 주가는 자연스럽게 정방향으로 움직이게 되는 것이다.

① 금리 인상기(=주가 상승기)의 경우

'주가는 경기의 거울'이란 말이 있듯 통상적으로 경기가 호황이면 주가는 상승한다. 이 과정에서 경기침체 국면에서 풀린 자금을 회수하기 위해서 당국에선 금리 인상을 하게 되는데, 다만 초기엔 금리 인상에 불구하고 경기호황과 이에 따른 기업실적 호조로 주가는 더욱 탄력을 받게 된다. 그러나 금리 인상이 지속되면 언젠가 경기가 꺾이고 경기의 정점(≒금리 정점 ≒주가 정점) 부근에서 주가도 꺾이게 된다.

이런 이유로 금리 인상과 주가 상승이 동행하게 되는 것이다.

② 금리 인하기(=주가 하락기)의 경우

금리 인상의 여파로 다시 주가의 하락이 심화되면 경기침체를 불러오므로 금융당국은 경기부양을 위해 다시 금리를 인하하게 되는데, 역시 금리 인하의 초기엔 이미 경기가 꺾인 상태이므로 주가는 하락의 길을 걷고 금리 인하가 누적될 때쯤 주가가 더 이상 하락하지 않는 저점을 형성하면서 주가가 상승하기 시작하는 순환이 이루어지게 되는 것이다.

■ [표 44] 미 FRB 기준금리와 다우 지수의 고저 상관관계

방향성	금리 고저	날짜(B)	다우 고저	날짜(A)	A-B
↗	6.50	00-05-16	11722.98	00-01-14	-84
↘	1.00	03-06-25	7286.27	02-10-09	-178
↗	5.25	06-06-29	14164.53	07-10-09	321
↘	0.25	08-12-16	6547.05	09-03-09	55
↗	2.50	18-12-19	29551.42	20-02-12	288
↘	0.25	20-03-16	18591.93	20-03-23	5
↗	5.50	23-07-26	45014.04	24-12-04	343

③ 결론적으로,

• 경기활황기 → 금리 인상 → 주가(대세) 상승

• 경기침체기 → 금리 인하 → 주가(대세) 하락

이러한 순환 고리가 형성되는 것이다. 이상의 논리는 [표 44] 금리 고저와 다우 고저와의 상관관계를 통해 확인할 수 있다.

■ [그림 15] 앙드레 코스톨라니 달걀 모형

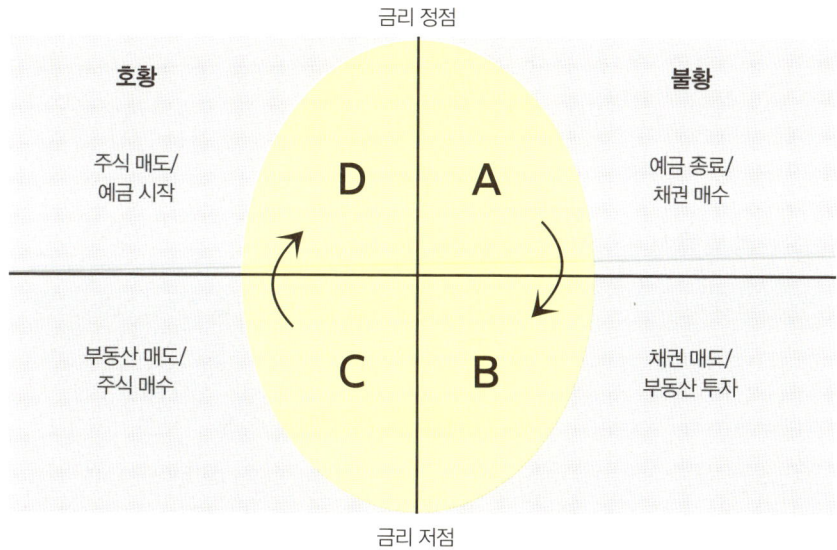

한편, 1930년대 이후의 전설적 투자자인 앙드레 코스톨라니가 주장한 '달걀 모형'을 통해서도 금리와 투자의 순환을 엿볼 수 있다.

3) 금리 변화에 따른 주식과 채권 투자의 대체 관계

(1) **채권 금리와 채권 가격은 반비례한다**

[참고 16]에서 보듯 채권 금리와 채권 가격은 반비례한다. 즉 채권 금리가 내려가면 채권 가격은 올라가고 채권 금리가 올라가면 채권 가격은 내려가게 되는 것이다.

■ [참고 16] 채권 금리/채권 가격의 반비례 관계

채권 가격	채권 금리(수익률)	채권 만기
9,524	5%	10,000
9,709	3%	10,000
9,901	1%	10,000

※ 만기는 각각 1년 가정

(2) **금리 변동 시 주식과 채권 투자의 대체 관계**

극단적인 사례로 오늘 오전에 만기까지 1년 남은 채권을 5%의 금리로 매수(@9,524)했는데, 오후에 금리가 1%로 내려갔다면 매도(@9,901)한 당일에만 엄청난 수익(+@377)을 올릴 수 있고, 반대(채권 금리 1%로 매수, 오후에 금리가 5%로 상승)의 경우엔 당일 매매로 엄청나게 큰 손실(-@377)을 기록할 수 있다.

위 극단적인 사례로도 알 수 있는 것은 금리가 내려가면 안전자산인 채권의 투자 매력이 상승하고, 위험자산인 주식의 투자 매력이 하락하기에 상대적으로 주식 대비 채권의 투자 매력이 상승하게 되는 것이다.

① 금리 인상기가 되면,

채권 가격이 하락하게 되므로 만기가 아닌 중도에 상환하게 되면 손실이 발생할 수 있다. 포트폴리오상 채권에 일정 비중을 담아야 하는 거대 투자기관(다른 말로 기관투자자)이 아닌 일반 투자자라면 채권에 투자할 유인이 줄어든다.

② 금리 인하기가 되면,

채권 가격이 상승하므로 만기가 아닌 중도에 청산하게 되더라도 이익이 발생할 수 있는데, 기관 투자자가 아닌 일반 투자자라도 채권에 투자할 필요가 있다.

③ 결론적으로,

금리 인하기엔 채권 투자로도 수익이 발생할 수 있어 안전자산이기도 한 채권 투자의 매력이 상승하는 반면 주식 투자의 매력이 하락하고, 금리 상승기엔 반대가 된다. 2024년 6~8월에 워렌 버핏이 운용하는 버크셔 헤더웨이 관련 '애플과 은행주 대량 매도' '초단기 미국채 발행분 3%(217조원) 투자'의 뉴스가 쏟아진 것이 바로 금리 인하를 앞둔 전략(실제 2024년 9월 18일 첫 금리 인하 후 국채 금리가 하락하여 국채 투자분에서 이익이 발생)이 되는 것이다.

■ [표 45] 미국 국가부채 규모 추이

연도별	2024 YTD*	2023	2020	2019	2012	2007	2000
국가부채	$35.0T	$31.4T	$28.0T	$23.3T	$16.8T	$9.4T	$5.8T
CAGR*	7.78%		코로나		금융위기		

※ CAGR(연평균 증가율) 기준 미국 국가부채 증가율
※ 미국 국가부채는 2008년 금융위기와 2020년 코로나 시기 급증하였음.

4) 금리 변수를 활용한 매매 대응

이상에서 연방기금금리(FFR)와 주가의 관계를 자세히 살펴보았다. 금리와 주가 간에는 흔히 얘기하듯 역의 관계(금리 인하=주가 상승)가 아니라 약하게나마 정의 상관관계가 있으며, 금리 변동에 따른 단기 주가 전망은 추세와 연동되고, 중장기적으로는 주가와 금리가 동행함을 확인했다. 이번에는 이러한 관계 속에서 금리 변동에 따른 주식 매매 대응을 검토해보고자 한다.

(1) **단기 매매 대응**

일단 중장기 매매 대응은 후술하기로 하고 금리 변동에 따른 단기 주식매매의 관점에서 살펴보자.

① 금리 인상일의 경우

금리 인상의 경우 대체로 주가가 상승하는 경향성이 있긴 하나 유의적으로 높은 것은 아니고 다만 차트 추세가 상승일 경우 아래 표에서 보듯 상승 확률이 높음을 보여주고 있다.

■ [표 29-1] 추세 구분에 따른 금리 인상일 지수 등락(1986~2023)

추세±	금리±	일수/다+/나+	다우%	나스닥%	다상승확률	나상승확률
다우+	금리+	27/16/14	0.21%	0.39%	59.3%	51.9%
나스닥+	금리+	27/16/18	0.25%	0.57%	59.3%	66.7%
다우-	금리+	24/7/9	-0.29%	-0.05%	29.2%	37.5%
나스닥-	금리+	24/9/9	-0.25%	-0.10%	37.5%	37.5%

위 표에서 확인하듯 다우나 나스닥이 상승 추세일 때 금리가 인상된 경우 지수가 상승할 확률이 60% 전후이고 평균 등락률도 상승한 반면, 하락 추세일 때는 당일 지수가 상승할 확률이 40% 수준으로 떨어지고 평균 등락률 역시 하락한다. 다만 하락률이 크지 않은 것은 금리 인상기가 대세 상승 추세와 맞물려 있다는 데 이유가 있다.

금리 인상일의 매매 대응의 관점에서 보면 금리 인상 자체가 대세 상승기와 연결되어 있으므로 기본적으로 매수 관점을 유지하되, 차트 추세가 상승일 경우에 한하여 적극 매수를 고려하면 되겠고, 차트 추세가 하락이라면 적극 매수보다 저점 매수 정도가 대안이 될 수 있다.

②금리 인하일의 경우

금리 인하의 경우 전체로 보면 다우는 하락 확률이 높고 나스닥은 상승 확률이 높아 지수 간에 엇갈리는데, 단기 추세인 차트 추세와 연결해서 보면 다우와 나스닥 공히 상승 추세일 때 상승 확률이 높고, 하락 추세일 때는 하락 확률이 높은 것을 확인할 수 있다.

■ [표 29-2] 추세 구분에 따른 금리 인하일 지수 등락(1986~2023)

추세±	금리±	일수/다+/나+	다우%	나스닥%	다상승확률	나상승확률
다우+	금리+	33/21/25	0.70%	1.26%	63.6%	75.8%
나스닥+	금리+	33/19/26	0.53%	0.83%	57.6%	78.8%
다우-	금리+	17/2/4	-3.08%	-2.37%	11.8%	23.5%
나스닥-	금리+	20/5/5	-2.42%	-1.33%	25.0%	25.0%

위 표에서 확인하듯 다우나 나스닥이 상승 추세일 때 금리가 인하된 경우 지수가 상승할 확률이 70% 전후이고 평균 등락률도 상승한 반면, 하락 추세일 때는 당일 지수가 상승할 확률은 20% 수준으로 떨어지고 평균 등락률이 급락한다. 이처럼 하락률이 큰 것은 금리 인하기가 대세 하락 추세와 맞물려 있다는 데 보다 큰 이유가 있다.

금리 인하일의 매매 대응의 관점에서 보자면, 금리 인하 자체가 대세 하락기와 연결되어 있으므로 주식 매수는 보수적 관점을 유지하는 전제하에, 차트 추세가 상승일 경우에 한하여 저점 매수를 고려하면 되겠고, 차트 추세가 하락이라면 매수는 철저히 자제하고 오히려 숏/인버스 ETF 매수를 고려할 수 있다.

(2) **중장기 매매 대응**

단기 매매 대응이 주로 당시의 차트 추세를 읽고 추세에 맞는 대응이라면 중장기 매매 대응은 금리 상승기=대세 상승기(금리 인하기=대세 하락기)라는 기본 개념을 탑재하고 그에 맞게 매매를 하면 된다.

① 금리 인상기의 경우

금리 인상기는 기본적으로 대세 상승기에 해당되긴 하나 당시의 단기 추세와도 관련이 있다는 점을 고려하더라도 전체적으로는 상승 추세가 진행되는 것을 알 수 있다.

■ [표 46] 금리 고저간 지수 등락

금리고저일	금리고저	실다우고저	금리고저일		금리고저일간 지수±		다우고저점 간 등락(±)
			다우	나스닥	다우	나스닥	
98-11-17	4.75	7539.07	8986.28	1878.52			
00-05-16	6.50	11722.98	10934.57	3717.57	1948.29	1839.05	4183.91
03-06-25	1.00	7286.27	9011.53	1602.66	−1923.04	−2114.91	−4436.71
06-06-29	5.25	14164.53	11190.8	2174.38	2179.27	571.72	6878.26
08-12-16	0.25	6547.05	8924.14	1589.89	−2266.66	−584.49	−7617.48
18-12-19	2.50	29551.42	23323.66	6636.83	14399.52	5046.94	23004.37
20-03-16	0.25	18591.93	20188.52	6904.59	−3135.14	267.76	−10959.49
23-07-26	5.50	41563.08	35520.12	14127.28	15331.6	7222.69	22971.15
※금리 고저 등락과 지수등락 상관계수 →					0.74	0.79	

■ [그림 14] 금리 고저와 다우 고저 차트(2000~2024)

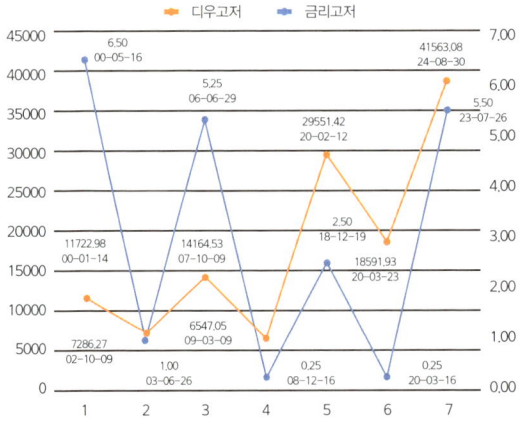

⇒ 다우 지수 고/저점과 금리 고/저점 간에 약간의 시차가 있긴 하나, 지수 고저와 금리 고저는 아주 높은 수준의 양(陽)의 상관 관계가 있음을 알 수 있다. 즉 지수 고점≒금리 고점, 지수 저점≒금리 저점이 되는 것이다.

[표 46] 과 [그림 14]에서 확인하듯 약간의 시차를 두고 지수 저점=금리 저점이 되는 상황에서 금리 저점 이후 금리 인상기는 대세 상승기와 일치하고 있는 점을 고려한 시장 대응이 필요하다고 본다.

금리 인상기의 매매 대응의 관점에서 보면, 금리 인상기가 대세 상승기와 연결되어 있으므로 기본적으로 중장기 관점에서 매수를 유지하되, 차트 추세가 상승일 경우에 한하여 적극 매수를 고려하면 되겠고, 차트 추세가 하락이라면 적극 매수보다 저점 매수로 대응하면 된다.

특히 금리 저점 수준 판단 시부터 적극 매수를 추천한다.

② 금리 인하기의 경우

금리 인하기는 기본적으로 대세 하락기에 해당되나 당시의 단기 추세로는 강력한 반등이 나타나기도 한다는 사실을 고려하더라도 전체적으로는 하락 추세가 진행되는 것을 알 수 있다.

■ [표 44] 미 FRB 기준금리와 다우 지수의 고저 상관관계

방향성	금리고저	날짜(B)	다우고저	날짜(A)	A-B
↗	6.50	00-05-16	11722.98	00-01-14	-84
↘	1.00	03-06-25	7286.27	02-10-09	-178
↗	5.25	06-06-29	14164.53	07-10-09	321
↘	0.25	08-12-16	6547.05	09-03-09	55
↗	2.50	18-12-19	29551.42	20-02-12	288
↘	0.25	20-03-16	18591.93	20-03-23	5
↗	5.50	23-07-26	45014.04	24-12-04	343

■ [표 29-2] 추세 구분에 따른 금리 인하일 지수 등락(1986~2023)

추세±	금리±	일수/다+/나+	다우%	나스닥%	다상승확률	나상승확률
다우+	금리-	33/21/25	0.70%	1.26%	63.6%	75.8%
나스닥+	금리-	33/19/26	0.53%	0.83%	57.6%	78.8%
다우-	금리-	17/2/4	-3.08%	-2.37%	11.8%	23.5%
나스닥-	금리-	20/5/5	-2.42%	-1.33%	25.0%	25.0%

　[표 46, 44, 29-2]와 [그림 14]에 따르면, 금리 고점 이후 금리 인하기에서 인하 결정 당일만 놓고 보면 상승 추세일 때 다우·나스닥이 오를 확률은 약 70%이며 평균 수익률도 플러스다. 반대로 하락 추세일 때는 당일 상승 확률이 약 20%로 떨어지고 평균 수익률도 급락한다. 이는 금리 인하기가 대세 하락과 맞물려 나타나는 경우가 많기 때문이다.

　당일 등락과 별개로 중장기 추세로는 금리 인하기가 대세 하락기와 맞물려 있어 대세 하락기에 맞는 중장기 매매 대응이 불가피함을 인식할 필요가 있다. 즉 금리 인하기의 매매 대응의 관점에서 보자면,

　① 주식 매수는, 철저히 보수적 관점으로 적립식으로만 매수를 고려 후 금리 저점 수준에선 거치식으로도 투자하는 식의 적극 매수로 선회.
　② 주식 매도는, 반등을 활용하여 호재 출현 시 상승국면에서 물량 축소 단행.

02
VIX와 주가의 관계

1) VIX(S&P 500 변동성 지수)와 주가의 관계

(1) VIX(S&P 500 변동성 지수)와 주가는 역(逆)비례의 관계

■ [그림 16] S&P 500 지수와 VIX 차트(1999.12.31~2024.05.24)

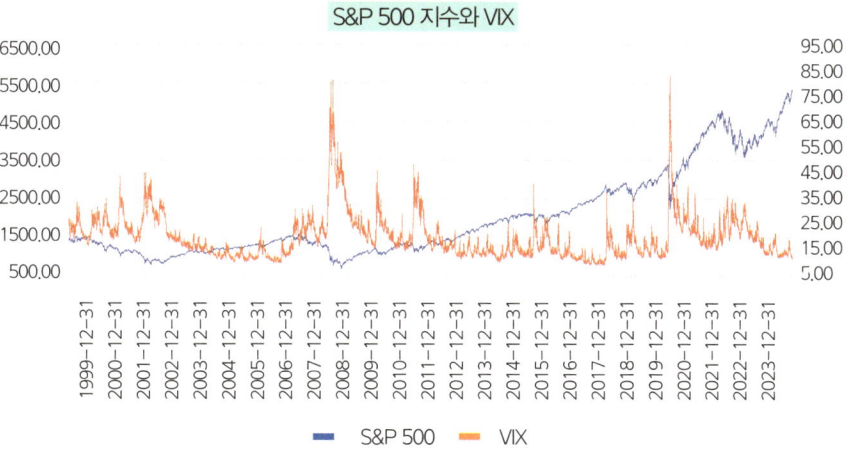

VIX(CBOE 〈S&P 500〉 Volatility Index)는 변동성 지수라는 단어에서 풍기듯 주가 지수(S&P 500지수를 말함)의 변동성을 측정하는 지수다. 주가 지수가 상승하면 주가 지수의 변동성이 축소(VIX 하락)되고 주가 지수가 하락하면 변동성

이 확대되는 경향성이 강한 데다 특히 주가 지수가 급락하면 변동성이 폭발(VIX 상승)하기까지 하여 흔히 공포지수라고도 불린다.

따라서 주가가 상승하면 변동성이 축소되는 만큼 VIX는 하락하고, 주가가 하락하면 변동성이 확대되는 만큼 VIX가 상승하게 되어 VIX와 주가 간에 역(逆)비례의 관계가 성립하게 되는 것이다.

■ [표 47] S&P 500지수와 VIX 등락 관계(2000~2024.05)

구분	SP평균%	VIX평균%	익일SP%	건수	익+건수	익+확률
S+V-	0.88%	-5.00%	-0.003%	2678	1392	52.0%
S+V+	0.40%	2.06%	-0.122%	589	267	45.3%
S&P+계	0.79%	-3.71%	-0.024%	3281	1667	50.8%
S-V+	-0.99%	6.79%	0.101%	2212	1252	56.6%
S-V-	-0.35%	-2.16%	0.069%	625	355	56.8%
S&P-계	-0.85%	4.79%	0.090%	2854	1614	56.6%

■ [표 47-1] 전일 추세 구분에 따른 지수와 VIX 등락 관계

구분	SP평균%	VIX평균%	익일SP%	건수	익+건수	익+확률
추+S+V+	0.364%	2.061%	-0.071%	435	199	45.7%
추-S+V+	0.536%	2.193%	-0.247%	92	45	48.9%
추+S-V-	-0.293%	-1.917%	-0.025%	347	191	55.0%
추-S-V-	-0.499%	-2.674%	0.161%	174	101	58.0%
S-V-	-0.35%	-2.16%	0.069%	625	355	56.8%
S&P-계	-0.85%	4.79%	0.090%	2854	1614	56.6%

※ 추세는 전날의 (차트) 추세

[표 47] S&P 500 지수와 VIX 등락 관계(2000~2024 .05)를 보면, 2000년~2024년 5월 현재까지 기간 중 S&P 500 지수가 상승한 날 총 3,281일 중 VIX가 하락한 날이 2,678일로 역의 관계 확률이 81.6%에 달한다. 지수가 상승했음에도 VIX도 상승한 날은 총 589일로 이 경우는 다이버전스(불일치)라 불릴 만하고, 이러한 다이버전스의 경우엔 익일 지수가 하락할 가능성(54.7%)이 높은 것으로 나타나고 있다.
한편, 이 기간 중 S&P 500지수가 하락한 날이 총 2,854일인데 이 중에서 VIX가 상승한 날이 총 2,212일로 역시 지수와 VIX 간에 역관계 확률이 77.5%로 높은 것을 알 수 있다. 이처럼 역 상관관계

> 가 아니라 VIX가 하락하는 경우도 총 625일에 달하는데 이 경우도 다이버전스라 할 만하며, 이 경우엔 익일 지수가 상승할 가능성(+56.8%)이 높다고 할 수 있다.
> [표 47-1]에서 보듯, 추세에 따른 변화 가능성도 살펴보았으나 유의미한 차이는 발견할 수 없다는 것이다.
> 한편, 지수와 VIX 간의 상관 지수(CORREL 함수: +1~-1 사이)는 '- 0.716'으로 완벽한 역의 관계를 보여준다.

[참고 17] VIX(S&P 500 변동성 지수)와 주가의 관계(2000~2024.05)

- [표 47]이나 [그림 16] 'S&P 500과 VIX' 차트를 보더라도 S&P 500 지수와 VIX 간에는 완연히 역(逆)비례 관계가 성립됨을 알 수 있다.
- S&P 500 상승(3,281건) 시: VIX는 평균 3.71% 하락(2,678건/81.6%)
- S&P 500 하락(2,854건) 시: VIX는 평균 4.79% 상승(2,212건/77.5%)

2) 역사상 고점과 저점은 VIX가 예고

위에서 VIX(S&P 500 변동성 지수)와 주가 간에는 역(逆)의 상관관계가 성립함을 알아보았다.

따라서 주가가 신고가를 기록하는 경우 주가와 역으로 움직이는 VIX는 신저가를 기록하는 것이 정상이고, 반대로 주가가 신저가를 기록하는 경우 주가와 역으로 움직이는 VIX는 신고가를 기록하는 것이 아주 정상적이라 할 수 있다.

그럼에도 주가가 신고가를 경신하는 데 VIX가 신저가를 경신하지 않는 경우 이는 주가와 보조지표 간의 불일치(=다이버전스)와 비슷한 개념에서 주가와 VIX 간에 불일치(=다이버전스, Divergence)라 명명할 수 있으며, 주가와 VIX 간에 불일치(다이버전스)를 통해서 주가의 역사적(또는 중/단기) 고점과 저점을 읽을 수 있게 된다는 것이다.

■ [그림 17] 2024년 S&P 500 지수와 VIX 다이버전스 차트

※ 2024년 S&P 500 지수와 VIX

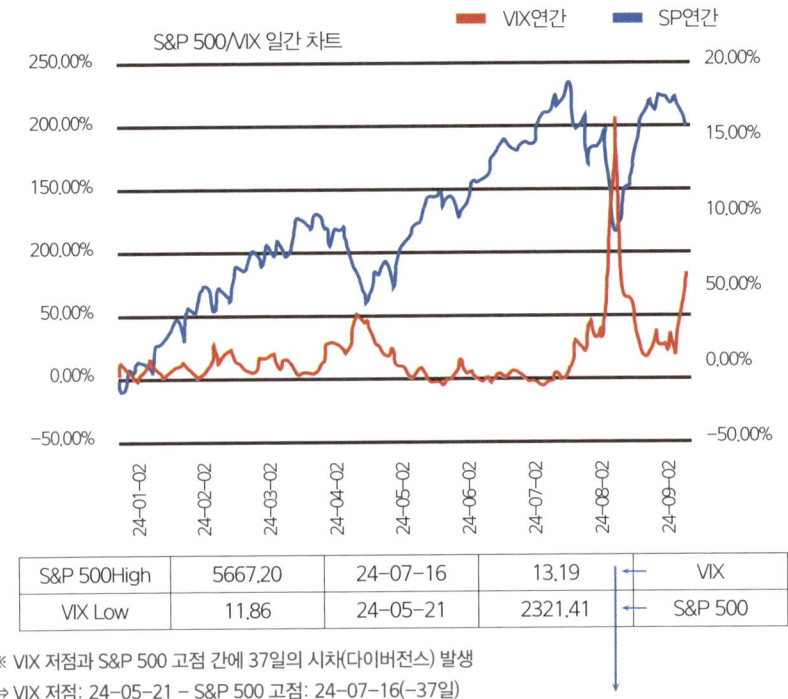

| S&P 500High | 5667.20 | 24-07-16 | 13.19 | VIX |
| VIX Low | 11.86 | 24-05-21 | 2321.41 | S&P 500 |

※ VIX 저점과 S&P 500 고점 간에 37일의 시차(다이버전스) 발생
⇒ VIX 저점: 24-05-21 - S&P 500 고점: 24-07-16(-37일)

13.19(VIX 수치)는 S&P 500 지수가 고점을 기록한 2024년 7월 16일의 수치로, 지수가 고점을 기록한 날 VIX가 저점을 기록해야 함에도 저점을 기록하지 않음으로써 결과적으로 지수 고점(7/16)과 VIX 저점(5/21, 11.86) 간에 37일의 시차(다이버전스, 불일치)가 일어난 것이다. 후술하겠지만 이러한 불일치 현상이 지속되면 지수 고점은 소위 진정한 고점으로 볼 수 없다.

■ [표 48] 2024년 S&P 500 지수의 단기 고/저점과 VIX지수

날짜	S&P 500	VIX	S&P 500	VIX
24-03-27	5248.49	12.75		1일전저점
24-03-28	5254.35	13.01	단기고점	
24-04-01	5243.77	13.65		
24-04-02	5205.81	14.61		
24-04-12	5123.41	17.31		
24-04-15	5061.82	19.23		4일전고점
24-04-16	5051.41	18.40		
24-04-17	5022.21	18.21		
24-04-18	5011.12	18.00		
24-04-19	4967.23	18.71	단기저점	
24-04-22	5010.60	16.94		
24-05-20	5308.13	12.15		
24-05-21	5321.41	11.86	단기고점	정확히일치
24-05-22	5307.01	12.29		
24-05-23	5267.84	12.77		
24-05-24	5304.72	11.93		
24-05-28	5306.04	12.92		
24-05-29	5266.95	14.28		
24-05-30	5235.48	14.47		
24-05-31	5277.51	12.92		
24-06-03	5283.40	13.11		
24-06-04	5291.34	13.16		
24-06-05	5354.03	12.63	신고가	10일전저점

[그림 17]은 2024년 중 S&P 500 지수와 VIX차트이고 [표 48]은 2024년 S&P 500 지수의 단기 고저점과 비슷한 시기의 VIX를 보여준다. 먼저 차트상으로 2024년(~5.24) 세 번의 S&P 500 지수 고/저점 사례에서 지수의 고저점과 VIX의 저/고점이 유사하게 형성되는 것을 볼 수 있다. 세 번째 사례처럼 지수 고가와 VIX 저가가 정확히 일치하는 경우도 있으나, 첫 번째와 두 번째 사례의 경우 VIX의 저점(당시 지수는 고점)과 고점(당시 지수는 저점)이 먼저 형성되는 것

을 볼 수 있다. 이는 [표 48]에서 S&P 500 지수와 VIX의 수치로도 확인된다.

① 첫 번째 사례는 S&P 500 지수가 단기 고점을 형성한 경우다. 지수 고점은 3월 28일에 나왔고 반면 같은 날 나와야 할 VIX 저점은 이보다 하루 먼저인 3월 27일에 나온 것을 보여준다. 이 사례는 바로 지수와 VIX의 불일치를 보여주는 다이버전스라 할 수 있으며, 이처럼 다이버전스가 나오면 거의 주가 고점이 나온 것이라 판단하면 된다.

② 두 번째 사례는 S&P 500 지수가 단기 저점을 형성한 경우다. 지수의 단기 저점은 4월 19일에 나왔고 지수 저점에 대비되는 VIX 고점은 이보다 4일 빠른 4월 15일이다. 이 역시 지수와 VIX의 불일치를 보여주는 다이버전스 사례로 볼 수 있어 4월 19일의 VIX 고점 이후에 나온 지수의 저점은 거짓 저점으로서 매수의 관점으로 판단할 수 있다.

③ 세 번째 사례는 5월 21일 당일의 지수의 단기 고점과 VIX의 저점이 일치하는 지극히 자연스러운 경우로, 이런 경우엔 이후의 움직임을 관찰해봐야 한다. 이후 마침내 6월 5일에 지수가 신고가를 기록했는데 VIX는 5월 21일의 저가를 깨는 데 실패했다. 이 경우도 지수 고점은 6월 5일, VIX 저점은 5월 21일로 10일의 시차가 발생하여 결과적으로 지수와 VIX의 불일치를 보여주는 다이버전스라 할 수 있다.

따라서 이 경우도 이후 S&P 500 지수가 고점을 다시 경신하더라도 VIX가 새로운 저점을 경신하지 않는 한 지수와 VIX의 다이버전스에 의해 이후의 지수 고점은 가짜 고점으로 판단할 수 있다.

이상 2024년 세 번의 사례에서 지수와 VIX 간의 불일치(다이버전스) 현상이 발생하는 것을 보았다. 이처럼 지수와 불일치를 보여주는 VIX를 통해 지수의 고점과 저점을 예측할 수 있게 된다는 것이다. 다시 말해서 역사적(/중·단기) 고점과 저점은 VIX가 예고한다고 할 수 있다.

3) VIX의 다이버전스(불일치) 사례

앞에서 'VIX(S&P 500 변동성 지수)와 주가의 관계'와 '역사상 고점과 저점은 VIX가 예고'한다는 점을 살펴보았고, 이번에는 지수와 VIX 간의 구체적 불일치 사례를 살펴보고자 한다.

■ [그림 18] S&P 500 지수(저점)와 VIX(고점) 차트(2002.3~2003.3)

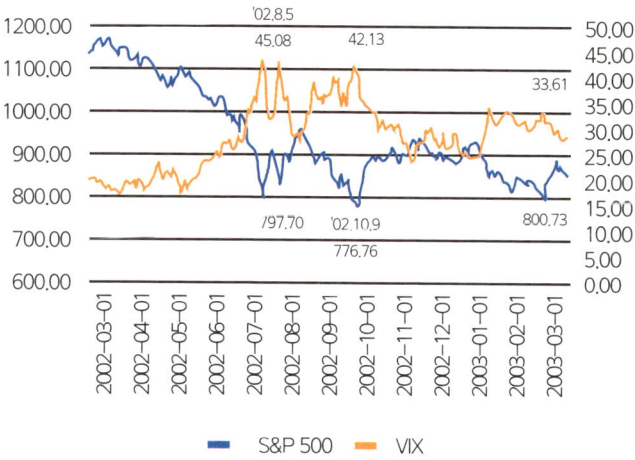

■ [표 49] S&P 500 VS VIX 불일치 사례 데이터(2002)

날짜	S&P 500	VIX	S&P 500	VIX
02-07-23	797.70	44.92		
02-08-05	834.60	45.08		기간고점
02-08-06	859.57	42.03		
02-10-09	776.76	42.13	기간저점	46일차이
07-07-19	1553.08	15.23	이후 99.9% 상승	

(1) 2002년 주가 저점 사례

[그림 18] S&P 500 지수(저점)와 VIX(고점)차트(2002.3~2003.3)와 [표 49] S&P 500 VS VIX 불일치 사례 데이터로 확인해보면, 이 기간 중 S&P 500지수가 저점을 기록한 날은 2002년 10월 9일이다. 그렇다면 지수와 역으로 움직이는 VIX가 이날 고점을 기록하는 것이 자연스럽다.

하지만 VIX의 고점은 거래일수 기준 이날보다 46일 전인 2002년 8월 5일의 45.08이고, S&P 500 지수가 저점을 기록한 날 VIX는 42.13으로 VIX 고점보다 한참 낮은 수준으로 이런 경우를 지수와 VIX의 불일치(다이버전스)라 부를 수 있다.

VIX가 고점을 기록한 2002년 8월 5일 이후 지수의 추가 하락에도 VIX가 새로운 고점을 기록하지 않은 것을 보면, 새로운 지수 저점은 큰 의미 없는 '가짜 저점'이 되는 것이어서 새로운 지수 저점을 매수의 기회로 활용할 수 있다(이후 지수가 5년 간 99.9% 상승).

(2) 2007년 주가 고점 사례

■ [그림 19] S&P 500지수(고점)와 VIX(저점)차트(2007.5~2007.7)

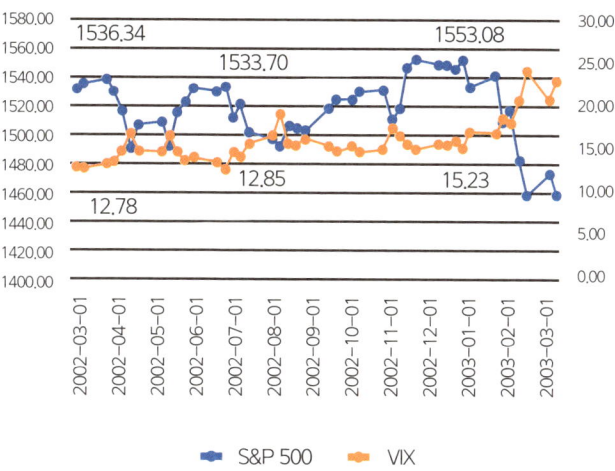

■ [표 50] S&P 500 VS VIX 불일치 사례 데이터(2007)

날짜	S&P 500	VIX	S&P 500	VIX
07-06-01	1536.34	12.78		기간 저점
07-06-04	1539.18	13.29		
07-06-19	1533.70	12.85		
07-06-20	1512.84	14.67		
07-07-19	1553.08	15.23	기간 고점	33일 차이
09-03-09	676.53	49.68	이후 56.4% 하락	

* **2025년 3월 7일 현재, S&P 500 고점과 VIX 저점의 다이버전스 사례**

S&P 500 지수와 S&P 500 변동성 지수인 VIX의 역비례 관계에서 볼 때 S&P 500가 고점(6144.15, 2025/02/19) 기록 시 VIX가 저점을 기록해야 함에도 불일치(VIX저점일 2024/05/21, 11.86)이 S&P 500 고점일보다 184일 앞선다)를 보여주고 있는 점이 바로 2024~2025년 주가 고점을 예견하는 것이라 할 수 있다. 2025년 3월 7일 현재, VIX는 23.37로 2024년 저가(11.86) 대비 +97% 상승, S&P 500 지수가 고가 대비 6.1% 하락과 비교해도 급등한 것으로, 이는 2024년의 다이버전스가 연장되고 있다고 할 수 있다.

주가 저점 사례에 이어 이번에는 주가 고점 사례로 [그림 19] S&P 500 지수(고점)와 VIX(저점) 차트(2007.6~2007.7)와 [표 50] S&P 500 VS VIX 불일치 사례 데이터를 확인해보겠다. 이 기간 중 S&P 500 지수가 고점을 기록한 날은 2007년 7월 19일이고, 지수와 역으로 움직이는 VIX의 경우 이날 저점을 기록하는 것이 자연스럽다.

그러나 VIX의 저점은 거래 일수로 이날보다 33일 전인 2007년 6월 1일의 12.78이고, 지수가 고점을 기록한 날의 VIX는 15.23으로 VIX 저점보다 한참 높은 수준이다.

VIX가 저점을 기록한 2007년 6월 1일 이후 지수의 추가 상승에도 VIX가 새로운 저점을 기록하지 않아 새로운 지수 고점은 큰 의미 없는 '가짜 고점'이 되는 것이어서 새로운 지수 고점을 보유 주식의 매도 기회로 활용할 수 있다(이후 지수가 20개월간 56.4% 하락).

(3) VIX의 다이버전스(불일치) 사례의 시사점

이상에서 2000년대 초 지수의 큰 저점과 고점 사례를 통해서 당시의 지수와 VIX의 불일치 사례 이후 실제로 지수가 이전 방향과 반대 방향으로 큰 폭으로 등락했음을 확인하였다.

이러한 사실은 지수의 단기 고/저점이나 역사적 고/저점에 관계없이 적용할 수 있어 미래의 지수를 전망하는 데 매우 유용하게 활용할 수 있다.

4) VIX를 활용한 매매 대응

이상에서 VIX(S&P 500 변동성 지수)와 주가의 관계를 자세히 살펴보았다. 특히 VIX의 다이버전스 사례를 통해 역사상 고점과 저점을 VIX가 예고한다는 사실을 밝혀냈다. VIX와 주가 간에는 역의 관계(주가 고/저점=VIX 저/고점)가 성립하는데 주가가 고점(저점)을 경신하는 와중에 VIX가 저점(고점)을 경신하지 않는 다이버전스가 발생한다면, 그 시점이 단기든 장기든 중요한 변곡점이 된다는 점을 주식매매에 활용할 수 있다.

(1) 단기 매매 대응

■ [그림 20] 2022~2023년 S&P 500과 VIX 차트

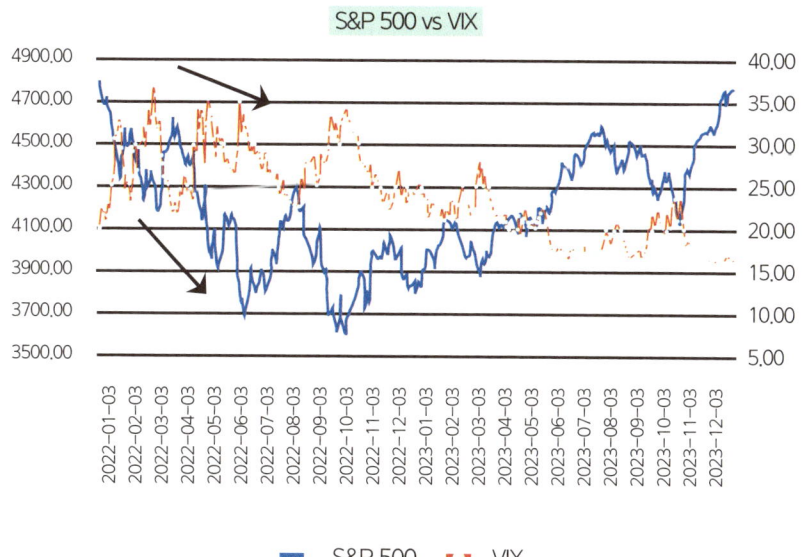

■ [표 51] 2022~2023년 단기 차트에서 S&P 500과 VIX의 불일치 사례

주가 고저	주가고저일	S&P지수	VIX저고일	VIX	일수 차	당시 지수	지수 차이
저점일	22-03-18	4170.70	22-03-07	36.45	-1	4201.09	-30.39
저점일	22-05-19	3900.79	22-05-09	34.75	-8	3991.24	-90.45
저점일	22-06-16	3666.77	22-06-13	34.02	-3	3749.63	-82.86
저점일	22-10-12	3577.03	22-10-11	33.63	-1	3588.84	-11.81
고점일	23-07-31	4588.96	23-06-23	12.91	-26	4348.33	240.63
저점일	23-10-27	4117.37	23-10-20	21.71	-4	4224.16	-106.79

VIX는 중장기 고저점과 관련한 대응이 합당하긴 하나 단기적 관점에서도 이를 활용할 수도 있다. 즉 주가의 고/저점과 VIX의 다이버전스가 주로 주가의 역사적 고/저점 이후 발생하지만, [표 48] 2024년 S&P 500 지수의 단기 고/저점과 VIX 지수와 [그림 20] 2022~2023년의 단기 차트에서도 많은 다이버전스 사례를 확인할 수 있다([표 51]).

단기 차트상 매매 대응은 다음과 같이 해야 한다.

① 주가 저점과 VIX 고점은 시차가 짧은 편이다. 따라서 주가 저점에서 발생하는 다이버전스는 즉시 대응해야 한다. 주가 저점 수준에서는 낙폭을 감안하며 주가가 저점을 경신하는데도 VIX가 고점 실패 시 단기적 관점에서 매수를 탐색할 필요가 있다.

물론 단기 추세에서의 대응은 기본적으로 단타 관점에서 접근해야 하며, 큰 이익이 아닌 작은 이익을 목표로 한다는 것을 인식할 필요가 있다.

② 주가 고점과 VIX 저점 간의 일수 차는 길다는 것이어서, 주가 저점 사례와 달리 주가 고점에서 발생하는 다이버전스에선 천천히 대응해도 된다는 근본적 차이가 있다.

즉 주가 고점 수준에서 고점을 경신하는데도 VIX가 저점 돌파에 실패한다

해도 즉시 매도를 실행할 필요는 없다. 충분한 시간적 여유를 갖고 하락(추세) 전환이 이행되었거나 예견되는 시점을 노려 주식을 매도하거나 숏/인버스 ETF의 매수를 노려볼 수 있다.

(2) 중장기 매매 대응

위에서 단기 매매 대응의 관점에서 주가의 고저점과 VIX의 다이버전스 사례를 통해 주식 매매 대응법을 설명하였는데, 단기 매매 대응이 단기적 관점에서의 대응이라면 중장기 매매 대응은 좀 더 긴 호흡을 가지고 중장기 매매 대응을 고려하기로 한다.

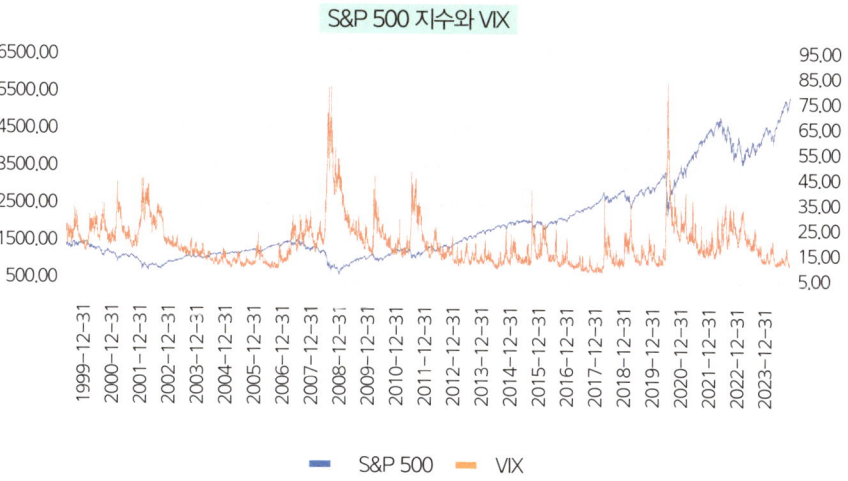

■ [그림 16] S&P 500 지수와 VIX 차트(1999.12.31~2024.05.24)

[그림 16]을 보면 알 수 있듯 장기 차트에서도 수많은 다이버전스 사례가 포착된다. 이러한 다이버전스 발생 시점을 노려 적극적인 매매 대응을 할 수 있다. 중장기 차트 상 매매 대응 역시 단기 매매 대응과 마찬가지다.

① 주가 저점과 VIX 고점은 시차가 짧은 편이다. 아래 [표 52]에서 보듯 중장기 차원에서 역사적 고점 대비 하락폭을 감안하며 주가 저점에서 발생하는 다이버전스는 즉시 대응을 노려볼 만하다. 따라서 주가 저점 수준에서는 낙폭을 감안하며 주가가 저점을 경신하는데도 VIX가 고점 실패 시 중장기적 관점에서 적극 매수를 탐색할 필요가 있다.

■ [표 52] 역사적 고저점의 S&P 500과 VIX의 다이버전스(불일치) 사례

주가고저	주가고저일	S&P 500	VIX저고일	VIX	일수차	당시지수	지수 차이
고점일	00-03-24	1527.46	00-03-03	19.21	-15	1409.17	118.29
저점일	02-10-09	776.76	02-08-05	45.08	-46	834.6	-57.84
고점일	07-10-09	1565.15	07-01-24	9.89	-179	1440.13	125.02
저점일	09-03-09	676.53	08-11-20	80.86	-72	752.44	-75.91
고점일	20-02-19	3386.15	19-11-26	11.54	-56	3140.52	245.63
저점일	20-03-23	2237.40	20-03-16	82.69	-5	2386.13	-148.73
고점일	24-12-06	6090.27	24-05-21	11.86	-138	5321.41	768.86
최종일	24-12-30	5906.74	24-12-30	17.40	0	5906.74	0.00

역사적 저점에서의 S&P 500과 VIX의 다이버전스 일수 차는 최저 5일에서 최대 72일로 일수 차가 크지 않은 편이다. 따라서 주가가 역사적 저점을 경신하는데도 VIX가 고점 돌파 실패 시 중장기적 관점에서 적극 매수를 시작하면 된다.

② 주가 고점과 VIX 저점 간의 일수 차는 길다. 위 [표 52]에서 확인하듯 주가 저점 사례와 달리 주가 고점에서 발생하는 다이버전스는 그 일수 차이가 최저 15일에서 최대 179일로 무척 긴 편이다. 충분한 시간을 두고 종합 추세 신호가 하락 전환하거나 지수의 차트 추세가 하락으로 전환하는 등의 하락 전환

신호가 나올 때까지 기다렸다가 주식 물량 축소와 함께 처분한 주식 물량의 일부를 숏/인버스 ETF 매수로 편입을 고려하면 되겠다.

즉 단기 매매 대응과 비슷하게, 주가 고점 수준에서 고점을 경신하는데도 VIX가 저점 돌파에 실패한다 해도 즉시 매도를 실행할 것이 아니라 충분한 시간적 여유를 갖고 중기 하락(추세) 전환이 이행되는 시점을 노려 주식 물량을 최대 50% 내에서 단계적으로 매도하고 처분한 물량의 일부로 인버스 ETF의 매수(예: 2024년 12월 30일 중기 하락 추세 진입 시점에 숏/인버스 ETF 매수)를 노려 볼 필요가 있겠다.

미국 실전 투자

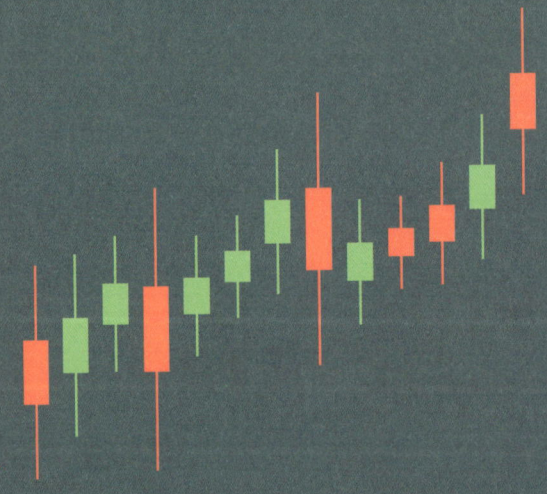

Part 3

5. 미국 주식 실전투자
    01 대형주와 중소형주 중 선택은?
    02 성장주(기술주)와 가치주(배당주) 중 선택은?
    03 섹터 분석 및 인덱스 펀드 활용하기

6. 매매 전략 구축하기
    01 금융 목표를 설정하라
    02 단기 매매 VS 장기 투자: 어떤 전략을 선택할 것인가?
    03 전략적 자산 배분(리밸런싱) 방법

7. 미국 시장의 원리를 활용한 매매법
    01 미국 지수 선물 매매
    02 미국 주식, 언제 사고팔 것인가?

CHAPTER 05
미국 주식 실전투자

   이 장에서는 미국주식 실전 투자에 임하여 구체적인 종목선정 방법을 제시하고 선택 종목도 제시해본다.

   구체적 종목 선정에선 대형주/중소형주, 성장주/가치주의 비중을 제시하며, 섹터 선택 및 인덱스 펀드의 선정에도 도움이 되도록 구성하였다.

   아울러 2000년 나스닥 투자 시 지수 기준 원금 회복에만 15년이 소요되는 점을 고려하여 100% 거치식 투자보다는 적립식 투자를 가미할 것을 권한다.

01
대형주와 중소형주 중 선택은?

1) 대형주와 중소형주 구분

(1) 대형주와 중소형주 지수의 구분

대형주와 중소형주를 구분하려면 이들을 대표하는 지수에 소속된 종목을 살펴보면 되므로 지수 구분이 선행되어야 한다.

대형주 지수를 대표하는 지수로는 다우산업평균(야후 심볼(이하 동일): DJI, Dow Jones Industrial Average), S&P 500(심볼: GSPC), 나스닥 100 지수(심볼: NDX)* 등이 있다. 중소형주 지수와 비교한다면 S&P 500과 나스닥 100 지수가 대형주를 대표하는 지수라 할 수 있다.

중소형주 지수를 대표하는 지수로 러셀 2000 지수(심볼: ^RUT)가 있다. 나스닥 거래소와 S&P(Standard & Poor's)에서도 중소형주 지수([표 53] 참조)가 따로 있으나 중형주와 소형주를 분리하고 있다. 따라서 중소형주 대표 지수는 러셀 2000 지수라 할 수 있다.

---

* 나스닥 100 지수는 비금융업 대형주 100개사로 구성된 지수다. 미국 3대 지수 중 하나인 나스닥 지수(심볼: IXIC)는 나스닥 거래소의 모든 상장 회사로 구성된 즉 대형주는 물론, 중소형주를 포괄하는 나스닥 종합 지수라 할 수 있고 한국의 종합지수와 비슷한 개념이다. 뉴욕 거래소의 종합 지수로 뉴욕 종합지수(심볼: NYA)가 있고, 아멕스(NYSE Arca)종합 지수(XAX)도 있다.

■ [표 53] 나스닥과 S&P의 대·중소형주 지수 구분

(www.spglobal.com, Wikipedia)

구분	대·중소형	심볼	설명
나스닥	대형주	NQGS	Nasdaq Global Select Market(1400)
	중형주	NQGM	Nasdaq Global Market(1450)
	소형주	RCMP	Nasdaq Capital Market
S&P	초대형주	SP100(28.6T)	S&P 100, 초대형주 100개
	대형주	GSPC(42T)	S&P 500, 대형주 500개
	중형주	SP400(2.7T)	S&P 400, 중형주 400개
	소형주	SP600(1.3T)	S&P 600, 소형주 600개
	중소형주	SP1000	중/소형주(400+600) 합계
	종합	SP1500(46T)	대/중/소(500+400+600) 합계

※ 심볼 란의 괄호 안 숫자는 시총 합계(T: trillion/조$)
※ 나스닥 중형주: ^NQGM/, 나스닥 소형주: ^RCMP, S&P 중형주: ^SP400, S&P 소형주: ^SP600

(2) 대형주 지수와 중소형주 지수 수익률 비교

과거 이들 대형주 지수와 중소형주 지수 간의 수익률을 비교하면 종목 선택의 아이디어를 얻을 수 있으리라 본다.

[표 54]에서 최근 20년간의 대형주 지수 VS 중소형주 지수 수익률을 비교해 보면, 중소형주 지수의 수익률이 대형주 지수의 수익률을 앞서는 해가 총 8개년이다. 최근 10년 기준으로는 단 2개년으로 근년으로 올수록 중소형주 지수 대비 대형주 지수의 수익률이 월등히 앞서고 있음을 보여준다.

■ [표 54] 연도별 대형주 VS 중소형주 대표 지수 수익률

년도	S&P 500	나스닥 100	대형주 평균(A)	러셀 2000(B)	A−B
2004	9.0%	10.4%	9.7%	17.0%	−7.3%
2005	3.0%	1.5%	2.2%	3.3%	−1.1%
2006	13.6%	6.8%	10.2%	17.0%	−6.8%
2007	3.5%	18.7%	11.1%	−2.7%	13.8%
2008	−38.5%	−41.9%	−40.2%	−34.8%	−5.4%
2009	23.5%	53.5%	38.5%	25.2%	13.3%
2010	12.8%	19.2%	16.0%	25.3%	−9.3%
2011	0.0%	2.7%	1.4%	−5.5%	6.8%
2012	13.4%	16.8%	15.1%	14.6%	0.5%
2013	29.6%	35.0%	32.3%	37.0%	−4.7%
2014	11.4%	17.9%	14.7%	3.5%	11.1%
2015	−0.7%	8.4%	3.9%	−5.7%	9.6%
2016	9.5%	5.9%	7.7%	19.5%	−11.8%
2017	19.4%	31.5%	25.5%	13.1%	12.3%
2018	−6.2%	−1.0%	−3.6%	−12.2%	8.5%
2019	28.9%	38.0%	33.4%	23.7%	9.7%
2020	16.3%	47.6%	31.9%	18.4%	13.6%
2021	26.9%	26.6%	26.8%	13.7%	13.1%
2022	−19.4%	−33.0%	−26.2%	−21.6%	−4.6%
2023	24.2%	53.8%	39.0%	15.1%	23.9%
누적%	329.0%	1046.2%	687.6%	264.0%	423.6%
연평균	9.0%	15.9%	12.5%	8.2%	4.3%
편차	16.8%	24.9%	20.8%	17.6%	3.2%
CAGR	7.6%	13.0%	10.4%	6.7%	3.7%

※ CAGR(Compound Average Growth Rate); 연평균 복리 수익률

> ＊ 대형주를 선택해야 할 결정적 이유?
>
> 대형주 지수인 다우, 나스닥 100, S&P 500의 경우 2023년 말 이후 2024년 중 누차 사상최고가를 경신하고 있다. 반면 중소형주 지수인 러셀 2000의 경우 2024년 말 현재로도 여전히 사상최고가는 2021/11/08의 2442.74로 대형주 지수와 대비된다. 대형주는 워렌 버핏이 얘기한 경제적 해자(垓字, Economic moat)를 구축하고 있어 경쟁자 대비 경쟁우위(비용 우위, 브랜드 파워, 네트워크 효과, 특허 등)로 시장점유율을 방어할 수 있기 때문이다.

누적 수익률로 보면 S&P 500 지수와 러셀 2000 지수와의 차가 크지 않으나 나스닥 100 지수나 대형주 평균과 러셀 2000 지수를 비교하면 그 차이가 크다는 것을 알 수 있다. 특히 누적 수익률이나 연평균 복리 수익률로 보면 대형주 지수의 확실한 비교 우위를 확인할 수 있다.

연도별 수익률 편차를 보면 러셀 2000은 17.6%로 나스닥 100의 24.9%보다는 낮으나 누적수익률이 더 높은 S&P 500의 16.8%보다 오히려 높은 것으로 나타나고 있다.

■ [그림 21] 나스닥 100과 러셀 2000 지수 누적 수익률 비교

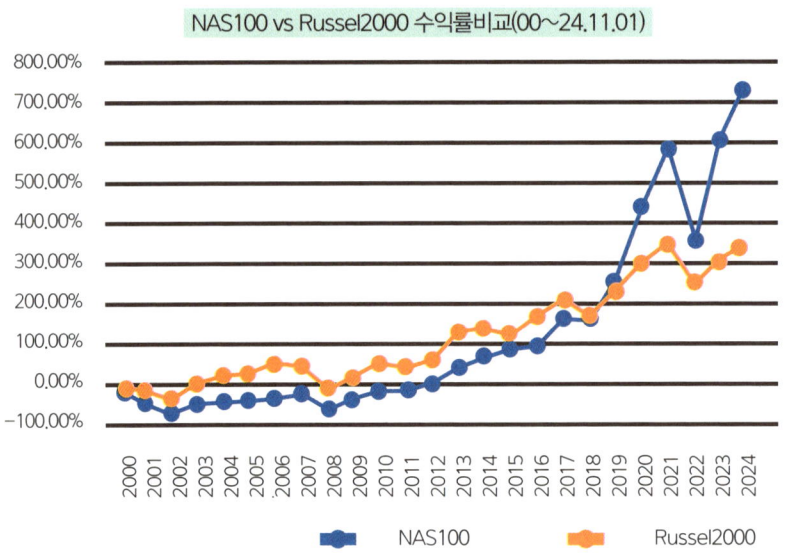

2) 대형주와 중소형주 선택

(1) 대형주와 중소형주 선택은?

앞에서 대형주와 중소형주를 구분하여 각각의 수익률을 비교했다. 수익률

로는 대형주, 그중에서도 나스닥 100 지수가 압도하고 있어 '미국 주식 투자 시 대형주냐, 중소형주냐'의 선택에선 수익률과 수익률의 편차로 보더라도 단연 대형주를 우선적으로 고려할 수밖에 없다.

즉 주식 투자의 목적이 투자 수익에 있다고 본다면 상대적으로 수익률이 높은 주식에 투자하여야 하고, 미래의 수익률을 알 수 없다면 과거의 수익률을 비교하여 수익률이 높은 쪽을 선택할 수밖에 없다. 이를 근거로 중소형주보다는 대형주 종목 투자가 맞다고 본다.

특히 고점 이후 조정 수준([표 55] 참조)을 보더라도 상승 시 수익률이 상대적으로 저조한 중소형주의 하락률이 결코 작지 않다는 점은 대형주를 선택할 결정적 이유가 된다고 본다.

■ [표 55] 주요 지수 사상최고가(기록일)/최고가 대비율 비교

지수별	다우	나스닥	S&P 500	러셀 2000	나스 100	필반도체
최고가	45014.04	20173.89	6090.27	2442.74	22096.66	5904.54
기록일	24-12-04	24-12-16	24-12-06	21-11-08	24-12-16	24-07-10
24-12-31	42544.22	19310.79	5881.63	2230.16	21012.17	4979.93
고가비%	-5.49%	-4.28%	-3.43%	-8.70%	-4.91%	-15.66%
2024%	12.88%	28.64%	23.31%	10.02%	24.88%	19.27%

중소형주보다는 대형주에 투자하기로 했다면, 이제 대형주 지수 중 S&P 500과 나스닥 100 중 어디에 투자할 것인가가 문제로 남는다. 수익률로 보면 나스닥 100 지수가 압도적 우위이긴 하나 연간 수익률 편차로 보면 나스닥 100은 24.9%로 S&P 500의 16.8% 대비 약 1.5배에 달한다. 공격적인 성향의 투자자라면 이 정도 편차를 견딜 만하지만, 투자 기간이나 투자 성향에 따라서는 나스닥 100에 전적으로 투자하기보다는 양 지수에 분할 투자를 고려할 만하

다고 본다.

한편 2024년의 성과를 보면, 나스닥의 초대형주 지수인 나스닥 100과 기술주 중 선도주라 할 필 반도체 지수의 수익률이 나스닥 종합 지수보다 저조한 것은 2024년 상승장의 질(質)이 결코 좋지 않음을 보여주는 대목이다.

■ [표 56] Magnificent 7/Terrific 10 종목의 8년 등락

[Magnificent 7(나스닥 거래소 시총 상위) 2016~2023%(8년)]

심볼	2015말	2023말	누적%	년평균%	년편차%	CAGR
AAPL	24.59	192.53	683.0%	35.1%	40.2%	29.3%
MSFT	55.48	376.04	577.8%	30.5%	29.0%	27.0%
GOOG	37.94	140.93	271.5%	22.7%	34.1%	17.8%
AMZN	33.79	151.94	349.7%	28.5%	42.9%	20.7%
NVDA	8.24	495.22	5910.0%	98.3%	104.5%	66.9%
META	104.66	353.96	238.2%	35.0%	76.0%	16.5%
TSLA	16.00	248.48	1453.0%	112.1%	259.7%	40.9%
평균			1354.7%	51.8%	83.8%	31.3%
나스닥 100	4593.27	16825.93	266.3%	21.2%	28.9%	17.6%
QQQ	105.46	409.52	288.3%	22.0%	29.0%	18.5%
SPY	176.01	473.39	169.0%	14.0%	17.6%	13.2%

[Terrific 10(뉴욕거래소 시총 상위) 2016~2023%(8년)]

심볼	2015말	2023말	누적%	년평균%	년편차%	CAGR
BRK.B	132.04	356.94	170.3%	13.6%	10.4%	13.2%
LLY	72.10	583.13	708.8%	32.0%	24.8%	29.9%
UNH	117.64	526.65	347.7%	21.5%	15.9%	20.6%
JPM	66.03	170.25	157.8%	14.5%	22.0%	12.6%
V	77.55	260.44	235.8%	17.7%	19.3%	16.3%
MA	92.74	426.53	359.9%	22.6%	21.8%	21.0%
XOM	57.98	99.98	72.4%	12.6%	38.9%	7.0%
JNJ	102.72	156.76	52.6%	5.9%	10.8%	5.4%
PG	79.41	146.61	84.6%	8.7%	13.7%	8.0%
HD	132.25	346.52	162.0%	15.5%	26.5%	12.8%
평균			235.2%	16.5%	20.4%	14.7%
S&P 500	2043.94	4769.83	133.4%	12.4%	17.1%	11.2%

(2) 투자 기간/투자 성향에 따른 대형주 분할 투자 비중은?

투자 기간이 길거나 공격적인 성향의 투자자라면 나스닥 100 지수의 비중을 높이고 반대의 경우엔 S&P 500 지수의 비중을 높이면 된다.

여기에 더해 과거의 수익률을 기준으로 자신의 목표 수익률에 맞춰 투자 비중을 조절할 수도 있다. 아래 투자 성향과 목표 수익률에 따른 종목군별 투자 비중을 검토해보기로 한다.

■ [표 57] 종목군별 과거 수익률 성적표(2016~2023)

구 분	8년누적%	연평균%	연편차%	CAGR(8년)
M7 평균	1354.7%	51.8%	83.8%	31.3%
T10 평균	235.2%	16.5%	20.4%	14.7%
N100 평균	266.3%	21.2%	28.9%	17.6%
SP500 평균	133.4%	12.4%	17.1%	11.2%
QQQ 평균	288.3%	22.0%	29.0%	18.5%
SPY 평균	169.0%	14.5%	17.5%	13.2%
R2000 평균	78.5%	8.7%	16.4%	7.5%

[표 57]은 종목군별 과거 8년간의 수익률을 보여주고 있다. 여기서 M7이나 T10의 경우 각각 7개, 10개 종목으로 구성돼 있어 실제 종목 투자와 무관하게 분석의 편의상 각각 대표하는 종목으로 나스닥 100 ETF(QQQ)와 S&P 500 ETF(SPY)를 상정하여 분석하기로 한다.

2016~2023년 기간 과거 8년간의 QQQ와 SPY의 성적을 비교해보면, SPY가 편차(일종의 변동성 또는 리스크)에서는 우위에 있다고 할 수 있으나 수익률 면에선 QQQ가 압도적이어서 공격적(또는 장기) 투자자라면 편차를 감안하더라도 QQQ 투자가 가능하다고 본다.

또한 보수적(단기) 투자자라면 QQQ와 SPY의 분할투자를 고려할 만한데,

두 번째 표에서 확인할 수 있다. 공격적 성향에 따라 [표 58]을 참고하여 분할 투자 비중을 조절하면 된다.

■ [표 58] 투자 성향에 따른 거치식 투자의 결과

성향구분	초 장기	공격적(장기)	중립적(중기)	안정적(단기)	초 단기
분할비중	Q4:S0	Q3:S1	Q2:S2	Q1:S3	Q0:S4
연 복리	18.5%	17.2%	15.8%	14.3%	12.7%
원금	$50,000	$50,000	$50,000	$50,000	$50,000
8년만기후	$194,155	$178,030	$161,875	$145,875	$130,190

※ Q3:S1은 QQQ에 75%, SPY에 25% 투자 결과

■ [표 59] 대형주 분할투자수익률 비교_거치식

분할비중	8년누적%	년평균%	년편차%	분할비중	CAGR(8년)	04~23누적
Q4:S0	288.3%	22.0%	29.0%	Q4:S0	18.5%	2971.3%
Q3:S1	259.0%	20.0%	25.7%	Q3:S1	17.2%	2392.3%
Q2:S2	229.0%	18.0%	22.7%	Q2:S2	15.8%	1885.9%
Q1:S3	198.9%	16.0%	19.9%	Q1:S3	14.3%	1453.9%
Q0:S4	169.0%	14.0%	17.6%	Q0:S4	12.7%	1094.0%

→ 'Q4:S0'는 'QQQ'에 전액(4), 'SPY'에 0%(0) 투자를 가정

■ [표 60] 매년 동일 금액 투자 시 투자비중별 누적 수익률_적립식

년도＼비중	Q4:S0	년 적수	적립금적수	Q3:S1	Q2:S2	Q1:S3	Q0:S4
2004누적	9.5%	20	120000	9.8%	10.1%	10.4%	10.7%
2005누적	7.1%	19	114000	8.0%	8.8%	9.6%	10.4%
2006누적	12.4%	18	108000	15.3%	18.1%	21.0%	23.8%
2007누적	30.1%	17	102000	28.6%	27.0%	25.5%	24.0%
2008누적	-27.7%	16	96000	-27.0%	-26.3%	-25.6%	-24.9%
2009누적	18.9%	15	90000	14.3%	9.7%	5.0%	0.4%
2010누적	39.6%	14	84000	33.6%	27.5%	21.5%	15.5%
2011누적	39.1%	13	78000	33.2%	27.3%	21.4%	15.6%
2012누적	58.9%	12	72000	52.1%	45.4%	38.7%	32.0%

2013누적	109.5%	11	66000	99.8%	90.1%	80.3%	70.6%
2014누적	137.7%	10	60000	124.9%	112.0%	99.2%	86.3%
2015누적	147.7%	9	54000	131.1%	114.5%	97.9%	81.2%
2016누적	153.2%	8	48000	138.9%	124.6%	110.3%	96.0%
2017누적	221.6%	7	42000	198.8%	176.0%	153.2%	130.4%
2018누적	206.2%	6	36000	182.5%	158.8%	135.1%	111.4%
2019누적	307.9%	5	30000	273.1%	238.2%	203.4%	168.5%
2020누적	478.7%	4	24000	410.6%	342.5%	274.3%	206.2%
2021누적	603.9%	3	18000	522.8%	441.8%	360.8%	279.7%
2022누적	352.6%	2	12000	314.1%	275.5%	236.9%	198.3%
2023누적	573.6%	1	6000	496.2%	418.8%	341.5%	264.1%
투자금 비%	1183.0%			1035.6%	888.3%	740.9%	593.6%
년 평균%	16.7%			15.3%	13.9%	12.5%	11.1%
년 편차%	25.2%			22.8%	20.7%	18.7%	17.1%

※ "투자금 비%"는 평균 투자금액 대비 수익률임.
 [위 적립식 투자의 적수/평균투자금 계산]
 총 적수   210 1260000
 평균투자금   10.5 63000 =E5453/20: =1260000/20(년)

[표 60]은 2004~2023년 기간 과거 20년간 매년 동일한 금액을 적립식 투자 시 수익률을 보여주는 표이다. 장기간 적립식 투자의 경우 보다 안정적인 흐름을 보여준다. 2008년의 경우 5년간의 투자가 손실로 전환되는 것을 경험하기도 하는데 그럼에도 불구하고 결국 우상향한다는 사실에 대한 믿음이 중요하다. 그만큼 장기투자의 중요성을 보여준다.
적립식의 경우에도 아래 표(투자 성향에 따른 적립식 투자의 결과)를 참고하여 분할 투자 비중을 조절하면 된다.

■ [표 61] 투자 성향에 따른 적립식 투자의 결과(2004~2023)

성향구분	초 장기	장기	중기	단기	초 단기
분할비중	Q4:S0	Q3:S1	Q2:S2	Q1:S3	Q0:S4
총액비%	573.6%	496.2%	418.8%	341.5%	264.1%
년 적립금	$6,000	$6,000	$6,000	$6,000	$6,000
총 적립금	$120,000	$120,000	$120,000	$120,000	$120,000
평균적립금	$63,000	$63,000	$63,000	$63,000	$63,000
만기금액	$808,263	$715,439	$622,613	$529,773	$436,953
평균액비%	1183.0%	1035.6%	888.3%	740.9%	593.6%

■ [표 62] 1999년 말 거치식 투자 시 2000~2023년 기간 누적 수익률

연도별	QQQ	SPY	연도별	QQQ	SPY
2000	−36.1%	−9.8%	2012	−24.8%	22.3%
2001	−57.4%	−20.4%	2013	3.0%	62.1%
2002	−73.3%	−37.7%	2014	22.7%	83.9%
2003	−60.1%	−20.1%	2015	34.4%	86.1%
2004	−56.3%	−11.6%	2016	43.9%	108.4%
2005	−55.3%	−7.4%	2017	91.1%	153.9%
2006	−52.0%	7.3%	2018	90.7%	142.1%
2007	−42.9%	12.8%	2019	165.2%	218.0%
2008	−66.7%	−28.9%	2020	293.8%	276.5%
2009	−48.6%	−9.9%	2021	402.0%	385.1%
2010	−38.2%	3.7%	2022	238.1%	296.5%
2011	−36.2%	5.5%	2023	423.5%	400.5%

■ [표 63] 2000~2023년 기간 적립식 투자의 누적 수익률

연도별	QQQ	SPY	연도별	QQQ	SPY
2000	−36.1%	−9.8%	2012	60.1%	38.1%
2001	−45.4%	−16.1%	2013	113.4%	79.4%
2002	−56.3%	−30.1%	2014	145.2%	97.6%
2003	−13.6%	−0.7%	2015	158.6%	93.8%
2004	−2.4%	10.0%	2016	167.0%	110.8%
2005	0.3%	13.5%	2017	242.1%	149.3%
2006	7.5%	29.3%	2018	228.7%	130.2%
2007	26.9%	32.1%	2019	341.2%	193.9%
2008	−27.8%	−19.0%	2020	530.9%	237.0%
2009	15.9%	5.0%	2021	673.6%	320.3%
2010	37.5%	20.3%	2022	401.3%	232.1%
2011	38.8%	20.8%	2023	650.3%	307.1%
	평균 투자금액 대비 수익률(적립식)			1340.5%	781.6%
	최초 투자금액 대비 수익률(거치식)			423.5%	400.5%

[표 63]은 2000~2023년 기간 과거 24년간 매년 동일한 금액을 적립식으로 투자 시 수익률을 보여주는 표이다. 장기간 적립식 투자의 경우 보다 안정적인 흐름을 보여줄 터인데, 2008년의 경우 5년간의 투자가 손실로 전환되는 것을 경험하기도 하는데 그럼에도 불구하고 결국 우 상향한다는 사실

> 에 대한 믿음이 중요하다고 본다. 적립식의 경우에도 [표 61](투자 성향에 따른 적립식 투자의 결과)를 참고하여 분할 투자 비중을 조절하면 된다.
> 다만 나스닥이 2000년의 고점을 돌파하는데 무려 15년의 세월이 소요되는 만큼 100% 거치식 투자보다는 적립식 투자를 병행할 필요가 있다.

(3) 대형주와 중소형주 투자의 결론 – 대형주가 답이다!

앞에서 대형주와 중소형주 지수를 비교해 과거의 성적을 통해 어떻게 투자 결정을 해야 하는지 살펴보았다.

첫째, 대형주냐 중소형주냐의 선택에 앞서 지수 기준으로 중소형주 지수보다는 대형주 지수가 보다 낫다.

둘째, 그렇다면 대형주 종목 가운데 실제 구체적인 종목을 선택하기보다 대형주 지수 군에서 나스닥 100 지수와 S&P 500 지수를 구분하여 각각을 대표하는 ETF 종목(QQQ vs SPY)으로 성과를 비교해본 바, 공격적 성향의 강도에 따라 QQQ 투자 비중을 늘리고, 안정적 성향의 강도에 따라 SPY 투자 비중을 늘리는 식으로 비중을 조절하면 된다.

셋째, 거치식 투자의 경우 [표 62]와 같이 1999년 말 투자를 가정해보면 QQQ/SPY가 원금 회복에 14년/10년이 경과하는 것을 볼 때 감내하기 어렵다는 차원에서 적립식 투자가 대안이 될 수 있고, 이는 [표 63](2000~2023년 기간 적립식 투자의 누적 수익률)에서 확인할 수 있다.

즉 거치식과 달리 적립식으로 투자할 경우, QQQ는 6년 후 원금 회복이 되고 24년 후 누적 수익률도 압도적이다. SPY도 5년 후 원금 회복이 되고 다만 누적 수익률(307.1%)이 거치식(400.5%)에 비해 낮은 듯하나 이 역시 평균 투자금액 대비로는 거치식 수익률(400.5%) 대비 훨씬 높은 수익률(781.6%)을 보여준다.

따라서 2000년대 초반 같은 장기 침체는 언제든지 올 수 있고, 거치식 일괄 투자로는 이러한 장기 침체를 견디기 어렵다. 그러다가 자칫 투자에 부정적 이미지가 형성될 수 있음을 감안한다면 거치식보다는 적립식 분할 투자가 훨씬 좋은 투자 방법이라 할 수 있다.

즉 장기 투자를 하다 보면 어쩔 수 없이 겪게 되는 장기 침체기를 현명하게 돌파하기 위해서라도 적립식 투자가 훨씬 나은 방법이라 할 수 있다. 실제 장기 침체기가 있었던 위 표의 기간 중 수익률을 비교하여 보아도 거치식(QQQ기준 423.5%)보다 적립식(누적 투자액 대비론 650.3%, 평균 투자액 대비론 1340.5%) 투자가 월등한 성적을 보여주고 있는 것으로 이론의 여지가 없을 것으로 본다.

02
성장주(기술주)와 가치주(배당주) 중 선택은?

1) 성장주(기술주)와 가치주(배당주) 구분

(1) 성장주와 가치주란?

① 성장주란 일반적인 기업의 평균성장률을 상회하고 미래에 기대되는 성장요인이 주요 관심대상인 기업을 말한다. 현재의 이익보다 미래에 발생할 이익이 더욱 클 것으로 예상되어 보통 현재의 기업가치보다 높은 가격에 거래되어, PER이 높은 경향이 강하다. 창립 기준으로 역사가 오래되지 않은 기업이 대부분이고, 거래소로는 나스닥 거래소 상장 기업이 많다. 업종으로는 전통적인 산업보다는 IT 등 신기술 업종에 속한 기업이 대부분이고, 전통산업에 속하더라도 혁신적인 아이템/제품을 생산하는 기업도 포함될 수 있다.

성장주에 포함될 수 있는 기업으로는 IT(Information Technology, 반도체, 컴퓨터, 인터넷, 소프트웨어 등)와 BT(Biotechnology, 바이오 신약) 기업이 있으며, "Magnificent 7(약칭 M7)"에 속한 기업이 대표적이라 할 수 있다. 나스닥 거래소에 상장된 비슷한 기업이 포함될 수 있으며, 대표적인 ETF 종목으로 VOOG(Vanguard S&P 500 Growth Index Fund)가 있다.

또한 성장주는 배당보다는 연구개발에 재투자하여 추가 성장을 추구하기 때문에 경기가 본격적으로 회복하는 국면에서 시장을 선도하는 주식으로 주가 상승에 따른 높은 투자수익을 향유할 수 있어 주가 상승기에 투자 유망 종목이 될 수 있다.

② 가치주란 보통 역사가 오래된 기업으로 성장이 다소 정체되어 있어 기업 내재가치에 비해 저평가되어 있는 경우가 많다. 주로 전통산업에 속한 기업이 많으며 안정적인 수익 창출 능력으로 경기 침체기에도 성장주에 비해 상대적으로 하락이 적게 나타나는 특징이 있다. 가치주는 대체로 이익이 안정적인 탓에 높은 배당을 하게 되어 배당주로 인식되기도 한다.

가치주에 포함될 수 있는 대표 기업으로는 다우 산업평균 지수에 포함된 기업 중 나스닥 거래소 소속(총 7개)이 아닌 뉴욕거래소 상장 기업(총 23개)이 있으며, 2024년에 새로이 부각되기 시작한 뉴욕거래소 소속 기업으로 구성된 "Terrific 10(약칭 T10)" 주식이 대표적이라 할 수 있다. 대표적인 ETF 종목으로 VOOV(Vanguard S&P 500 Value Index Fund)가 있다. 또한 성장주라 하더라도 성장이 정체되며 안정적인 이익을 올리는 기업이라면 가치주로 분류할 수도 있다.

(2) 성장주와 가치주의 거치식 수익률 비교

앞에서도 언급했듯 종목군에 속한 종목을 대상으로 할 수 있으나 실제 종목 투자와 무관하게 분석의 편의상 각각 대표하는 종목으로 S&P 500 성장주 ETF(VOOG)와 가치주 ETF(VOOV)를 대상으로 하여 분석하기로 한다.

물론 성장주와 가치주를 대표하는 종목군이 "M7"과 "T10"이긴 하나 일개 종목이 아니라 각각 7개와 10개로 구성되어 있어 분석 편의상 일개 종목인 VOOG와 VOOV로 분석을 한 다음 구체적인 종목 선정은 다음 단계에서 하면 된다.

■ [표 64] VOOG와 VOOV의 업종별 구성

VOOG의 업종 구성	구성비	VOOV의 업종 구성	구성비
Technology	48.89%	Financial Services	21.65%
Consumer Cyclical	14.26%	Healthcare	19.29%
Communications Sv	12.33%	Industrials	11.04%
Healthcare	7.31%	Consumer Defensive	9.92%
합 계	82.79%	합 계	61.90%

출처: finance.yahoo.com

아래 표에서 VOOG와 VOOV의 (거치식)누적 수익률을 보면 2016~2023년의 8년간은 각각 186.3%와 136.5%로 역시 성장주의 수익률이 우위에 있다. 2011~2023년의 13년간으로 보면 그 차이가 더 벌어지는 것을 알 수 있는 바, 역시 주가 상승기에는 성장주가 우위에 있음을 알 수 있다.

■ [표 65] 종목군/종목별 과거 수익률 성적표(2016~2023)

구 분	8년누적%	년 평균%	년 편차%	CAGR(8년)	수익률순위
M7 평균	1354.7%	51.8%	83.8%	31.3%	1
T10 평균	235.2%	16.5%	20.4%	14.7%	2
VOOG	186.3%	16.3%	22.4%	14.1%	3
VOOV	136.5%	12.3%	14.9%	11.4%	4
SP500 평균	133.4%	12.4%	17.1%	11.2%	5

연도별 수익률 편차를 보면 VOOG가 각각 22.4%와 18.3%로 VOOV의 14.9%와 14.0% 대비하여 VOOG가 약간 더 큰 것으로 나타나 약간의 리스크를 더 부담할 수 있다. 하지만 T10(20.4%)과 비교해도 아주 큰 것은 아니고 2011~2023년의 13년간 18.3%로 오히려 우위에 있어 투자유망 종목군으로 VOOG를 선택하는 데 무리가 없다고 할 수 있다.

■ [표 66] VOOG/VOOV의 과거 수익률 성적표

연도별	VOOG	VOOV	VOOG%	VOOV%
2010	49.37	42.45		
2011	51.65	42.40	4.6%	−0.1%
2012	58.97	49.61	14.2%	17.0%
2013	78.22	65.42	32.6%	31.9%
2014	89.72	73.34	14.7%	12.1%
2015	94.57	71.02	5.4%	−3.2%
2016	101.05	83.27	6.9%	17.2%
2017	128.52	95.97	27.2%	15.3%
2018	128.25	87.25	−0.2%	−9.1%
2019	167.91	114.95	30.9%	31.7%
2020	223.91	116.36	33.4%	1.2%
2021	295.46	145.31	32.0%	24.9%
2022	208.37	137.50	−29.5%	−5.4%
2023	270.79	167.96	30.0%	22.2%
누적%	448.5%	295.7%	186.3%	136.5%
년 평균%	15.5%	12.0%	16.3%	12.3%
년 편차%	18.3%	14.0%	22.4%	14.9%
CAGR(13/8)	14.0%	11.2%	14.1%	11.4%
	2011~2023년 ←		→ 2016~2023년	

(3) 성장주와 가치주의 거치식과 적립식 수익률 비교

앞에서 성장주와 가치주의 거치식 수익률을 비교해보았는데, 최악의 상황을 가정(예를 들어 1999년에 투자했는데 나스닥 지수가 1999년 말 지수를 14년 후인 2013년에야 회복)한다면 거치식 투자로는 이러한 최악의 기간을 버티기 어렵다는 차원에서 접근할 필요가 있다. 따라서 거치식과 적립식 투자의 수익률을 비교해야 한다. [표 67]을 보면 나스닥의 경우 1999년 말 거치식 투자 시 누적 수익률상 14년이 경과한 2013년에 와서야 플러스로 전환되었다. 이는 적립식 투자의 필요성을 강화하는 부분이라 할 수 있다.

■ [표 67] 미 3대 지수의 연도별 지수/누적 수익률

연도별	다우	나스닥	S&P 500	다우누적%	나스닥누적%	S&P누적%
1999	11497.12	4069.31	1469.25			
2000	10787.99	2470.52	1320.28	−6.2%	−39.3%	−10.1%
2001	10021.57	1950.40	1148.08	−12.8%	−52.1%	−21.9%
2002	8341.63	1335.51	879.82	−27.4%	−67.2%	−40.1%
2003	10453.92	2003.37	1111.92	−9.1%	−50.8%	−24.3%
2004	10783.01	2175.44	1211.92	−6.2%	−46.5%	−17.5%
2005	10717.50	2205.32	1248.29	−6.8%	−45.8%	−15.0%
2006	12463.15	2415.29	1418.30	8.4%	−40.6%	−3.5%
2007	13264.82	2652.28	1468.36	15.4%	−34.8%	−0.1%
2008	8776.39	1577.03	903.25	−23.7%	−61.2%	−38.5%
2009	10428.05	2269.15	1115.10	−9.3%	−44.2%	−24.1%
2010	11577.51	2652.87	1257.64	0.7%	−34.8%	−14.4%
2011	12217.56	2605.15	1257.60	6.3%	−36.0%	−14.4%
2012	13104.14	3019.51	1426.19	14.0%	−25.8%	−2.9%
2013	16576.66	4176.59	1848.36	44.2%	2.6%	25.8%

[표 68]에서 성장주와 가치주의 거치식 및 적립식 수익률을 비교해보았다. 누적 수익률로는 거치식이 압도하는 것으로 나타나고 있으나 이 기간이 장기 상승 추세 과정에 있었으므로 당연한 결과이고, 특히 총 투자금액이 아닌 평균 투자금액으로는 VOOG의 경우 448.5%(거치식) VS 422.9%(적립식)로 비슷하고, VOOV의 경우 295.7%(거치식) VS 321.4%(적립식)로 적립식이 오히려 높아 역시 적립식 투자의 위력을 실감할 수 있다.

더구나 최악의 상황이 온다면 이 차이가 더욱 커질 것이어서 적립식 투자가 거치식 대비 훨씬 우위에 있다고 할 수 있다.

■ [표 68] 2010년 말 거치식/2011년 이후 적립식 투자 시 수익률 비교

년도별	VOOG 연수익률	VOOV 연수익률	VOOG/거치 누적%	VOOV/거치 누적%	VOOG/적립 누적%	VOOV/적립 누적%	주가 VOOG	주가 VOOV
2010							49.37	42.45
2011	4.6%	−0.1%	4.6%	−0.1%	4.6%	−0.1%	51.65	42.4
2012	14.2%	17.0%	19.4%	16.9%	16.8%	16.9%	58.97	49.61
2013	32.6%	31.9%	58.4%	54.1%	47.5%	46.8%	78.22	65.42
2014	14.7%	12.1%	81.7%	72.8%	55.6%	51.4%	89.72	73.34
2015	5.4%	−3.2%	91.6%	67.3%	52.3%	36.7%	94.57	71.02
2016	6.9%	17.2%	104.7%	96.2%	53.4%	53.1%	101.05	83.27
2017	27.2%	15.3%	160.3%	126.1%	85.4%	67.7%	128.52	95.97
2018	−0.2%	−9.1%	159.8%	105.5%	74.4%	44.8%	128.25	87.25
2019	30.9%	31.7%	240.1%	170.8%	117.5%	84.2%	167.91	114.95
2020	33.4%	1.2%	353.5%	174.1%	174.3%	77.9%	223.91	116.36
2021	32.0%	24.9%	498.5%	242.3%	241.1%	113.3%	295.46	145.31
2022	−29.5%	−5.4%	322.1%	223.9%	126.4%	92.9%	208.37	137.5
2023	30.0%	22.2%	448.5%	295.7%	181.5%	126.9%	270.79	167.96
평균 투자금액 대비 수익률(적립식)					422.9%	321.4%		
최초 투자금액 대비 수익률(거치식)			448.5%	295.7%				

2011~2023년 기간 과거 13년간의 VOOG와 VOOV의 성적을 비교해보면, VOOV가 수익률 편차에서는 우위에 있으나 수익률 면에선 VOOG가 압도적이어서 공격적(또는 장기) 투자자라면 편차를 감안하더라도 VOOG투자가 가능하다고 본다. 또한 보수적(단기) 투자자라면 VOOG와 VOOV의 분할투자를 고려할 만한데, 다음 [표 69]에서 확인할 수 있다.

■ [표 69] 매년 동일 금액 투자 시 성장주/가치주 투자비중별 누적 수익률_적립식

년도\비중	G4:V0	G3:V1	G2:V2	G1:V3	G0:V4
2011누적	4.6%	3.4%	2.3%	1.1%	−0.1%
2012누적	16.8%	16.8%	16.9%	16.9%	16.9%
2013누적	47.5%	47.3%	47.1%	46.9%	46.8%
2014누적	55.6%	54.5%	53.5%	52.5%	51.4%
2015누적	52.3%	48.4%	44.5%	40.6%	36.7%
2016누적	53.4%	53.3%	53.2%	53.2%	53.1%
2017누적	85.4%	81.0%	76.5%	72.1%	67.7%
2018누적	74.4%	66.9%	59.6%	52.2%	44.8%
2019누적	117.5%	109.1%	100.8%	92.5%	84.2%
2020누적	174.3%	150.2%	126.1%	102.0%	77.9%
2021누적	241.1%	209.1%	177.2%	145.3%	113.3%
2022누적	126.4%	118.0%	109.6%	101.3%	92.9%
2023누적	181.5%	167.9%	154.2%	140.6%	126.9%
투자금 비%	422.9%	397.5%	372.1%	346.8%	321.4%
연평균%	15.5%	14.7%	13.8%	12.9%	12.0%
연편차%	18.3%	16.4%	15.0%	14.1%	14.0%

※ 투자금 비%는 평균 투자금액 대비 수익률임.

투자 성향에 따라 [표 70]을 참고하여 분할 투자 비중을 조절하면 된다.

■ [표 70] 투자 성향에 따른 VOOG vs VOOV 적립식 투자의 결과

성향구분	매우 공격적(초장기)	공격적(장기)	중립적(중기)	안정적(단기)	매우 안정적(초단기)
분할비중	G4:V0	G3:V1	G2:V2	G1:V3	G0:V4
총액비%	448.5%	410.3%	372.1%	333.9%	295.7%
년 적립금	$6,000	$6,000	$6,000	$6,000	$6,000
총 적립금	$78,000	$78,000	$78,000	$78,000	$78,000
평균적립금	$42,000	$42,000	$42,000	$42,000	$42,000
만기금액	$219,600	$208,948	$198,299	$187,654	$177,001
평균액비%	422.9%	397.5%	372.1%	346.8%	321.4%

※ 총액비%는 거치식 투자의 결과, 평균액비%는 적립식 투자의 결과임.

■ [표 7] 분할투자에 따른 VOOG vs VOOV 수익률 비교_거치식

분할비중	13년 누적%	연평균%	연편차%	CAGR(13년)	04~23누적
G4:V0	448.5%	15.5%	18.3%	14.0%	1371.5%
G3:V1	410.3%	14.7%	16.4%	13.4%	1227.3%
G2:V2	372.1%	13.8%	15.0%	12.7%	1088.8%
G1:V3	333.9%	12.9%	14.1%	12.0%	956.2%
G0:V4	295.7%	12.0%	14.0%	11.2%	829.8%

※ G4:V0('G3:V1')는 'VOOG'에 전액(75%)/'VOOV'에 0%(25%)투자를 가정

2) 성장주와 가치주 선택

(1) 성장주와 가치주 선택은?

앞에서 성장주와 가치주를 구분하여 이들 종목군을 대표하는 ETF로 VOOG와 VOOV를 선정하여 거치식 및 적립식 투자를 통한 각각의 수익률을 비교했다. 수익률 면에서도 VOOG가 앞서는 데다 양자 간의 수익률 편차도 크지는 않아 VOOG가 종목 선택에 있어 비교우위에 있다고 할 수 있다.

즉 주식 투자의 목적이 투자 수익에 있다고 본다면 상대적으로 수익률이 높은 주식에 투자해야 하며, 게다가 수익률 편차에서도 차이가 크지 않다면 수익률이 높은 쪽을 선택하는 것은 당연하다. 개별 종목이 아닌 ETF 종목이라면 VOOG를 선택하면 된다고 본다.

비교적 장기투자자나 공격적 투자 성향의 투자자라면 VOOG를 선택하는 데 무리가 없으나, 특히 단기투자자라면 투자 금액 전부를 VOOG에 투자할 경우 장기 침체기(2000~2008년)를 버티기 어려울 것이어서 VOOG와 VOOV에 분할 투자는 필수적이라 본다. 즉 과거 수익률과 편차를 고려하여 분할 투자를 선택할 필요가 있다.

(2) 성장주와 가치주 내 종목 선택은?

앞서 성장주와 가치주의 대표로 VOOG와 VOOV를 비교하여 보았는데 여기서는 구체적 종목을 선택해보기로 한다.

성장주의 대표로는 2010년대 중반을 풍미했던 빅테크 5선인 FAANG이나 2018년부터 인기를 끌었던 MAGA, 2023년 선정된 미국의 대표 빅테크로 구성된 Magnificent 7 등을 들 수 있다.

위 성장주 대표 종목이 나스닥 거래소 소속인 데 비해, 2024년 새로 부상한 Terrific 10은 뉴욕 거래소에 상장된 대표적인 가치주라 할 수 있다. T10 중 UNH, JPM, V, JNJ, PG, HD 등 6개 기업은 다우 지수 소속이고, 여기에 다우 지수 소속이면서 나스닥 소속이 아닌 종목(JPM, UNH, WMT, V, JNJ, PG, HD, CVX, MRK, KO, CRM, MCD, DIS, VZ, BA, CAT, IBM, AXP, NKE, GS, MMM, TRV, DOW)이 가치주 범주에 포함될 수 있다.

[참고 18] 미국 대표 성장주 리스트:

- Magnificent 7(M7, 2023년 선정된 미국의 대표 빅테크 기업 7선): Apple, Microsoft, Alphabet, Amazon, Nvidia, Metaplatform, Tesla 등 미국 기술주 시총 1~7위 기업.
- FAANG(2010년대 중반 미국의 대표 빅테크 5선=)페이스북이 메타로 사명을 바꾸면서 MANGA로 변신): Facebook(Metaplatform), Apple, Amazon, Netflix, Google
- MAGA(2018년부터 사용하기 시작한 전 세계 최고의 시가총액 상위 4선): Microsoft, Apple, Google, Amazon
- GAFA(인수합병에 진심인 기업 4선): Google(Alphabet), Amazon, Facebook(Metaplatform), Apple

[참고 19] 미국 대표 가치주 리스트:

- Terrific 10(T10, 2024년 선정된 뉴욕 거래소의 대표 가치주 기업 10선): BRK. B, LLY, UNH, JPM, V, MA, XOM, JNJ, PG, HD 등 미국 가치주 10개 기업
+ 다우 내 뉴욕 거래소 소속 기업: JPM, UNH, WMT, V, JNJ, PG, HD, CVX, MRK, KO, CRM, MCD, DIS, VZ, BA, CAT, IBM, AXP, NKE, GS, MMM, TRV, SHW

[참고 20] 다우 30 종목 리스트:

: AAPL, MSFT, JPM, UNH, WMT, V, JNJ, PG, HD, CVX, MRK, KO, CRM, MCD, NVDA, CSCO, DIS, VZ, BA, AMGN, CAT, IBM, HON, AXP, NKE, GS, MMM, TRV, AMZN, SHW*
· 나스닥 소속: AAPL, MSFT, NVDA*, CSCO, AMGN, HON, AMZN*(7개)
· 다우 종목 교체(2024/02/26): AMZN(신규), WBA(제외)
· 다우 종목 교체(2024/11/08): NVDA/SHW(신규), INTC/DOW(제외)

(3) 성장주와 가치주 중 구체적 종목 선택은?

구체적 개별 종목을 선택하기 위해 과거의 성적표를 살펴봐야 한다.

① 성장주: 대형주 중 성장주로 분류할 수 있는 종목으로 나스닥 소속의 많은 종목이 있으나 여기선 위의 FAANG이나 M7 소속 종목과 기타 반도체 종목 (AAPL, MSFT, GOOG, AMZN, NVDA, META, TSLA, NFLX, AVGO, ASML, AMD 등 총 11개 종목)을 대상으로 살펴보기로 한다.

■ [표 72] 성장주(M7+ 기타 4종목) 2016~2023%(8년)

심볼	회사명	누적%	년 평균%	년 편차%	CAGR	2022%
AAPL	Apple Inc.	683.0%	35.1%	40.2%	29.3%	−26.8%
MSFT	Microsoft C	577.8%	30.5%	29.0%	27.0%	−28.7%
GOOG	ALPHABET	271.5%	22.7%	34.1%	17.8%	−38.7%
AMZN	AMAZON.C	349.7%	28.5%	42.9%	20.7%	−49.6%
NVDA	NVIDIA CO	5910.0%	98.3%	104.5%	66.9%	−50.3%
META	Meta Platfo	238.2%	35.0%	76.0%	16.5%	−64.2%
TSLA	TESLA, INC.	1453.0%	112.1%	259.7%	40.9%	−65.0%
NFLX	NETFLIX, IN	325.7%	27.0%	39.1%	19.8%	−51.1%
AVGO	BROADCOM	753.4%	34.7%	34.8%	30.7%	−16.0%
ASML	ASML HLDG	752.7%	37.0%	40.8%	30.7%	−31.4%
AMD	ADV MICRO	5036.2%	92.9%	106.3%	63.6%	−55.0%
평균(11)		1486.5%	50.4%	73.4%	33.1%	−43.3%
N100지수		266.3%	21.2%	28.9%	17.6%	−33.0%

위 11개 종목을 대상으로 상단의 [표 72]에서 과거의 성적표를 보면, 8년(2016~2023)의 기간이 상승 추세인 점을 감안하더라도 누적 수익률이 평균 1486%에 연 평균으로 50%, 연 평균 복리 수익률이 무려 33.1%로 수익률이 탁월하긴 하나 수익률의 연 편차가 73.4%인 걸 보면 리스크가 지나치다고 할 수 있다.

기간 중 최악의 해였던 2022년의 수익률을 보더라도 역 수익률 기준 최저 -16.0%(AVGO)에서 최고 -65.0%(TSLA), 종목 평균 -43.3%로 투자 리스크가 지나치게 커서 거치식 투자로는 2022년을 버티기가 어려울 수 있다.

따라서 종목 선택하는 데 수익률만을 고려하기보다 동시에 편차를 고려할 필요가 있다고 본다. 수익률 면에서는 나스닥 100 지수보다 높고, 편차는 나스닥 100 지수 대비 2배 이하이며 2024년 1월 현재 수익률이 나스닥 100 지수보다 높은 종목을 꼽아보면, 총 11종목 중 MSFT, AMZN, NFLX, AVGO, ASML 등 5종목을 선택할 수 있다.

같은 기준으로 관리하고 있는 188 종목을 대상으로 확장하면, ADBE, ISRG, LRCX, KLAC, SNPS, CDNS, MRVL, FTNT(이상 나스닥 소속), QQQ(나스닥 소속 ETF), MSI(뉴욕 거래소 소속) 등 10종목이 추가로 선택된다.

② **가치주**: 대형주 중 가치주로 분류할 수 있는 종목으로는 대표적으로 다우지수에 포함된 주식을 들 수 있다. 다우 종목 중 나스닥 소속(7개)이 아닌 종목(23개)을 들 수 있고, 올해 새롭게 부상하고 있는 Terrific 10(T10)에 소속된 비다우 종목(BRK.B, LLY, XOM 등 3개)을 포함, 총 25개가 포함될 수 있다.

■ [표 73] 가치주(T10+기타 다우 종목 15개) 2016~2023%(8년)

심볼	회사명	누적%	년 평균%	년 편차%	CAGR	2022%
BRK.B	Berkshire H	170.3%	13.6%	10.4%	13.2%	3.3%
LLY	Eli Lilly Com	708.8%	32.0%	24.8%	29.9%	34.3%
UNH	UnitedHealt	347.7%	21.5%	15.9%	20.6%	5.6
JPM	JPMorgan C	157.8%	14.5%	22.0%	12.6%	−15.3%
V	Visa Inc.	235.8%	17.7%	19.3%	16.3%	−4.1%
MA	Mastercard	359.9%	22.6%	21.8%	21.0%	−2.7%
XOM	Exxon Mobi	72.4%	12.6%	38.9%	7.0%	80.3%
JNJ	Johnson &	52.6%	5.9%	10.8%	5.4%	3.3%
PG	Procter & G	84.6%	8.7%	13.7%	8.0%	−7.3%
HD	The Home	162.0%	15.5%	26.5%	12.8%	−23.9%
WMT	Walmart Inc	157.2%	13.5%	16.5%	12.5%	−2.0%
CVX	Chevron Co	65.8%	10.0%	29.2%	6.5%	53.0%
MRK	Merck & Co	106.4%	11.1%	20.6%	9.5%	44.8%
CRM	Salesforce.c	235.7%	23.9%	43.2%	16.3%	−47.8%
MCD	McDonald's	150.9%	12.9%	14.1%	12.2%	−1.7%
DIS	The Walt Di	−14.1%	0.9%	23.4%	−1.9%	−43.9%
VZ	Verizon Co	−18.4%	−1.8%	12.5%	−2.5%	−24.2%
BA	The Boeing	80.3%	12.3%	36.9%	7.6%	−5.4%
CAT	Caterpillar I	335.4%	22.4%	25.0%	20.2%	15.9%
IBM	Intl Biz Mac	18.9%	3.3%	15.8%	2.2%	5.4%
AXP	American E	169.4%	14.6%	19.0%	13.2%	−9.7%
NKE	NIKE, Inc.	73.7%	10.0%	25.6%	7.1%	−29.8%
GS	The Goldma	113.9%	13.0%	26.4%	10.0%	−10.2%
MMM	3M Compa	−27.4%	−2.1%	20.3%	−3.9%	−32.5%
TRV	Travelers Co	68.8%	7.2%	9.7%	6.8%	19.9%
평균(25)		154.7%	12.6%	21.7%	10.5%	0.2%
SP500지수		133.4%	12.4%	17.1%	11.2%	−19.4%

이렇게 선택한 25개 종목을 대상으로 [표 73]에서 이들 종목의 과거 성적표를 보면 8년의 기간 중 누적 수익률이 154%, 연 평균은 12.6%, 연 평균 복리 수익률 10.5%로 높다. 하지만 연 편차는 21.7%로 위 성장주 평균(73.4%) 대비로도 낮고 S&P 500 지수보다도 낮은 편이어서 수익률과 리스크 양면을 고려

194

했을 때 괜찮은 성적임을 알 수 있다.

성장주 종목과 마찬가지로 같은 기준으로, 편차는 S&P 500 지수 대비 2배 이하이며, 2024년 1월 현재 수익률이 S&P 500 지수보다 높은 종목을 꼽아보면, 총 25종목 중 BRK.B, LLY, JPM, V, MA, HD, WMT, AXP 등 8종목을 선택할 수 있다.

같은 기준으로 관리하고 있는 188종목을 대상으로 확장하면, COST, CSX, MAR, ORLY, FAST, PAYX(이상 나스닥 소속), VOO(AMEX 소속 ETF) 등 7종목이 추가로 선택될 수 있다. 이상에서 선정된 종목을 아래에 열거해본다.

(4) 성장주와 가치주 중 선정된 종목은?

① 성장주: MSFT, AMZN, NFLX, AVGO, ASML, ADBE, ISRG, LRCX, KLAC, SNPS, CDNS, MRVL, FTNT(이상 나스닥 소속), QQQ(나스닥 소속 ETF), MSI(뉴욕 거래소 소속) 등 총 15종목.

② 가치주: BRK, B, LLY, JPM, V, MA, HD, WMT, AXP(이상 뉴욕 거래소 소속), COST, CSX, MAR, ORLY, FAST, PAYX(이상 나스닥 소속), VOO(AMEX 소속 ETF) 등 총 15 종목.

이상 선정된 30 종목을 대상으로, 아래 이들 종목의 과거 성적표를 참고하여 자신의 투자 성향(공격 투자형, 안정 투자형)이나 투자 기간(장기 투자형, 단기 투자형) 등을 감안하여 성장주와 가치주 투자 비중을 조절하면 된다.

■ [표 74] 성장주 15선, 2016~2023%(8년)

심볼	회사명	누적%	년평균%	년편차%	CAGR	2022%
MSFT	Microsoft C	577.8%	30.5%	29.0%	27.0%	-28.7%
AMZN	AMAZON,C	349.7%	28.5%	42.9%	20.7%	-49.6%
NFLX	NETFLIX, IN	325.7%	27.0%	39.1%	19.8%	-51.1%
AVGO	BROADCOM	753.4%	34.7%	34.8%	30.7%	-16.0%
ASML	ASML HLDG	752.7%	37.0%	40.8%	30.7%	-31.4%
ADBE	ADOBE INC	535.1%	32.0%	38.2%	26.0%	-40.7%
ISRG	INTUITIVE S	456.0%	26.8%	27.3%	23.9%	-26.1%
LRCX	LAM RESEA	886.2%	44.3%	54.0%	33.1%	-41.6%
KLAC	KLA CP CM	738.2%	35.6%	39.2%	30.4%	-12.3%
SNPS	SYNOPSYS,	1028.9%	39.3%	33.6%	35.4%	-13.4%
CDNS	CADENCE D	1208.8%	42.4%	37.1%	37.9%	-13.8%
MRVL	Marvell Tec	631.0%	41.2%	52.2%	28.2%	-57.7%
FTNT	Fortinet, Inc	838.9%	40.4%	51.4%	32.3%	-32.0%
MSI	Motorola S	422.0%	24.4%	20.7%	22.9%	-3.8%
QQQ	Invesco Nas	288.3%	22.0%	29.0%	18.5%	-32.6%
평균(15)		640.4%	33.6%	37.9%	27.8%	-31.1%
N100지수		266.3%	21.2%	28.9%	17.6%	-33.0%
선순위평균	5	551.8%	31.5%	37.3%	25.8%	-35.3%
후순위평균	10	703.3%	34.9%	38.3%	28.9%	-27.4%

■ [표 75] 가치주 15선, 2016~2023%(8년)

심볼	회사명	누적%	년평균%	년편차%	CAGR	2022%
BRK.B	Berkshire H	170.1%	13.6%	10.4%	13.2%	3.3%
LLY	Eli Lilly Com	708.5%	32.0%	24.8%	29.9%	34.3%
JPM	JPMorgan C	157.6%	14.5%	22.0%	12.6%	-15.3%
V	Visa Inc.	235.7%	17.7%	19.3%	16.3%	-4.1%
MA	Mastercard	359.9%	22.6%	21.8%	21.0%	-2.7%
HD	The Home	162.0%	15.5%	26.5%	12.8%	-23.9%
WMT	Walmart Inc	157.2%	13.6%	16.5%	12.5%	-2.0%
AXP	American E	169.4%	14.6%	19.0%	13.2%	-9.7%
COST	COSTCO W	308.7%	21.6%	24.8%	19.2%	-19.6%
CSX	C S X CP	329.1%	21.8%	21.7%	20.0%	-17.6%
MAR	MARRIOTT	236.4%	20.1%	31.5%	16.4%	-9.9%
ORLY	O'REILLY A	274.9%	19.8%	22.2%	18.0%	19.5%
FAST	FASTENAL	217.3%	17.8%	23.1%	15.5%	-26.1%
PAYX	PAYCHEX, I	155.9%	14.0%	19.8%	12.5%	-15.3%
VOO	Vanguard S	160.3%	14.0%	17.6%	12.7%	-19.5%
평균(15)		253.5%	18.2%	21.4%	16.4%	-7.2%
SP500지수		133.4%	12.4%	17.1%	11.2%	-19.4%
선순위평균	8	265.1%	18.0%	20.0%	16.4%	-2.5%
후순위평균	7	240.4%	18.4%	22.9%	16.3%	-12.7%

즉 이상 선정된 30 종목(성장주 15개, 가치주 15개)을 대상으로 성장주와 가치주의 투자 비중을 정하고, 성장주와 가치주 내에서 선순위(비중 高)와 후순위(비중 低)로 나눠 구체적인 비중을 정하여 투자금액을 할당하면 된다.

① 공격 투자형 또는 장기 투자형의 경우,

성장주 비중을 높이고, 성장주 내에서도 가능한 한 선순위 종목 비중을 2/3, 후순위 종목 비중을 1/3로 할 것을 권장한다.

② 안정 투자형 또는 단기 투자형의 경우,

가치주 비중을 높이되, 가치주 내에서도 가능한 한 선순위 종목 비중을 2/3, 후순위 종목 비중을 1/3로 투자할 것을 권장한다.

03
섹터 분석 및 인덱스 펀드 활용하기

1) 섹터 선택 및 섹터 내 종목 선택은?

(1) 섹터의 분류

섹터(Sectors) 즉 업종은 다양하게 분류할 수 있으나, 여기서는 종목을 성장주/가치주로 나누듯 편의적으로 업종을 묶어 나누어보기로 한다.

(2) 섹터별 과거 성적표 평가 및 섹터 선택?

2016~2023년의 8년간의 과거 10개의 섹터별 성적표를 보면 등락 순위로 1~3위가 반도체, 자동차, 소프트웨어 순이고, 하위순으로는 소비재, 방통/서비스, 제조업 순이다. 이 기간이 주로 상승기였음을 감안하여 보면 성장주 섹터가 가치주 섹터보다 우위에 있음을 알 수 있다.

8년의 기간을 지수가 상승했던 상승기(2016~2017, 2019~2021, 2023년 등 6개년)와 지수가 하락했던 하락기(2018, 2022년 등 2개년)로 나누어서 분석하면 다음과 같은 결과가 나온다.

상승기엔 성적 상위(1~3위)에 4번 등장하는 섹터로 반도체, 인터넷, SW/HW, 2번은 자동차, 방통/서비스, 제조, 1번은 금융, 유통, 0번은 헬스케어, 소비재가 각각 기록하고 있다. 성적 하위(8~10위)엔 5번이 소비재, 3번은 헬스케어, 제조, 2번은 자동차, 방통/서비스, 1번은 인터넷, 금융, 유통, 0번은 반도체, SW, HW가 각각 기록하면서 종합적으로 반도체, SW/HW, 인터넷, 자동차, 유통, 금융, 헬스케어, 방통/서비스, 제조, 소비재 순으로 성적을 매길 수 있다.

상승기만 보면 역시 성장주 섹터인 반도체, 인터넷, SW/HW, (전기)자동차 등이 강세를 보여주고, 반도체의 경우 필라델피아 반도체 지수보다 훨씬 좋은 성적을 거두었음을 알 수 있다.

■ [표 76] 섹터(업종)별 과거 성적표

Sectors	섹터 내 주요 종목	2023%	(16~23)%	등락순위
반도체	NVDA,TSM,AVGO,ASML,AMD,QCOM,INT	61.8%	1005.9%	1
자동차	TSLA,ORLY,GM,F,ON,RIVN,LCID,ALV	24.1%	422.1%	2
헬스케어	LLY,UNH,JNJ,NVO,MRK,AZN,PFE,AMGN,V	6.3%	191.4%	7
인터넷	MSFT,AAPL,GOOG,AMZN,META,NTES,EA	61.9%	290.2%	5
SW/HW	MSFT,ORCL,ADBE,CRM,CSCO,INTU,IBM,U	62.8%	367.1%	3
금융	BRK.B,JPM,V,MA,BAC,MS,AXP,GS,FI,TRV,S	49.9%	194.0%	6
유통	AMZN,WMT,HD,COST,MELI,LULU,ORLY,R	29.1%	315.4%	4
방통/서비스	NFLX,TMUS,D IS,VZ,T,BKNG,CMCSA,ADP,	23.3%	151.9%	9
소비재	PG,KO,PEP,MC D,NKE,SBUX,MMM,MNST,	-4.1%	66.2%	10
제조 기타	CVX,CAT,BA,HO N,GE,CEG,CSX	13.3%	178.7%	8
합계/평균	중복(MSFT,AMZN,ORLY),제외(ETF종목)	32.8%	318.3%	4
다우		13.7%	116.3%	3
나스닥		43.4%	199.8%	1
S&P 500		24.2%	133.4%	2
NAS 100		53.8%	266.3%	
필반도체		64.9%	529.3%	

하락기(2018, 2022년 등 2개년)엔 성적 상위(1~3위)에 2번은 없고, 1번은 헬스케어, 인터넷, SW.HW, 소비재, 제조이고, 나머지 섹터는 0번이며, 성적 하위(8~10위)엔 2번이 자동차, 1번은 반도체, 인터넷, SW/HW, 방통서비스, 제조이고, 나머지는 0번이다. 종합적으로는 헬스케어, 소비재, SW/HW, 유통, 제

조, 금융, 방통/서비스, 인터넷, 반도체, 자동차 순으로 성적을 매길 수 있다.

하락기에는 성장주 섹터보다는 가치주 섹터가 상대적으로 좋은 성적을 거두고 있음을 볼 때, 하락 기간 중에는 성장주 비중을 줄이고 가치주 비중을 늘리는 전략이 유효하다는 것을 알 수 있다.

종합적으로, 상승 기간 중엔 성장주 섹터인 반도체, 인터넷, SW/HW, (전기)자동차 등이 보다 우위에 있고, 하락 기간 중엔 가치주 섹터라 할 수 있는 헬스케어, 소비재, 유통, 제조, 금융 및 특이하게도 성장주 섹터인 SW/HW가 양호한 성장을 보여준다. 이는 동 섹터의 일부 종목(CDNS/1208.8%, SNPS/1028.9%)이 압도적인 수익률을 보여주고 있는 것이 이유가 되고 있다.

결론적으로 섹터별 투자의 관점에서 과거의 성적을 기반으로 반도체, SW/HW, 인터넷을 중심 축으로 하고 (전기)자동차를 두 번째 축으로, 하락기를 감안하여 헬스케어, 유통, 금융, 제조, 소비재를 일부 편입하는 전략을 추천한다.

■ [표 77] 섹터(업종) 내 상위(1~5위) 종목 성적표(2016~2023)%

Sectors	섹터(16-23)%	CAGR	1위 ~ 5위 종목
반도체	1005.9%	35.0%	NVDA/AMD/LRCX/AMAT/AVGO
자동차	422.1%	22.9%	TSLA/ON/ORLY/ALV/GM
헬스케어	191.4%	14.3%	LLY/IDXX/DXCM/ISRG/NVO
인터넷	290.2%	18.6%	AAPL/MSFT/TTWO/AMZN/GOOG
SW,HW	367.1%	21.2%	CDNS/SNPS/FTNT/TEAM/MSFT
금융	194.0%	14.4%	SQ/MA/MS/V/FI
유통	315.4%	19.5%	MELI/LULU/AMZN/COST/ORLY
방통/서비스	151.9%	12.2%	CTAS/NFLX/TMUS/MAR/VRSK
소비재	66.2%	6.6%	KDP/MCD/CCEP/PEP/PG
제조/기타	178.7%	13.7%	ODFL/CAT/CSX/CSGP/FANG
합계/평균	318.3%	17.8%	중복(MSFT,AMZN,ORLY),제외(ETF종목)

(3) 섹터별 종목 선택은?

위에서 투자 섹터(Sectors)로 권한 섹터 중, 반도체, SW/HW, 인터넷을 중심으로 하는 성장주에 자산의 2/3 수준을 할당(워렌 버핏의 투자 포트폴리오 비중을 참조*)하고, 나머지 (전기)자동차, 헬스케어, 유통, 금융, 제조, 소비재를 일부 편입하는 전략을 권한다. 섹터 선택의 기준이 과거의 성적이었으니 섹터 내에서 종목 선택 역시 과거의 성적을 기반으로 하는 것이 유효한 전략이 될 수 있다.

이는 주가가 모든 요소가 반영된 결과이며, 기왕에 투자의 목적이 투자 수익에 있다면 성적이 좋은 종목이 향후에도 성적이 좋을 가능성이 많다는 사실 때문이다. 다만 모든 자산을 과거 성적 기준 우량주에만 투자하기보다 초기 단계 내지 미래의 성과가 기대되는 종목을 발굴하여 투자금을 할당할 필요가 있다.

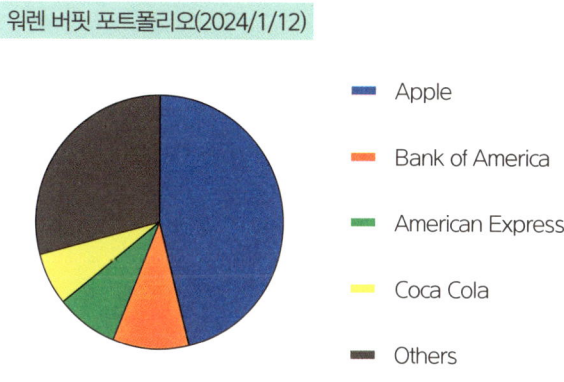

---

* 워렌 버핏의 포트폴리오 비중(2024/01/12): AAPL(46.3%), BAC(9.9%), AXP(8.0%), KO(6.7%)로 이상 4종목이 70.9% 점유

■ [표 78] 주요 종목의 과거(2000~2023년, 24년간) 주가/수익률 현황

종목	AAPL	NVDA	MSFT	TSLA	005930.KS
1999	0.78	0.90	36.12		4470
2007	5.99	7.80	25.86	1.78	8325
2015	23.93	8.04	49.21	16.00	20571
2016	26.91	26.30	56.63	14.25	29899
2017	39.96	47.86	79.70	20.76	43043
2018	37.80	33.11	96.27	22.19	33733
2019	71.43	58.59	151.69	27.89	50081
2020	130.22	130.25	216.20	235.22	76045
2021	175.34	293.69	329.66	352.26	74853
2022	129.04	146.07	237.27	123.18	54168
2023	192.29	495.20	375.35	248.48	78500
(99~15)%	2979.3%	796.8%	36.2%	798.9%	360.2%
(16~23)%	703.7%	6056.1%	662.7%	1453.0%	281.6%
(99~23)%	24647%	55106%	939%	13860%	1656%
(99~15)CAGR	23.9%	14.7%	2.0%	55.1%	10.0%
(16~23)CAGR	29.8%	67.4%	28.9%	40.9%	18.2%
(99~23)CAGR	25.8%	30.1%	10.2%	46.2%	12.7%

※ TSLA: 상장일이 2010년 6월 29일로 2010년 말(1.78) 대비로 수익률/CAGR 계산한 것임.
즉 (1999~2015)%는 (2010~2015)%로, (1999~2023)%는 (2010~2023)%임.

(4) 섹터 내 종목 선택은?

위에서 투자 섹터로 반도체, SW.HW, 인터넷을 중심 축으로 삼고 (전기)자동차를 두 번째 축으로, 하락기를 감안하여 헬스케어, 유통, 금융, 제조, 소비재를 일부 편입하는 전략을 기준으로 구체적 종목을 선택해보기로 한다. 종목 선택 시, ① 성장주/가치주 비중 ② 과거 수익률(시가총액 고려) ③ 지수 고상관 종목이란 세 가지를 고려하여 선택한다.

■ [표 79] 지수별 고상관 횟수 종목 순

3회 포함	AAPL, MSFT
2회 포함	GOOG, AMZN, NVDA, BRK.B, V, MA
1회 포함	JPM, HD
미포함	META, TSLA, LLY, UNH, XOM, JNJ, PG

■ [표 80] 지수별 고상관종목(2019~2023)_(M7 & T10) 종목 중

지수별	상관 1위	상관 2위	상관 3위	상관 4위	상관 5위
다우	BRK.B	JPM	V	MA	HD
나스닥	MSFT	AAPL	NVDA	GOOG	AMZN
S&P 500	MSFT	BRK.B	AAPL	V	MA
나스닥 100	MSFT	AAPL	NVDA	GOOG	AMZN

■ 섹터 및 섹터 내 선택 종목의 과거 수익률

섹터별	종목	시총(B$)	투자비중	(16~23)%	연 편차%	CAGR
반도체	NVDA	1223.19	5%	5910.0%	104.5%	66.9%
	AMD	240.32	10%	5036.2%	106.3%	63.6%
	LRCX	104.07	5%	886.2%	54.0%	33.1%
SW/HW	MSFT	2789.18	5%	577.8%	29.0%	27.0%
	CDNS	74.34	5%	1208.8%	37.1%	37.9%
인터넷	AAPL	3010.71	5%	683.0%	40.2%	29.3%
	GOOG	1638.71	10%	271.5%	34.1%	17.8%
	AMZN	1585.03	10%	349.7%	42.9%	20.7%
	META	795.33	5%	238.2%	76.0%	16.5%
자동차	TSLA	804.84	10%	1453.0%	259.7%	40.9%
성장주 소계/평균		12265.72	70%	1661.4%	78.4%	35.4%

섹터별	종목	시총(B$)	투자비중	(16~23)%	년 편차%	CAGR
헬스케어	LLY	551.41	10%	708.8%	24.8%	29.9%
금융	JPM	492.34	5%	157.8%	22.0%	12.6%
	V	412.09	5%	235.8%	19.3%	16.3%
유통/소비	HD	345.71	5%	162.0%	26.5%	12.8%
	PG	343.47	5%	84.6%	13.7%	8.0%
가치주 소계/평균		2145.02	30%	269.8%	21.2%	15.9%
합계/평균		14410.74	100%	1197.6%	59.3%	28.9%

PART3 미국 실전 투자

■ 지수 vs 종목별 고상관 횟수 순

섹터구분	Magnificent 7						
종목별	AAPL	MSFT	GOOG	AMZN	NVDA	META	TSLA
상관횟수	3	3	2	2	2	0	0
섹터구분	Terrific 10						
종목별	BRK.B	LLY	UNH	JPM	V	MA	HD
상관횟수	2	0	0	1	2	2	1

2) 인덱스 펀드(ETF) 활용하기

(1) 인덱스 펀드란?

인덱스 펀드는 원래 자산운용사나 은행을 통해 매매하는 방식의 펀드이나 환금성에 제약이 있기도 해서 현재는 주로 거래소에 상장하여 거래할 수 있도록 만든 ETF(Exchange Traded Fund)를 지칭하는 의미로 쓰인다고 보면 된다. 다른 말로 상장 지수 펀드라 부르기도 한다.

현재 미국시장에서 거래되는 ETF 종목은 수없이 많지만, 여기서는 주식 투자의 관점에서 주요 주가 지수나 주요 주가 섹터를 추종하는 ETF를 중심으로 살펴보기로 한다. ETF 중 주로 나스닥 지수를 추종하는 ETF는 나스닥 거래소에 상장(QQQ, SOXX 등)되어 있으며, 그 외엔 대부분 NYSE American(약칭: NYSEArca, 구 아멕스 거래소) 거래소에 상장(DIA, SPY, VOO, IWM, ARKK 등)되어 있다.

(2) 왜 인덱스 펀드인가?

종목을 발굴하기도 어렵지만 종목 투자에서 지수만큼의 수익률을 올리기가 쉽지 않으므로, 개별 종목을 선택하는 데 어려움을 겪는 투자자라면 종목 투자의 대안으로 상장 지수 펀드(ETF)를 고려할 필요가 있다.

(3) ETF 종목 선택은?

■ [표 81] 인덱스 펀드(ETF)의 종류와 성과(2014/2019~2023)

지수/섹터	ETF 명	5년%	10년%	5년 CAGR	10년 CAGR
다우	DIA	78.6%	181.4%	12.3%	10.9%
S&P 500	SPY	106.4%	208.3%	15.6%	11.9%
나스닥 100	QQQ	174.4%	407.8%	22.4%	17.6%
러셀 2000	IWM	60.1%	98.9%	9.9%	7.1%
반도체	SOXX	332.6%	1032.5%	34.0%	27.5%
IT	VGT	203.9%	495.2%	24.9%	19.5%
테크	XLK	227.0%	517.1%	26.7%	20.0%
금융	XLF	75.0%	156.8%	11.8%	9.9%
성장주	VOOG	111.1%	246.2%	16.1%	13.2%
가치주	VOOV	92.5%	156.7%	14.0%	9.9%
평균(10)		146.2%	350.1%	18.8%	14.8%

상장지수펀드 즉 ETF는 과거 수익률을 보면 아주 특별한 종목이 아닌 한 그 수익이 결코 뒤지지 않는다는 점에서 충분히 매력적인 투자라 할 수 있다.

즉 지수와 견주어 10년의 연평균 수익률(CAGR)이 +10%가 넘는 종목만 해도 총 10개 중 7개에 달한다. 물론 [표 83]을 보면 알 수 있듯 'Magnificent 7(M7)'의 수익률이 훨씬 높지만 M7의 경우 과거의 성적이 탁월했던 종목들로 구성된 특수한 사례이므로 이들과 비교할 건 아니며, 지수 대비로 우수한 성적을 내는 것만으로 괜찮은 투자라 할 수 있다.

따라서 종목 발굴에 탁월한 재능이 없는 투자자로선 ETF 투자가 더욱 훌륭한 투자 대안이 될 수 있다. [표 82]를 기준으로 10년 CAGR이 10%가 넘는 정도라면 투자 종목 선택으로 손색이 없다고 하겠다. 선택된 7개 ETF 종목의 수익률 합계로 보아도 M7 중 알파벳(GOOG)과 견줄 정도의 수익률을 보여준다.

■ [표 82] 인덱스 펀드(ETF) 선택 종목

카테고리	지수/섹터	ETF 명	5년%	10년%	5년CAGR	10년CAGR	비중
성장주	반도체	SOXX	332.6%	1032.5%	34.0%	27.5%	20%
	IT	VGT	203.9%	495.2%	24.9%	19.5%	15%
	테크	XLK	227.0%	517.1%	26.7%	20.0%	15%
대표지수	다우	DIA	78.6%	181.4%	12.3%	10.9%	10%
	S&P 500	SPY	106.4%	208.3%	15.6%	11.9%	20%
가치주	금융	XLF	75.0%	156.8%	11.8%	9.9%	10%
	가치주	VOOV	92.5%	156.7%	14.0%	9.9%	10%
합계			177.0%	449.5%	21.5%	16.9%	100%
비교(GOOG)			172.2%	404.9%	22.2%	17.6%	

■ [표 83] Magnificent 7 종목 5/10년 성적 비교(2014/2019~2023)

종목별	10CAGR순	5년%	10년%	5년CAGR	10년CAGR
AAPL	4	408.7%	996.2%	38.4%	27.1%
MSFT	3	289.9%	1093.9%	31.3%	28.1%
GOOG	7	172.2%	404.9%	22.2%	17.6%
AMZN	5	102.3%	662.0%	15.1%	22.5%
NVDA	1	1395.6%	13000.5%	71.8%	62.8%
META	6	170.0%	547.7%	22.0%	20.5%
TSLA	2	1019.8%	2377.4%	62.1%	37.8%

■ [표 84] ETF종목별 10년 주가 비교

지수/섹터	ETF 명	2013말주가	2018말주가	2023말주가	10 CAGR순
다우	DIA	133.18	209.84	374.77	7
S&P 500	SPY	153.67	229.6	473.84	6
나스닥 100	QQQ	80.54	149.07	408.98	4
러셀 2000	IWM	100.63	125.02	200.2	10
반도체	SOXX	16.94	44.35	191.84	1
IT	VGT	81.12	158.89	482.85	3
테크	XLK	31.14	58.76	192.16	2
금융	XLF	14.59	21.41	37.46	8
성장주	VOOG	78.14	128.12	270.52	5
가치주	VOOV	65.14	86.87	167.22	9

이상 종목군 선택 및 종목군 내 종목 선택의 기준을 제시한 바, 이는 현 시점의 기준이라 할 수 있고, 시간의 경과와 함께 종목군 및 종목 선택은 달라질 수 있다.

  즉, 2024년 말 현재 미국 시장은 제4장 중장기 추세 판단법에 따라 장기 하락 추세로 이행될 가능성이 아주 높으며, 중장기 관점의 매수 타이밍이 될 때 중장기 주식 편입을 염두에 둔 포트폴리오를 새로이 구축할 필요성이 제기된다고 하겠다.

CHAPTER 06
매매 전략 구축하기

　이 장에서 본격적인 미국 주식 투자에 앞서 구체적인 금융 목표를 수립해야 하는 이유를 설명하고, 구체적인 금융 목표를 수립하는 방법을 먼저 제시한다.

　아울러 적립식 투자의 중요성을 강조하면서, 숙명적으로 만날 수밖에 없는 조정기를 대응하는 방편으로 전략적 자산배분 방법인 리밸런싱의 방법을 구체적으로 설명한다.

01
금융 목표를 설정하라

1) 금융 목표란

금융은 다른 말로는 재무(또는 재정), 영어로는 Finance(Financing)이다. 금융 목표는 결국 재무 목표라 할 수 있고, 여기서는 미국 주식 투자에 한정하여 개인이든 법인이든 상관없이 미국 주식 투자를 통해 달성하고자 하는 재무 목표를 말한다. 투자자별로 재무 목표는 다양할 수 있다. 예를 들면, 자녀의 교육 자금, 노후 자금 마련, 부채 상환, 주택 자금 등 각각의 투자 목표가 있을 것이고, 이 목표는 구체적인 금액을 포함해 측정할 수 있도록 설정할 필요가 있다.

2) 구체적 금융 목표를 설정하라

'[참고 21]구체적 목표 설정이 중요한 이유?'에서 보듯이 투자자는 구체적인 재무 목표를 설정하는 게 중요하며, 구체적 목표를 설정하느냐 여부에 따라 미래의 투자 결과가 천양지차가 될 수 있다.

재무 목표에는 일정 기간 후 달성하고자 하는 목표액과 더불어 투자 기간, 투자 금액(거치식 투자액과 적립식 투자액 구분), 투자 종목 선택 등 재무 목표 달성을 위한 제반 조건을 포함해야 한다.

더불어 다른 투자와 마찬가지로 미국 주식 투자에 있어서도 투자로 얻는 기간 이익 목표와 더불어 손실 한도를 함께 설정할 필요가 있으며, 이익과 손실 공히 투자금의 성격, 투자 기간, 투자 성향 등 다양한 변수에 따라 달리 적용할 필요가 있다.

[참고 21] 구체적 목표 설정이 중요한 이유?

① 예일대의 한 연구팀에 의하면 졸업반 학생들을 대상으로 분명한 삶의 목표를 글로 써서 가지고 있는 학생이 얼마나 되는지 조사했는데, 단 3%의 학생만이 글로 쓴 목표를 가지고 있었다. 20년이 지나고 이들을 대상으로 추적 조사를 실시했는데, 글로 쓴 목표를 가지고 있었던 3%의 사람들이 소유한 부가 나머지 97%의 사람들 모두의 재산을 합친 것보다 더 많았다는 사실이 확인되었다.

② 하버드대의 연구결과도 이와 유사했다. 80%의 학생들은 특별한 목표가 없었고, 15%의 학생들은 단지 생각만으로 목표를 가지고 있었으며, 나머지 5%는 글로 적은 뚜렷한 목표를 가지고 있었다. 그 5%에 속하는 학생 각자가 이룬 성과를 보았더니 그들 스스로 정한 목표를 능가했을 뿐 아니라 전체적으로 보았을 때 나머지 95%를 합친 것보다 더 큰 성과를 이룬 것으로 나타났다.

(1) 재무 목표의 설정을 위한 일반 원칙

재무 목표는 각 개인의 상황과 목표에 따라 다양하다. 예를 들어, 누군가는 자녀의 교육 자금을 마련하기 위한 목표를 가지고 있을 수 있고, 누군가는 퇴직 시점에 안정적인 연금을 마련하기 위한 목표를 갖고 있을 수 있다.

이러한 재무 목표에 따라 효과적인 주식 투자 방법은 다를 수 있지만, 일반적으로 장기적인 목표를 위한 주식 투자의 경우에는 다음과 같은 원칙을 고려할 수 있다.

① **다양한 투자**: 장기 투자를 위한 주식 투자에서는 다양한 산업, 섹터, 지역에 투자하는 것이 중요하며 이를 통해 특정 시장 변동이나 산업 변화에 대한 리스크를 분산시킬 수 있게 된다.

② **장기 투자 관점**: 장기 투자자는 단기적인 변동에 크게 영향을 받지 않도록 투자하는 것이 중요하며 이를 위해 투자한 자산을 장기적으로 유지하고, 단기적인 변동에 휩쓸리지 않도록 하는 것이 중요하다.

③ **리밸런싱**: 주식 투자 포트폴리오는 시간에 따라 비율이 변할 수 있다. 따라서 주식시장의 변동에 따라 비중이 높아진 자산을 다시 균형 있는 비중으로 조절하는 것이 중요하며, 이익과 리스크의 균형을 유지하는 방법이 될 수 있다.

④ **투자 목표에 따른 위험 수용도**: 투자자의 목표와 위험 수용도에 따라 적절한 투자전략을 선택하는 것이 중요하다. 예를 들어, 안정적 수익을 추구하는 경우에는 안정적인 주식이나 배당주에 투자할 수 있고, 공격적 수익을 추구하는 경우에는 공격적인 주식이나 성장주에 투자할 수 있다.

(2) **재무 목표의 설정**

■ [표 85] 재무 목표 설정을 위한 과거 성과 데이터(1994~2023)

기간\종목	DOW 30	NAS 100	S&P 500	MSFT	AMZN
10년%	111.5%	297.2%	131.7%	835.8%	879.0%
20년%	260.5%	1046.2%	329.0%	2097%	5677%
30년%	904.0%	4124.6%	922.6%	23976%	
10년CAGR	7.8%	14.8%	8.8%	25.1%	25.6%
20년CAGR	6.6%	13.0%	7.6%	16.7%	22.5%
30년CAGR	8.0%	13.3%	8.1%	20.1%	

재무 목표가 결국 일정 기간 투자 후 얻을 투자 이익 목표를 얘기하는 것이라고 본다면 재무 목표를 설정함에 있어선 위 '[표 85] 재무 목표 설정을 위한 과거 성과 데이터(1994~2023)'에서 보듯이 투자 기간에 따라 투자 성과가 천양

지차여서 투자 기간이 가장 중요할 수 있다.

■ [표 85-1] 초기 투자 금액 대비 기간 후 잔고

(단위:천$)

기간\종목	DOW 30	NAS 100	S&P 500	MSFT	AMZN
초기 원금	100	100	100	100	100
10년 후 잔고	211	397	232	936	979
20년 후 잔고	361	1,146	429	2,197	5,777
30년 후 잔고	1,004	4,225	1,023	24,076	

■ [표 85-2] 지수/종목별 수익률 1,000% 달성 시점

기간\종목	DOW 30	NAS 100	S&P 500	MSFT	AMZN
1993년말	3754.09	398.28	466.45	1.559	0.25
1000%주가	40003.59	4442.87	5137.08	17.1722	2.9328
1000%시기	24-05-17	00-03-03	24-03-01	98-07-09	98-12-28
수익률	966%	1016%	1001%	1001%	1073%

※ AMZN의 초기 주가는 상장년도인 1997년 말 주가임.

지수와 종목별 투자 성과를 보면 거치식 투자로 1,000% 수익에 도달하는 데 다우와 S&P 500은 30년 이상, 나스닥 100은 20년(일별로는 기준년인 1993년 말 398.28에서 7년 만인 2000년 3월 3일 4442.87로 11배 달성)이 소요되므로 투자 기간을 장기로 설정할 필요가 있다.

물론 개별 종목인 마이크로소프트는 일별 기준 초년도인 1994년에서 불과 5년 만인 1998년에 1,000%의 수익률을 달성했고, 아마존의 경우 1997년(말 0.25$) 신규 상장 이듬 해인 1998년(12월 28일 2.9328$)에 수익률 1,000%를 달성했다. 하지만 이러한 개별 종목의 과거 성과를 기반으로 투자 기간을 단기로 설정할 수 없다.

① 이익 목표의 설정

■ [표 86] 연 복리별 기간(10~30) 수익률표

연리\기간	10년 후	15년 후	20년 후	30년 후	1000%달성
5%	63%	108%	165%	332%	50년
10%	159%	318%	573%	1645%	26년
15%	305%	714%	1537%	6521%	18년
20%	519%	1441%	3734%	23638%	14년
30%	1279%	5019%	18905%	261900%	10년
BRK-B*	230%	243%	633%	1504%	25년
CAGR***	12.7%	8.6%	10.5%	10.8%	
S&P 500**	132%	94%	329%	923%	31년
CAGR	8.8%	4.5%	7.6%	8.1%	
NAS 100	297%	204%	1046%	4125%	22년
CAGR	14.8%	7.7%	13.0%	13.3%	

※ 버크셔 해더웨이는 1996년 상장, 2023년 말(27년간)까지 성과
※ S&P 500 지수는 1994년 기산, 31년 후인 2024년에야 1,000%달성
※ CAGR(Compound Average Growth Rate): 연평균 복리 성장률 BRK-B 10년 수익률의 CAGR 식
 =(1+230%)^(1/10)−1=12.7%

재무 목표의 가장 중요한 사항은 당연히 투자의 일차 목표라 할 수 있는 이익 목표를 설정하는 것이다. 재무 목표의 목적이라 할 자녀의 교육 자금, 노후 자금 마련, 부채 상환, 주택 자금 등 목적에 부합하는 이익 목표를 설정하면 된다.

물론 이익 목표를 달성하기 위해서는 투자 금액이나 투자 기간 등의 기준이 설정되어 있어야 하며 이익 목표는 또한 수익률 목표로 표현될 수 있다.

[표 86]에서 확인할 수 있듯이 이익 목표의 달성 여부는 별론으로 하더라도 총 목표 이익 수준(목표 수익률)을 정하고, 이를 달성하기 위해 연 평균 수익률을 얼마로 해야 할지 정하면 된다.

미국 내 현존하는 최고의 펀드라 할 수 있는 버크셔 해더웨이의 경우 펀드가 출범한 1965년부터 2021년까지 연평균 수익률이 약 20%에 달하고 따라서 누적 수익률이 360만%에 이른다고 알려졌는데, 아래 [표 87]에서 보면 버크셔

헤더웨이(BRK-B)가 상장한 1996년 이후로 보면 2023년까지 27년간 연평균 수익률은 이에 크게 미치지 못하는 10.8%이고, 2000년대 이후 기술주 열풍을 대표하는 나스닥 100 지수조차 2023년까지 30년간 연평균 수익률이 13.3%에 그치고 있는 것을 보면 (그만큼 지수대가 올라온 상황이어서) 10%의 연평균 수익률을 목표로 하는 것이 합당하리라 본다.

수익률 목표가 정해지면 총 이익 목표는 자연스럽게 설정할 수 있다.

■ [표 87] 연복리 10% 기준 기간(10~50)별 목표

(단위: 백만 원)

금액\기간	10년	20년	30년	50년	10억 달성
25	64.8	168.2	436.2	2,935	39년
50	129.7	336.4	872.5	5,870	32년
100	259.4	672.7	1,745	11,739	25년

※ 금액은 거치식의 초기 투자 금액임.

■ [표 87_2] 블랙록(BLK) 연복리 20% 기준 목표 (단위: 백만 원)

(단위: 백만 원)

금액\기간	10년	20년	30년	50년	10억 달성
25	154.8	958.4	5,934	227,511	21년
50	309.6	1,917	11,869	455,022	17년
100	619.2	3,834	23,738	910,044	13년

※ Blackrock(BLK)은 세계 최대 자산운용사, (2000~2023)CAGR:19.7%

② 투자 기간의 설정

앞에서 살펴본 대로 투자자가 설정한 이익 목표를 달성하기 위해선 장기간이 소요된다. 아래 '[표 88] 버크셔 해더웨이(BRK-B) 주가 연 수익률 표 (1997~2023년)'에서 보듯 조정기엔 손실이 불가피하다는 점에서 이익 목표 달

성에 장기간이 소요될 수밖에 없다는 것이다.

이 표에서 보듯 현존하는 최고의 펀드 중 하나로 평가받는 버크셔 해더웨이조차 주식시장이 장기적으로 우 상향한다 하더라도 조정이 필수적(버크셔 해더웨이 경우 총 27년 중 6년, 즉 22%의 확률로 마이너스 수익률 기록)일 수밖에 없어 투자 기간을 길게 해야 한다는 것이다.

■ [표 88] 버크셔 해더웨이(BRK-B) 주가 연 수익률 표(1997~2023년)

No.	연도별	수익률	누적수익률	CAGR*	CAGR 순
1	1997	38.4%	38.4%	38.4%	2
2	1998	52.7%	111.3%	45.4%	1
3	1999	-22.1%	64.6%	18.1%	4
4	2000	28.6%	111.7%	20.6%	3
5	2001	7.3%	127.1%	17.8%	5
6	2002	-4.0%	117.9%	13.9%	8
7	2003	16.2%	153.1%	14.2%	6
8	2004	4.3%	164.0%	12.9%	9
9	2005	-0.02%	164.0%	11.4%	11
10	2006	24.9%	229.7%	12.7%	10
11	2007	29.2%	325.9%	14.1%	7
12	2008	-32.1%	189.0%	9.2%	24
13	2009	2.2%	195.5%	8.7%	26
14	2010	21.9%	260.2%	9.6%	23
15	2011	-4.8%	243.1%	8.6%	27
16	2012	17.6%	303.3%	9.1%	25
17	2013	32.2%	433.1%	10.3%	20
18	2014	26.6%	575.1%	11.2%	12
19	2015	-12.1%	493.7%	9.8%	22
20	2016	23.4%	632.8%	10.5%	19
21	2017	21.6%	791.3%	11.0%	13
22	2018	3.0%	818.1%	10.6%	18
23	2019	10.9%	918.4%	10.6%	17
24	2020	2.4%	942.6%	10.3%	21
25	2021	29.0%	1244%	11.0%	14
26	2022	3.3%	1289%	10.6%	16
27	2023	15.5%	1504%	10.8%	15
단순 평균(27)		12.4%	단순 평균	14.1%	
단순 평균 초과 년수		14	단순 초과	5	
손실 년수		6	10%이하	6	

한편 세계 최대 자산운용사인 Blackrock(NYSE Symbol: BLK)의 경우 상장

년도인 1999년 이후 2023년 말까지 기간 중 CAGR이 19.7%에 달해 이 정도의 수익률이라면 이익 목표 달성에 투자 기간이 단축될 수 있으나 블랙록조차 초기 10년 CAGR이 31.1%에 달하나 다음 10년의 CAGR은 12.9%에 그치고 있는 것을 보더라도 초기의 성과로 전체 CAGR이 높다는 것을 감안하면 과도한 수익률 목표는 실현 가능하지도 않을 것이어서 투자 기간은 최소 20년 이상 30년 정도가 되어야 한다고 본다.

③ 거치식과 적립식의 선택

거치식으로 할 것인가, 적립식으로 할 것인가의 선택도 이익 목표나 투자 기간을 선택하는 데 중요한 변수가 될 수 있다. 적립식 투자가 리스크를 분산시키는 효과가 있어 거치식과 적립식을 병행할 필요가 있다.

즉 적립식 투자는 리스크 헷징의 효과가 있어 손실 한도 책정에 유연한 대응이 가능하게 된다.

아래 [표 89]에서 보듯 나스닥 지수가 1999년 말 지수를 회복하는 데 13년이 소요되었던 점을 감안할 때 적립식이 절대적으로 필요하다고 본다.

■ [표 89] 연도별 나스닥 종합

연도별	나스닥지수	연도별	나스닥지수	연도별	나스닥지수
1999	4069.31	2005	2205.32	2011	2605.15
2000	2470.52	2006	2415.29	2012	3019.51
2001	1950.40	2007	2652.28	2013	4176.59
2002	1335.51	2008	1577.03	2014	4736.05
2003	2003.37	2009	2269.15	2015	5007.41
2004	2175.44	2010	2652.87	2016	5383.12

■ [표 90] 거치식과 적립식 병행 투자 성과 예시(2016~2023)

① 거치식 투자 성과

(단위: 주, $, %)

종목	15말 주가	초기 투자	초기 주식수	16말 주가	17말 주가	18말 주가
AAPL	24.59	2,000	81.33	27.66	41.06	38.85
MSFT	55.48	2,000	36.04	62.14	85.54	101.57
GOOG	37.94	2,000	52.71	38.59	52.32	51.78
AMZN	33.79	2,000	59.18	37.49	58.47	75.10
META	104.66	2,000	19.10	115.05	176.46	131.09
거치식 투자 평가액		10,000		10,939	16,011	16,498
연 수익률				9.4%	46.4%	3.0%
누계 수익률				9.4%	60.1%	65.0%
CAGR				9.4%	26.5%	18.2%
누계수익률/전년 대비				9.4%	50.7%	4.9%
종목	15말 주가	19말 주가	20말 주가	21말 주가	22말 주가	23말주가
AAPL	24.59	73.41	132.69	177.57	129.93	192.53
MSFT	55.48	157.70	222.42	336.32	239.82	376.04
GOOG	37.94	66.85	87.59	144.68	88.73	140.93
AMZN	33.79	92.39	162.85	166.72	84.00	151.94
META	104.66	205.25	273.16	336.35	120.34	353.96
거치식 투자 평가액		24,566	38,279	50,480	31,157	52,392
연 수익률		48.9%	55.8%	31.9%	-38.3%	68.2%
누계 수익률		145.7%	282.8%	404.8%	211.6%	423.9%
CAGR		25.2%	30.8%	31.0%	17.6%	23.0%
누계수익률/전년 대비		80.7%	137.1%	122.0%	-193.2%	212.3%

※ 선택된 5개 종목은 2015년 말 현재 미국 전체 시총 TOP 10에 포함된 나스닥 종목임.

② 적립식 투자 성과

(단위: 주, $, %)

종목	15말 주가	연적립금	초기 주식수	16말 주가	17말 주가	18말 주가
QQQ*	105.46	2,000	18.96	112.94	149.83	149.64
SPY	176.51	2,000	11.33	197.69	240.6	229.6
연간주식수	18.96			17.70	13.34	13.36
	11.33			10.11	8.31	8.71
누계주식수				36.66	50.00	63.36
				21.44	29.75	38.46
투자액 누계				4,000	8,000	12,000
평균 투자액				4,000	6,000	8,000
적립식 투자 평가액				4,381	10,651	14,313
누계수익률	단순			9.5%	33.1%	19.3%
	평균액비			9.5%	77.5%	78.9%
CAGR				9.5%	33.2%	21.4%
누계수익률/전년 대비				9.5%	68.0%	1.4%

종목	15말 주가	19말 주가	20말 주가	21말 주가	22말 주가	23말주가
QQQ*	105.46	207.94	308.6	393.22	265.12	409.52
SPY	176.51	301.30	356.53	458.95	375.54	473.84
연간주식수		18.96	9.61	6.48	5.08	7.54
		11.33	6.63	5.60	4.35	5.32
누계주식수		72.97	79.45	84.53	92.07	
		45.09	50.69	55.04	60.36	
투자액 누계		16,000	20,000	24,000	28,000	32,000
평균 투자액		10,000	12,000	14,000	16,000	18,000
적립식 투자 평가액		24,763	38,594	54,506	43,080	66,305
누계수익률 단순		54.8%	93.0%	127.1%	53.9%	107.2%
누계수익률 평균액비		147.6%	221.6%	289.3%	169.3%	268.4%
CAGR		25.4%	26.3%	25.4%	15.2%	17.7%
누계수익률/전년 대비		68.7%	74.0%	67.7%	−120.1%	99.1%

※ QQQ: 나스닥 100 ETF, SPY: S&P 500 ETF

③ 거치식+적립식 병행식 투자 성과

구 분		CAGR	2015 말	2016 말	2017 말	2018 말
거치식	투자액		10,000	10,000	10,000	10,000
	평가액	23.0%		10,939	16,011	16,498
적립식	투자액			4,000	6,000	8,000
	평가액	17.7%	4,000	4,381	10,651	14,313
합계	투자액			14,000	16,000	18,000
	평가액	19.8%		15,320	26,662	30,810
수익률	누계			9.4%	66.6%	71.2%
	CAGR			9.4%	29.1%	19.6%
누계수익률/전년 대비			9.4%	57.2%	4.5%	

구 분		2019 말	2020 말	2021 말	2022 말	2023 말
거치식	투자액	10,000	10,000	10,000	10,000	10,000
	평가액	24,566	38,279	50,480	31,157	52,392
적립식	투자액	10,000	12,000	14,000	16,000	18,000
	평가액	24,763	38,594	54,506	43,080	66,305
합계	투자액	20,000	22,000	24,000	26,000	28,000
	평가액	49,329	76,874	104,985	74,237	118,697
수익률	누계	146.6%	249.4%	337.4%	185.5%	323.9%
	CAGR	25.3%	28.4%	27.9%	16.2%	19.8%
누계수익률/전년 대비		75.5%	102.8%	88.0%	−151.9%	138.4%

*[표 90] 거치식과 적립식 병행 투자 성과 예시(2016~2023)

위 표에서 거치식과 적립식 및 양자 병행식 등 세 가지 투자의 성과를 살펴보았다.
① 거치식: 기간 누계 수익률 423.9%, CAGR이 23.0%로 높지만 2022년 기준 누계 수익률이 전년 대비 −193.2%로 누계수익률이 크게 훼손됨.
② 적립식: 누계 수익률 268.4%, CAGR 17.7%로 거치식보다 저조하지만 2022년 기준 누계 수익률이 전년 대비 −120.1%로 거치식보다 양호함.

■ [표 91] QQQ vs SPY 주가/수익률 비교(2015~2024)

연도별	QQQ	연수익률(A)	SPY	연수익률(B)	A-B
2014말	95.99		173.94		
2015말	105.46	9.9%	176.51	1.5%	8.4%
2016말	112.94	7.1%	197.69	12.0%	-4.9%
2017말	149.83	32.7%	240.60	21.7%	11.0%
2018말	149.64	-0.1%	229.60	-4.6%	4.4%
2019말	207.94	39.0%	301.30	31.2%	7.7%
2020말	308.60	48.4%	356.53	18.3%	30.1%
2021말	393.22	27.4%	458.95	28.7%	-1.3%
2022말	265.12	-32.6%	375.54	-18.2%	-14.4%
2023말	409.52	54.5%	473.84	26.2%	28.3%
2024말	479.11	17.0%	544.22	14.9%	2.1%
누계수익률		399.1%		212.9%	186.2%
CAGR		17.4%		12.1%	5.4%

주식 투자를 하다 보면 필연적으로 조정기가 오게 되고, 조정기가 닥치면 평가 손실이 불가피하게 된다. 다만 이러한 시장 조정에 대응하는 방법은 투자금의 성격이나 금융 목표에 따라 달리 적용할 필요가 있다. 다만 [표 92] 투자 종목별 조정 수준 및 고(高) 수익률 달성 시점 비교표(2016~2023)에서 보듯 시장 조정 대응법에 대해서는 면밀한 검토가 필요하다.

특히 제3장에서 언급한 것처럼 추세와 추세 강도면에서의 변화를 보고 조정기가 왔다고 판단하면 적극적으로 대응하는 것이 기본이라 할 수 있다.

■ [표 92] 종목별 조정 수준 및 고(高) 수익률 달성 시점 비교표(2016~2023)

투자종목	수익률 100%달성		수익률 200%달성		평가손실-30%달성	
GOOG					20-03-23	-30.8%
MSFT	18-07-13	101.4%	19-12-13	202.1%	22-09-23	-30.2%
AAPL					18-12-19	-30.4%
AMZN	18-01-23	101.6%	18-09-04	201.8%	18-12-21	-32.5%
META					18-10-10	-30.4%
투자종목	수익률 100%달성		수익률 200%달성			
GOOG	20-07-10	103.2%	21-04-09	201.2%		
MSFT						
AAPL						
AMZN						
META	20-01-02	100.4%	21-04-29	214.8%		
최대평가손실 달성		수익률 100%달성		수익률 200%달성		23말 수익률
22-11-03	-44.6%					271.5%
22-11-03	-37.1%					662.8%
19-01-03	-38.5%	19-06-18	100.4%	20-01-02	205.3%	703.5%
22-12-28	-56.1%					349.7%
22-11-03	-76.7%					238.2%

[표 92] 종목별 조정 수준 및 고(高) 수익률 달성 시점 비교표(2016~2023)는 투자의 예시로, 2015년 말 기준 미국 시총 Top 10 중 나스닥 거래소 소속 5개 종목을 투자 후 조정 대응을 가상하여 개별 손절선으로 설정한 평가 손실 30% 달성 시점, 이후 최대 평가손실 달성 시점과 종목별 수익률 100%, 200% 달성 시점을 비교한 것이다.

이 표를 보면 마이크로소프트와 아마존의 경우 수익률 100%, 200% 달성에 먼저 도달하여 리밸런싱을 한 이후 손절선으로 설정한 평가손실 30%에 도달하여 손절선이 무의미해진 경우이고, 알파벳의 경우 손절선 도달 직후(4개월 후) 수익률 100%와 200%를 연속으로 달성한 케이스로 손절 실행에 의문이 드는 경우다.

애플의 경우에도 손절 실행 후 수익률 100%, 200%를 연속하여 달성하였고, 기말 수익률이 무려 703.5%에 달함으로써 손절 실행에 의문이 든다. 또한 메타플랫폼의 경우에도 손절 실행 후 기간(1년 3개월)이 오래 걸리긴 했으나 수익률 100%, 200%를 연속으로 달성하였으니 결국 손절 실행에 의문이 들기는 마찬가지가 아닌가 한다. 특히 5개 종목 공히 기말 수익률이 높은 데다 마이크로소프트와 아마존의 경우 손절선 도달 전에 수익률 100%, 200%를 달성하여 ①리밸런싱을 하는 것으로 리스크를 낮추고 있고 ②높은 기말 수익률로 봐도 전체적으로 손절의 필요성이 반감되고 있다.

집중 투자가 아닌 분산 투자를 하는 것으로 리스크를 낮출 수 있으며, 실제 위 투자 예시에서 이는 증명된다. 즉 손절의 필요성이 낮음을 알 수 있는 것이다. 오히려 손절 없는 장기간의 투자를 통해 높은 수익률을 올림으로써 일시적 평가 손실을 견디는 것이 낫다는 것을 보여주고 있다.

결론적으로, ①분산 투자에다 ②나아가 거치식에 더해 적립식 투자를 가미하는 방식으로 손절 없는 투자를 권하고 싶다. 즉 안정적 수익을 추구하는 투자자라면 손절하기보다 안정적인 주식이나 배당주에 투자함으로써 리스크를 줄이는 것으로 시장 조정에 대응할 수가 있다고 본다.

02
단기 매매 VS 장기 투자: 어떤 전략을 선택할 것인가?

주식 투자를 하다 보면 시시각각으로 움직이는 주식 시세를 보면서, 많이 오른 주식은 팔고 많이 하락한 종목은 사고 싶다거나, 폭락하면 손절하고 싶고 급등하면 매수하고 싶은 충동을 느끼게 된다.

이러한 충동적인 감정에 휘둘리는 단기 매매는 원칙에 입각한 매매로 볼 수 없거니와, 대다수 투자 고수들이 권하는 것도 아니다. 투자의 고수로 알려진 많은 투자자들은 예외 없이 장기 투자를 권하고 있는 것만 보아도 단기 매매보다 장기 투자가 선호되어야 할 것이다.

단기 매매가 어려운 이유는 어떤 투자의 원칙을 세우기가 어려우며 또한 검증하기가 쉽지 않다는 데 있다. 다만 단기 매매를 하더라도 특별히 많이 오른 주식이 나타나는 경우 리밸런싱을 활용한다면 일정한 투자 원칙을 유지한다고 볼 수 있다.

결론적으로 단기와 장기 투자의 선택에서 장기 투자가 선호되어야 할 결정적 이유는 다음과 같다. [표 93]의 사례에서 예시한 6개 종목 공히 대세 상승기임에도 2022년 큰 하락을 경험하게 되는데 2021년 고점 대비 저가 하락률이 평균 53%(최소 31%, 최대 76%)에 이르러 단기 투자로는 이 정도의 하락을 버텨내기 어렵다. 그럼에도 6개 종목 모두 늦어도 2024년에 이르러 신고가를 기록하는 것을 보아 장기투자가 선호되어야 할 근거로 충분하다고 하겠다.

■ [표 93] 투자 예시 종목 주가/수익률(2016~2023)

연도별	GOOG	MSFT	AAPL	AMZN	META	TSLA(번외)	평균수익률
2015말	37.94	49.21	23.93	33.79	104.55	16.00	
2016말	38.59	56.63	26.91	37.49	114.93	14.25	10.0%
2017말	52.32	79.70	39.96	58.47	176.27	20.76	46.8%
2018말	51.78	96.27	37.80	75.10	130.95	22.19	3.4%
2019말	66.85	151.69	71.43	92.39	205.03	27.89	51.0%
2020말	87.59	216.20	130.22	162.85	272.87	235.22	53.0%
2021말	144.68	329.66	175.34	166.72	335.99	352.26	35.6%
2022말	88.73	237.27	129.04	84.00	120.21	123.18	-41.4%
2023말	140.93	375.35	192.28	151.94	353.58	248.48	88.2%
누적수익률	271.5%	662.8%	703.5%	349.7%	238.2%	1453.0%	613.1%
연%(단순)	22.7%	32.4%	35.5%	28.5%	35.0%	181.6%	56.0%
CAGR	17.8%	28.9%	29.8%	20.7%	16.5%	40.9%	25.8%
21말~低價	83.49	214.25	125.02	81.82	88.91	108.10	
21高~低%	-44.6%	-37.6%	-31.3%	-56.1%	-76.7%	-73.6%	-53.3%

21년 말 주가 미회복

■ [표 94] 리밸런싱을 활용한 단기 매매 VS 장기 투자 성과 비교(2016~2023)

구분	단기매매/A	장기투자/B	A-B
투자시작	15-12-31	15-12-31	
투자종목	5개	5개	동일
총투자금	$99,195	$99,195	동일
매매회수	3회	1회	2회
최종잔고	$519,843	$541,279	-$21,436
총수익률	424.1%	445.7%	-21.6%

*[표 94] 리밸런싱을 활용한 단기 매매 VS 장기 투자 성과 비교(2016~2023) 설명

2015년 말 기준 미국 전체 시총 Top 10 중 나스닥 거래소 종목 5개(GOOG, MSFT, AAPL, AMZN, META)에 투자한 후
① 장기 투자는 기말인 2023년 말까지 보유하는 것으로 하고,
② 단기 매매는 5개 종목 중 100% 수익률 달성 종목 출현 시마다 리밸런싱을 하는 것으로 하여 기간 (2016~2023년) 중 총 3회의 리밸런싱을 하게 되고, 이들 5개 종목을 기말(2023년 말)까지 보유한다.
[표 94] 사례에서 장기투자가 우월하다 해서 일반론으로 얘기할 것은 아니나, 다만 '단기 매매로 할 것인가?'와 '장기 투자로 할 것인가?'는 투자금의 성격이나 금융 목표, 투자 성향 등에 따라 달라지는 것이긴 하나, 어떤 선택을 하든 명확한 투자 원칙을 설정하는 게 우선이 되어야 한다.

03 전략적 자산 배분(리밸런싱) 방법

1) 리밸런싱(Rebalancing)이란?

[참고 22] 세계 2위 자산운용사 뱅가드(Vanguard)의 네 가지 투자 원칙

① 목표(Goals)를 명확히 하라
② 균형/분산(Balance)을 유지하라
③ 비용(Cost)을 고려하라
④ 규칙(Discipline)을 지켜라

출처: 'Vanguard's Principles for Investing Success'

리밸런싱(Rebalancing)이란 [참고 22]의 ②항에 있는 '균형(Balance)'을 '다시(Re)' 맞춰주는 것을 말한다. 여기서 말하는 균형이란 처음 투자를 시작할 당시의 종목 간 비율이다.

여러 종목에 투자 후 일정 기간이 지나면 종목 간 등락의 차이로 비중(비율)이 변하기 마련인데 처음 투자 당시의 비율로 다시 맞추는 것을 리밸런싱(Rebalancing)이라 한다.

리밸런싱은 연말 단위로 할 수도 있고, 기중(예: 특정 종목 수익률이 과도하게 높아진 시점)에 할 수도 있다.

리밸런싱을 하는 이유는, 주가의 속성엔 '관성의 법칙'과 '작용과 반작용의 법칙'이 있는데, '작용과 반작용의 법칙'상 주가가 과도하게 많이 오른 주식은

반락의 가능성이 높고, 반면 상대적으로 덜 오르거나 혹은 하락한 주식은 오르게 될 가능성이 높기 때문이다. 따라서 리밸런싱을 통해 상대적으로 많이 올라서 비중이 높아진 주식의 비중을 축소하게 되는 것이다. 물론 이러한 논리는 대세 상승기에 통하는 것이다.

■ **섀넌의 도깨비 현상 비교 차트**

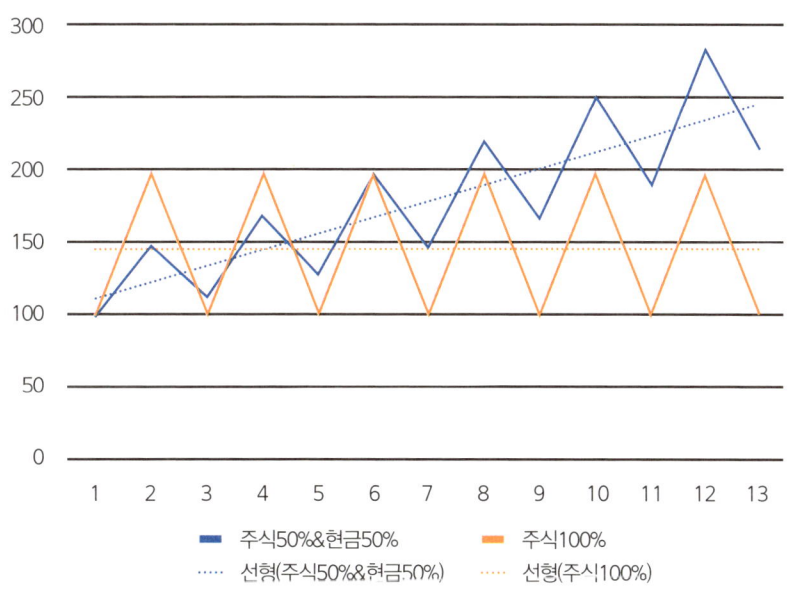

※ 주식50%&현금50%: 주식이 오르면 50:50으로 조정(리밸런싱)
※ 주식100%: 주식이 100% 오르고 50% 조정하기 반복

> **＊ 섀넌의 도깨비(Shannon's Demon) 현상**
> 섀넌의 도깨비는 수학자 섀넌이 발표한 투자 기법으로, 현대에서 유행하고 있는 리밸런싱 전략의 기초라고 할 수 있다. 주식과 현금과의 리밸런싱을 통하여 도깨비가 마술을 부리듯이 자산을 증식할 수 있다고 하여 붙여진 이름이다.
> 주식에 100% 투자할 경우 100% 상승, 50% 조정을 반복하면 만기 수익률이 0%인 반면, 주식 50%, 현금 50% 비율로 시작하여 주식이 100% 오르면 비율을 50:50으로 조정(리밸런싱)하면 주식이 50% 하락하여도 기말 수익률이 플러스가 되어 리밸런싱의 이점을 설명하는 이론적 기반이 된다.

2) 리밸런싱의 방법과 리밸런싱의 장단점

(1) 주기적 리밸런싱(Periodic Rebalancing)

주기적 리밸런싱은 매달, 분기, 반기 및 연간 등 일정 주기 단위로 리밸런싱하는 것을 말한다. 특별한 원칙은 없으나 자주 하는 것보다는 연간 단위로 할 것을 추천한다.

(2) 밴드 리밸런싱(Band Rebalancing)

초기의 비율에서 정해진 밴드를 벗어나면 리밸런싱하는 것을 말한다. 예를 들어 초기에 2개 종목을 투자(비율: 50 대 50)하여 2개 종목의 비중 차이가 20%를 벗어나면 리밸런싱하는 식의 방법이다. 아니면 한 종목의 수익률이 100%를 초과하면 리밸런싱하여 투자 비중을 50 대 50으로 다시 조정하는 방식으로 할 수 있다.

(3) 복합형 리밸런싱(Multi Rebalancing)

주기적 리밸런싱과 밴드 리밸런싱을 합친 방법이다.

(4) 리밸런싱의 장단점

• 장점: 포트폴리오의 변동성(리스크)를 감소시켜주며, 리밸런싱이 고점에 매도하고 저점에 매수하는 것이기도 해서 추가 수익을 올릴 수 있다.

• 단점: 거래로 인한 수수료와 세금(양도세) 문제가 대두되며, 추세가 강할 때는 오히려 수익률을 제한하는 결과가 되기도 한다.

3) 리밸런싱(Rebalancing) 예시

(1) 주기적 리밸런싱(Periodic Rebalancing) 예시

[참고 23] 리밸런싱 투자 조건(예시)

- 투자 시작: 2015년 12월 31일(종가), ―투자 종료: 2023년 12월 29일
- 투자 종목: GOOG, AMZN, META(3개)
- 투자금액: 종목 당 2만$, 총 6만$
- 리밸런싱 조건: 특정 종목 비중이 40% 돌파

[참고 23]에 예시된 투자 조건으로 투자하여 투자 리밸런싱의 주기는 매년 말로 하되, 비율 변화가 작을 때는 건너뛴다.

■ **[표 95] 주기적 리밸런싱 VS 장기 투자 성과 비교(2016~2023)**

구분	종목	GOOG	AMZN	META	합계
최초 투자	주가	37.94	33.79	104.55	
	주식수	524	588	188	
15-12-31	투자금액	19881	19869	19655	59404
↓	투자비중	33.5%	33.4%	33.1%	
1차평가일	주가	52.32	58.47	176.27	
17-12-29	평가금액	27416	34380	33139	94935
↓	투자비중	28.9%	36.2%	34.9%	31640 (1/3금액)
1차조정일	조정수량	605	542	180	
17-12-29	조정금액	31654	31691	31729	95073
↓	투자비중	33.3%	33.3%	33.4%	
중략					
최종평가일	수량	459	485	339	
23-12-29	평가금액	64687	73691	119864	258241
↓	투자비중	33.5%	33.2%	33.4%	334.7%
장기 투자	주가	140.93	151.94	353.58	
23-12-29	평가금액	73847	89341	66473	229661
	투자비중	29.1%	35.3%	26.2%	286.6%

투자 예시에서 보듯, 매년 말 리밸런싱을 한 경우 2016년 말엔 비중 변화가 작아 리밸런싱이 없었고, 2017년부터 2022년까지 총 6회의 리밸런싱을 실시하였다.

■ 주기적 리밸런싱 VS 장기 투자 비교 종합(2016~2023)

구분	주기리밸/A	장기투자/B	A-B
투자시작	15-12-31	15-12-31	
투자종목	3개	3개	동일
총투자금	$59,404	$59,404	동일
매매회수	7회	1회	6회
최종잔고	$258,241	$229,661	$28,580
총수익률	334.7%	286.6%	48.1%

총 6회의 리밸런싱을 한 결과, 일체의 매매 없이 2023년 말까지 보유한 장기 투자의 성적과 비교해보니 리밸런싱의 만기 수익률이 334.7%로 장기 투자의 만기 수익률 286.6%와 비교 우위를 보여주어, 다른 고려 요소를 배제하고 수익률 면에서만 보면 리밸런싱이 우수한 것으로 나타났다.

(2) 밴드 리밸런싱(Band Rebalancing) 예시

투자 조건은 주기적 리밸런싱과 동일, 3개 종목 투자이므로 각각의 비중이 33.33%, 특정 종목의 비중이 40% 초과시 리밸런싱을 한다.

다음 투자 예시에서 보듯, 특정 종목의 비중이 40% 초과한 경우 리밸런싱을 하면 총 8회의 리밸런싱을 하게 된다.

■ [표 96] 밴드 리밸런싱 VS 장기 투자 성과 비교(2016~2023)

구분	종목	GOOG	AMZN	META	합계	
최초 투자	주가	37.94	33.79	104.55		
	주식수	524	588	188		
15-12-31	투자금액	19881	19869	19655	59404	
↓	투자비중	33.5%	33.4%	33.1%		
1차평가일	주가	54.03	72.14	185.11		
18-02-06	평가금액	28312	42418	34801	105531	⤴ 1/3금액
↓	투자비중	26.8%	40.2%	33.0%	35170	
1차조정일	조정수량	651	488	190		
18-02-06	조정금액	35174	35204	35171	105549	
↓	투자비중	33.3%	33.4%	33.3%		
중략						
8차조정일	조정수량	602	553	239		
23-07-10	조정금액	70356	70303	70216	210874	
↓	투자비중	33.4%	33.3%	33.3%		
최종평가일	수량	602	553	239		
23-12-29	평가금액	84840	84023	84506	253368	
↓	투자비중	33.5%	33.2%	33.4%	326.5%	
장기 투자	주가	140.93	151.94	353.58		
23-12-29	평가금액	73847	89341	66473	229661	
	투자비중	29.1%	35.3%	26.2%	286.6%	

■ 밴드 리밸런싱 VS 장기 투자 비교 종합(2016~2023)

구분	밴드리벨/A	장기투자/B	A-B
투자시작	15-12-31	15-12-31	
투자종목	3개	3개	동일
총투자금	$59,404	$59,404	동일
매매회수	9회	1회	8회
최종잔고	$253,368	$229,661	$23,707
총수익률	326.5%	286.6%	39.9%

총 8회의 리밸런싱을 한 결과, 일체의 매매 없이 2023년 말까지 보유한 장기 투자의 성적과 비교해보니 밴드 리밸런싱의 만기 수익률이 326.5%로 장기 투자의 만기 수익률 286.6%와 비교 우위를 보여주어, 다른 고려 요소를 배제하고 수익률 면에서만 보면 역시 리밸런싱이 우수한 것으로 나타났다.

(3) 복합형 리밸런싱(Multi Rebalancing)

주기적 리밸런싱과 밴드 리밸런싱을 합친 방법으로 매년 말 및 비중 변화가 클 때도 리밸런싱하는 것이어서 자연스럽게 횟수가 늘어날 수밖에 없다.

(4) 리밸런싱(Rebalancing) 종합 평가

리밸런싱을 하는 것이 아래 [표 97] 주기/밴드 리밸런싱 VS 장기투자 종합 비교(2016~2023)에서 보듯 단순한 장기 투자와 비교하여 성적이 우월한 것으로 나타나고 있지만, 이는 해당 사례의 결과일 뿐 일반적인 현상으로 이해해서는 안 될 것이다.

■ [표 97] 주기/밴드 리밸런싱 VS 장기투자 종합 비교(2016~2023)

구분	주기리밸/A	밴드리밸/B	장기투자/C	A-C	B-C
투자시작	15-12-31	15-12-31	15-12-31		
투자종료	23-12-29	23-12-29	23-12-29		
투자종목	3개	3개	3개	동일	동일
총투자금	$59,404	$59,404	$59,404	동일	동일
매매횟수	7회	9회	1회	6회	8회
최종잔고	$258,241	$253,368	$229,661	$28,580	$23,707
총수익률	334.7%	326.5%	286.6%	48.1%	39.9%

※ 주기 리밸런싱: 매년 말에 비중을 조정하는 리밸런싱
※ 밴드 리밸런싱: 3개 중 1개의 비중이 40% 넘을 때 리밸런싱
※ 장기투자: 2015년 말에 투자, 매매 없이 2023년 말 평가

리밸런싱을 할 것이냐, 말 것이냐는 선택의 문제이며, 즉 주로 투자 성향과 투자 위험 수용도 등에 따라 선택하면 된다. 다만 상승기는 물론 하락기를 거치며 리스크를 통제하는 효과를 기할 수 있다는 점에서 리밸런싱을 할 필요가 있다.

주식 투자를 하다 보면 필연적으로 하락기를 거치게 되며 하락기 동안 지나치게 하락한 종목이 나오게 되고 하락기가 지나면 많이 하락한 종목이 더욱 강한 상승이 나오게 마련인데, 이때에도 리밸런싱을 하면 자연스럽게 바닥권에

서 해당 종목의 수량을 늘릴 수 있어 상승기 해당 종목의 상승 효과를 향유할 수 있게 된다.

다음 메타플랫폼 사례([표 98])에서 리밸런싱을 통해 하락기 동안 물량을 늘려 상승기에 손익(평가 손익 포함)을 크게 늘리는 것을 확인할 수 있다.

특히 중요한 사실은, 리밸런싱의 효과는 순탄하게 상승하는 대세 상승장보다 중간에 큰 하락이 포함된 조정기가 있을 때 더욱 효과를 발휘한다는 점이다 (예시는 2022년 큰 조정기가 포함되어 있어 리밸런싱이 장기투자를 앞섬).

■ [표 98] 2022년 전후 META의 주식수 증감 사례

날 짜	주식수	주식증감	평가금액	금액증감	투자비중	비중조정	주가	차수
↓21-10-27	232		$72,358.48		30.3%		311.89	3차
21-10-27	256		$79,843.84		33.4%	비중확대	311.89	
22-06-21	256	24	$40,161.28	-$39,682.56	26.4%		156.88	4차
22-06-21	323		$50,672.24		33.3%	비중확대	156.88	
22-10-27	323	67	$31,602.32	-$19,069.92	25.2%		97.84	5차
22-10-27	427		$41,777.68		33.4%	비중확대	97.84	
22-12-14	427	104	$51,863.42	$10,085.74	40.1%		121.46	6차
22-12-14	354		$42,996.84		33.4%	비중축소	121.46	
23-02-03	354	-73	$65,960.82	$22,963.98	40.7%		186.33	7차
23-02-03	289		$53,849.37		33.3%	비중축소	186.33	
23-07-10	289	-65	$84,905.31	$31,055.94	40.2%		293.79	8차
23-07-10	239		$70,215.81		33.3%	비중축소	293.79	
23-12-29	239	-50	$84,505.62	$14,289.81	33.4%		353.58	최종
합 계		7		$19,642.99				

※ [표 96]밴드 리밸런싱 결과에서 추출, 종목당 초기 비중은 33.3%(3개 종목)

* **[META의 주식수 증감 사례] 평가**

위 표에서 META의 주식수가 극적으로 증가했다가 감소하는 과정을 목격할 수 있다.
① 주가가 하락하여 비중이 초기 비중 대비 감소하면 비중을 확대하는 리밸런싱을 하는 과정에서 주식수가 증가하면서 이후 주가가 상승하게 되면 증가한 주식수로 인해 수익이 확대된다.
② 주가가 상승하여 비중이 늘어나면 비중을 초기 비중으로 축소하는 리밸런싱을 하면서 주식을 매도하게 되어 고점(?)에서 평가이익을 일부 실현하는 효과가 있다.
⇒ 주가가 폭발적으로 상승하는 주식의 경우 리밸런싱으로 수익을 갉아먹는 효과가 있을 수 있으나, 많이 오르는 주식의 경우 상승 과정에 주식수를 계속 축소하게 되고 많이 오른 주식은 하락기에 더욱 크게 하락할 가능성이 높아지므로 이러한 부정적 효과를 상쇄할 수 있게 된다.

CHAPTER 07
미국 시장의 원리를 활용한 매매법

    이 장에서는 제3장과 제4장에서 살펴본 미국 주식시장의 원리를 활용하여 미국 지수 선물 매매와 주식 실전 매매에 적용할 수 있는 매매 아이디어를 실 사례로 구체적으로 설명하고 있다.

    매매에 관련하여 중장기, 단기와 데이 트레이딩의 관점에서 각각의 구체적 사례로 설명하면서 실전 매매 아이디어를 완성하고 있다.

01
미국 지수 선물 매매

미국 주식 또는 주식시장을 이해하면 미국의 지수 선물을 매매하는 데 도움을 받을 수 있다. 본서를 통해서 미국 주식시장을 제대로 배우고 익히게 되면 지수선물 매매의 방법인 (장기)포지션 매매, (단기)데이 트레이딩은 물론 선물 종목 간 스프레드를 거래하는 데 영감을 얻을 수 있다.

1) 포지션 매매

포지션 매매는 진입한 포지션을 매매 신호가 바뀌기 전까지 장기간 보유하는 매매를 말하며, 일명 추세 매매라 할 수 있다. 추세 매매라 하면 통상 기술적 분석에서 사용하는 이동평균선 등을 활용하여 가격의 추세를 도출하여 그 추세에 순응하는 매매, 즉 상승 추세에선 매수, 하락 추세에선 매도를 반복하는 매매라 정의할 수 있다. 이 책에서는 다우 지수와 나스닥지수, S&P 500 지수와 나스닥 100 지수 등의 등락으로 판단하는 (상승, 하락)추세를 따라 하는 매매로 정의할 수 있다.

다만 주식시장이 장기적으로 우상향하는 상승 추세임을 감안하여 상승 추세만 선물 매수로 대응하고 하락 추세로 전환 시에는 매수 포지션을 청산만 하고 매도로는 대응하지 않을 수도* 있다.

(1) 상승/하락 추세 판단법:

① 상승 추세는 이틀 연속 { 나스닥 상승률이 다우 상승률보다 크면서(and) 나스닥 100 상승률이 S&P 500 상승률보다 크고 },

② 하락 추세는 이틀 연속 { 나스닥 하락률이 다우 하락률보다 크면서(and) 나스닥 100 하락률이 S&P 500 하락률보다 큰 } 것으로 정의할 수 있다.

이를 다시 선물 추세 매매와 연결시켜 정리하면 아래와 같다.

① 상승 추세: { (나스닥 상승%)다우 상승%) & (나스닥 100 상승%)S&P 500 상승%) } 이 이틀 연속되면 상승 추세로 전환, 선물 매수.

② 하락 추세: { (나스닥 하락%〈다우 하락%) & (나스닥 100 하락%〈S&P 500 하락%) } 이 이틀 연속되면 하락 추세로 전환, 선물 매수 포지션 청산(& '선물 매도 포지션 진입'은 선택).

이것을 수식화하여 연도별로 [표 99]로 정리하였고 건별로는 그 아래에 정리하였다. 아래 표를 보면 2022년도 성적이 특히 안 좋은데 이는 2022년도는 주요 지수가 2021년 말~2022년 초 고점을 형성한 후 하락 추세가 진행된 탓

---

* 추세로 구분하면 장기 상승 추세(2000, 2008, 2023년)엔 매수로만 대응하고, 장기 하락 추세(2019, 2020, 2023)엔 매도로만 대응할 수도 있다.

으로 볼 수 있다.

■ [표 99] 추세 신호의 손익(2016~2024)

지수손익	다우손익	나스닥손익	SP500손익	나스100손익	
15말 지수	17425.03	5007.41	2043.94	4593.27	
2016	3,140	778	295	518	
2017	3,139	800	209	788	
2018	−900	−826	−144	−692	
2019	2,407	1,416	386	1,610	
2020	7,918	3,474	892	2,970	
2021	512	115	220	832	
2022	−3,823	−2,408	−576	−2,669	
2023	4,436	2,750	698	3,582	
2024	1,218	1,161	350	750	
합계	18,047	7,261	2,330	7,689	매수신호 only
지수수익률	104%	145%	114%	167%	

■ [표 100] 선물 기준 추세 신호의 손익(2016~2024)

선물이익	다우선물익	SP500선물익	나100선물익	
선물증거금	$9,680	$13,640	$20,570	
1P당이익	$5	$50	$20	
2016	$15,702	$14,740	$10,354	
2017	$15,696	$10,443	$15,760	
2018	−$4,500	−$7,191	−$13,837	
2019	$12,036	$19,317	$32,201	
2020	$39,588	$44,598	$59,407	
2021	$2,561	$10,978	$16,642	
2022	−$19,116	−$28,806	−$53,384	
2023	$22,182	$34,904	$71,646	
2024	$6,089	$17,512	$14,999	매수신호 only
합계	$90,237	$116,495	$153,788	
선물수익률	832%	754%	648%	

※ 선물증거금은 2024.07.03 현재 E-Mini 선물 증거금

■ [표 101] 건별 추세 신호(2023~2024.7.3)

DATE	Dow30	Nasdaq	S&P 500	Nas100	추세(신호)	다우손익	나스닥손익
23-01-11	33973.01	10931.67	3969.61	11402.53	1	-81.99	955.78
23-02-06	33891.02	11887.45	4111.08	12464.52	-1	1031.99	-126.02
23-03-30	32859.03	12013.47	4050.83	12963.14	1	855.68	1322.31
23-06-26	33714.71	13335.78	4328.82	14689.02	-1	-703.76	-480.99
23-07-03	34418.47	13816.77	4455.59	15208.69	1	704.89	-94.75
23-08-09	35123.36	13722.02	4467.71	15101.71	-1	563.38	16.89
23-08-28	34559.98	13705.13	4433.31	15052.46	1	-489.56	-481.14
23-09-21	34070.42	13223.99	4330.00	14694.24	-1	265.55	-435.69
23-10-11	33804.87	13659.68	4376.95	15241.12	1	-1020.57	-1064.07
23-10-26	32784.30	12595.61	4137.23	14109.57	-1	-1311.56	-923.17
23-11-06	34095.86	13518.78	4365.98	15154.93	1	4467.94	2112.00
24-02-20	38563.80	15630.78	4975.51	17546.10	-1	-523.58	-644.16
24-03-01	39087.38	16274.94	5137.08	18302.91	1	-502.19	-335.35
24-03-05	38585.19	15939.59	5078.65	17897.87	-1	-206.16	-333.79
24-03-07	38791.35	16273.38	5157.36	18297.99	1	-1056.24	-388.36
24-04-15	37735.11	15885.02	5061.82	17706.83	-1	-768.58	188.38
24-04-23	38503.69	15696.64	5070.55	17471.47	1	804.31	2491.66
24-07-03	39308.00	18188.30	5537.02	20186.63	매수수익계	3682.27	4518.08
					매도수익계	-1652.72	-2738.55

2) 나스닥 100/S&P 500 스프레드 거래

(1) 스프레드 거래란?

스프레드(Spread)는 두 상품 간의 가격 차이를 뜻하며, 스프레드 거래란 두 상품 간 가격 차이를 이용한 거래를 뜻한다. 한국과 미국에서 거래되는 가격이 서로 다를 때 향후 결국은 비슷해진다고 보고 상대적으로 비싼 것을 매도하고 싼 것을 매수한 다음, 나중에 양자의 가격이 비슷해지면 청산하는 식의 거래가 스프레드 거래라 할 수 있다. 다만 여기서 말하는 스프레드 거래는, 앞에서 이야기한 포지션 매매로는 포지션 진입 후 평가 손실 내지 DD(Draw-down)가 적지 않은 수준이어서 포지션을 보유하는 데 따른 손실 부담을 완화하면서 추세 손익을 가져가는 전략이다. 상승 추세 진입 시 { 나스닥 100 매수 & S&P 500 매도 } 포지션을 구축, 두 상품 중 하나를 매수하고 다른 하나는 매도하는 형식을 취하면서 통상의 스프레드 거래와 유사한 효과를 내려는 것이다.

즉 상승 추세가 될 때 나스닥 100 선물은 매수하고 S&P 500 선물은 매도 후 하락 추세로 바뀔 때 포지션을 전부 청산하는 전략이다.

(2) 스프레드 거래 예시

■ [표 102] 추세 추종 스프레드 신호/스프레드 거래 이익(2016~2024)

연도별	SP신호P	나100신호P	S선매도익	나선매수익	스프레드손익	
선물증거금			$13,640	$20,570	$34,210	
1P당이익			$50	$20		
2016	294.79	517.70	-$14,740	$10,354	-$4,386	
2017	208.86	788.02	-$10,443	$15,760	$5,317	
2018	-143.81	-691.87	$7,191	-$13,837	-$6,647	
2019	386.34	1610.06	-$19,317	$32,201	$12,884	
2020	891.96	2970.37	-$44,598	$59,407	$14,809	
2021	219.56	832.11	-$10,978	$16,642	$5,664	
2022	-576.12	-2669.22	$28,806	-$53,384	-$24,578	
2023	698.08	3582.29	-$34,904	$71,646	$36,742	
2024	350.23	749.94	-$17,512	$14,999	-$2,513	
합계	2329.89	7689.40	-$116,495	$153,788	$37,293	매수신호 only
선물수익률					109%	

※ 신호P는 상승 추세에만 진입 시의 신호 손익임.
※ S(&P 500)선(물) 매도(이)익과 나(스닥 100)선(물) 매수(이)익은 상승 추세에만 진입 시의 선물 매매 손익이며, 스프레드 손익은 양(매수/매도) 포지션을 결합한 스프레드 거래 손익임.
※ 2022년은 하락 추세강도가 강한 해여서 매도 추세에 크게 이익이 나는 해.

[표 102]에서 2022년도 성적이 유별나게 안 좋은데 이는 주요 지수가 2021년 말~2022년 초 고점 형성 후 중기 하락 추세가 진행된 탓으로 볼 수 있다.

■ [표 103] 건별 스프레드 신호 / 손익과 스프레드 거래 이익(2023~2024)

DATE	추세	S&P 500	Nas 100	S선매도익	나선매수익	스프레드손익
초기 잔고				$27,280	$41,140	$68,420
23-01-11	1	3969.61	11402.53	−$7,073	$21,240	$14,166
23-02-06	−1	4111.08	12464.52			
23-03-30	1	4050.83	12963.14	−$13,900	$34,518	$20,618
23-06-26	−1	4328.82	14689.02			
23-07-03	1	4455.59	15208.69	−$606	−$2,140	−$2,746
23-08-09	−1	4467.71	15101.71			
23-08-28	1	4433.31	15052.46	$5,166	−$7,164	−$1,999
23-09-21	−1	4330.00	14694.24			
23-10-11	1	4376.95	15241.12	$11,986	−$22,631	−$10,645
23-10-26	−1	4137.23	14109.57			
23-11-06	1	4365.98	15154.93	−$30,477	$47,823	$17,347
24-02-20	−1	4975.51	17546.10			
24-03-01	1	5137.08	18302.91	$2,922	−$8,101	−$5,179
24-03-05	−1	5078.65	17897.87			
24-03-07	1	5157.36	18297.99	$4,777	−$11,823	−$7,046
24-04-15	−1	5061.82	17706.83			
24-04-23	1	5070.55	17471.47	−$23,324	$54,303	$30,980
24-07-03		5537.02	20186.63			
합계				−$50,529	$106,025	$55,496

■ [표 103-1] 건별 스프레드 거래 이익 총괄표(2023~2024)

년도별	구분	SP신호P	나100신호P	S선매도익	나선매수익	스프레드손익
	횟수	6	6	6	6	6
2023년	성과	698.08	3,582.29	−34,904.00	71,645.80	36,741.80
	평균	116.35	597.05	−5817.33	11940.97	6123.63
	횟수	3	3	3	3	3
2024년	성과	312.50	1,718.96	−15,625.00	34,379.20	18,754.20
	평균	104.17	572.99	−5208.33	11459.73	6251.4
	횟수	9	9	9	9	9
합계	성과	1,010.58	5,301.25	−50,529.00	106,025.00	55,496.00
		112.29	589.03	−5614.33	11780.56	6166.22

[표 103]은 2023년부터 2024년 7월 3일 현재까지 상승 추세 경우만 스프레드 거래를 실행하는 것을 보여주고 있다. 이 시기가 상승 추세가 강하게 진행된 시기여서 스프레드 거래로도 비교적 큰 수익을 거두고 있음을 알 수 있다.

스프레드 거래를 하는 이유는 단순히 한 방향으로만 선물을 매매할 경우, 일시적인 평가 손실을 견디기 어렵기 때문이다. 하지만 이럴 때, 한쪽은 매수, 다른 한쪽은 매도 포지션을 동시에 취하는 스프레드 거래를 활용하면 변동성이 줄어들어 심리적인 부담이 완화된다. 그 결과, 원칙적인 매매를 유지할 수 있는 장점이 생긴다.

[표 103]에서 보듯 2023년부터 2024년 7월 3일 현재 총 17번(매수 9번, 매도 8번)의 방향 전환이 있었고, 기간 중 매수로만 S&P 500 지수는 총 +1,010.58P, 나스닥 100 지수는 총 5,301.25P의 수익을 거두고 있다.

3) 선물 데이 트레이딩

(1) 선물 데이 트레이딩의 이해

미국 주식시장을 이해한다면 선물 매매의 한 축인 데이 트레이딩(진입한 포지션을 당일에 청산하는 거래, 하루에 여러 번 거래하기도 한다)에 활용할 수가 있다. 데이 트레이딩이라는 일종의 단타 거래를 기술적 분석으로 할 수도 있지만, 미국 주식시장의 원리를 선물 매매에 접목할 수 있다. 즉 위에서 얘기한 (선물)포지션 매매나 스프레드 거래 시 포지션 진입 방법의 아이디어를 데이 트레이딩이라는 단타 거래에 응용하면 되는 것이다.

(중기) 상승 추세장은 위에서 얘기했듯이 "나스닥 상승률이 다우 상승률보다 크면서(and) 나스닥 100 상승률이 S&P 500 상승률보다 크다"라는 사실을 선

물 데이 트레이딩에 활용하면 된다. 반대의 경우는 하락장이 되므로 하락장에 맞게 대응하면 된다.

이와 같은 중기 추세에 더해 데이 트레이딩에서는 "나스닥 100 지수(또는 선물) 등락률이 S&P 500 지수(또는 선물) 등락률보다 크다"면 상승장으로 인식하여 데이 트레이딩으로 선물 매수로 대응하고, 반대의 경우 선물 매도로 대응하면 된다.

선물 데이 트레이딩에 있어서도 주식시장의 장기 우상향 추세를 감안하여 대세 상승 추세에 한하여 선물 매도 진입은 자제하고 선물 매수로만 진입하는 전략을 취할 수도(선택) 있다.

(2) 선물 데이 트레이딩 방법 및 예시

선물 매매의 데이 트레이딩은 통상 기술적 분석을 통해서 하지만, 이 책에서는 미국 주식시장의 원리를 선물 매매에 접목하는 방식을 집중적으로 소개하고자 한다.

즉 위에서 얘기했듯이 상승 추세장은, "나스닥 100 지수(또는 선물)등락률이 S&P 500 지수(또는 선물) 등락률보다 크다"면 상승장으로 인식하여 선물 매수로 대응하고, 반대의 경우 선물 매도로 대응하면 된다.

구체적으로 선물 데이 트레이딩의 포지션 진입은 아래와 같다.

① 나에차(나스닥 100 지수 or 선물 등락률 − S&P 500 지수 or 선물 등락률)가 플러스면 방향성으로 나스닥 100 선물 또는 S&P 500 선물을 매수하고, 스프레드 거래로는 { 나스닥 100 선물 매수 and S&P 500 선물 매도 } 포지션을 동시에 취한다.

② 나에차가 마이너스면 방향성으로 나스닥 100 선물 또는 S&P 500 선물을

매도하고, 스프레드 거래로는 { 나스닥 100 선물 매도 and S&P 500 선물 매수 } 포지션을 동시에 취한 후, 장중 나에차가 양음 또는 음양으로 전환되면 반대 포지션을 취한다.

(3) 진입 및 청산 방법

① 차트 표시 주기는 3분 단위로 하며, 첫 진입은 장 개시 첫 3분 경과 후인 22시 33분(서머타임 기준)에 나에차가 ±인 방향으로 진입하고, 반대 진입은 나에차가 기존과 반대 방향이 두 번 지속되면 진입한다.

② 일중 반대 신호가 세 번 나오면(네 번째 신호가 나오면) 청산만 하고 신규 진입하지 않는다. 결국 일일 최대 진입 회수는 3회로 한다.

③ 전항에 해당하지 않으면 현물 지수가 마감되는 시간(서머타임 기준 한국 시각 새벽 5시)에 청산하고 거래를 끝낸다.

④ 이상의 데이 트레이딩에 있어서도 주식시장의 장기 우 상향 추세를 감안하여 선물 매도 진입은 자제하고 선물 매수로만 진입하는 전략을 취할 수 있다.

⑤ 당일 나에차 신호가 전일 나스닥 추세와 일치하는 방향으로만 진입하는 전략을 선택할 수 있다([표 104] 사례, 6/24~7/16 상승 추세, 7/17~24 중립 추세, [표 105 사례]는 전일 나스닥 추세와 당일 나에차 신호 일치 시 진입과 같은 결과).

[참고 24] 20세기 초 위대한 개인 투자자 "제시 리버모어"

- 20세기 초 월 스트리트를 주름잡은 당대 최고의 투자자로 알려진 제시 리버모어는 대규모 공매도로 큰 돈을 벌어 월 스트리트의 "큰곰"으로 불렸다.
- 1920년대의 초 강세장과 1929년의 주가 대폭락, 1930년대의 대공황을 거치는 동안 숱한 성공 신화를 써내려 갔으며, 1939년 투자 인생의 마지막으로 "주식 투자의 기술(How to trade in stocks)"이란 역작을 남겼다.
- 제시 리버모어는 추세 추종 매매의 선구자로 알려져 있다.

■ [표 104] 선물 데이 트레이딩 매매 사례 집계표 예시(양방향)

미국날짜	추세 손익		스프레드 손익		
	나100손익	SP500손익	나100손익	SP500손익	스프레드손익
24-06-24	$3,755.0	$812.5	$3,755.0	-$812.5	$2,942.5
24-06-25	$2,945.0	$750.0	$2,945.0	-$750.0	$2,195.0
24-06-26	$225.0	$550.0	$225.0	-$550.0	-$325.0
24-06-27	-$875.0	-$125.0	-$875.0	$125.0	-$750.0
24-06-28	-$3,945.0	-$1,387.5	-$3,945.0	$1,387.5	-$2,557.5
24-07-01	$2,540.0	$1,300.0	$2,540.0	-$1,300.0	$1,240.0
24-07-02	$4,320.0	$2,075.0	$4,320.0	-$2,075.0	$2,245.0
24-07-05	$3,090.0	$1,400.0	$3,090.0	-$1,400.0	$1,690.0
24-07-08	-$270.0	$200.0	-$270.0	-$200.0	-$470.0
24-07-09	-$995.0	-$75.0	-$995.0	$75.0	-$920.0
24-07-10	$1,530.0	$1,625.0	$1,530.0	-$1,625.0	-$95.0
24-07-11	$8,760.0	$2,400.0	$8,760.0	-$2,400.0	$6,360.0
24-07-12	-$1,290.0	$187.5	-$1,290.0	-$187.5	-$1,477.5
24-07-15	-$1,860.0	-$450.0	-$1,860.0	$450.0	-$1,410.0
24-07-16	$420.0	-$412.5	$420.0	$412.5	$832.5
24-07-17	$5,060.0	$1,150.0	$5,060.0	-$1,150.0	$3,910.0
24-07-18	-$4,750.0	-$875.0	-$4,750.0	$875.0	-$3,875.0
24-07-19	-$1,190.0	-$100.0	-$1,190.0	$100.0	-$1,090.0
24-07-22	$2,110.0	$1,187.5	$2,110.0	-$1,187.5	$922.5
24-07-24	$8,720.0	$3,900.0	$8,720.0	-$3,900.0	$4,820.0
합 계	$28,300.0	$14,112.5	$28,300.0	-$14,112.5	$14,187.5
일승률	60.0%	65.0%	60.0%	35.0%	50.0%

※ 선물 손익은 CME거래소 E-MINI 선물 기준임.

■ [표 105] 선물 데이 트레이딩 매매 사례 집계표 예시(only 매수방향)

미국날짜	추세 손익		스프레드 손익		
	나100손익	SP500손익	나100손익	SP500손익	스프레드손익
24-06-25	$2,945.0	$750.0	$2,945.0	-$750.0	$2,195.0
24-06-26	$225.0	$550.0	$225.0	-$550.0	-$325.0
24-06-27	-$195.0	$62.5	-$195.0	-$62.5	-$257.5
24-06-28	-$2,020.0	-$925.0	-$2,020.0	$925.0	-$1,095.0
24-07-01	$2,340.0	$587.5	$2,340.0	-$587.5	$1,752.5
24-07-02	$4,320.0	$2,075.0	$4,320.0	-$2,075.0	$2,245.0
24-07-05	$3,090.0	$1,400.0	$3,090.0	-$1,400.0	$1,690.0
24-07-08	-$270.0	$200.0	-$270.0	-$200.0	-$470.0
24-07-09	-$1,150.0	-$187.5	-$1,150.0	$187.5	-$962.5
24-07-10	$2,245.0	$1,975.0	$2,245.0	-$1,975.0	$270.0
24-07-12	-$1,510.0	-$825.0	-$1,510.0	$825.0	-$685.0
24-07-15	-$490.0	$0.0	-$490.0	$0.0	-$490.0
24-07-16	-$285.0	$275.0	-$285.0	-$275.0	-$560.0
합 계	$9,245.0	$5,937.5	$9,245.0	-$5,937.5	$3,307.5
일승률	46.2%	69.2%	46.2%	23.1%	38.5%

4) 지수 선물 매매 아이디어 종합

앞에서 미국 주식시장의 원리를 이해한다면 시세의 변동 원리를 지수 선물 매매에도 적용할 수 있음을 확인했다. 이를 포지션 매매, 스프레드 거래와 데이 트레이딩 활용 사례를 통해 알아보았다. 미국 주식시장의 원리를 다시 설명하자면 다음과 같다. 중장기로는 금리 고점을 전후하여 매도로, 금리 저점을 전후로 매수 포지션을 취하여 장기로 끌고 갈 수 있다.

중기 추세의 관점에서는 시장의 추세를 아래와 같이 판단한다.

→ 상승 추세는 이틀 연속 { 나스닥 상승률이 다우 상승률보다 크면서(and) 나스닥 100 상승률이 S&P 500 상승률보다 크고 },

→ 하락 추세는 이틀 연속 { 나스닥 하락률이 다우 하락률보다 크면서(and) 나스닥 100 하락률이 S&P 500 하락률보다 큰 } 것으로 정의.

이러한 추세 판단을 근거로 상승 추세장은, 위에서 얘기했듯이 { 나스닥 상승률이 다우 상승률보다 크면서 (and) 나스닥 100 상승률이 S&P 500 상승률보다 크다 } 는 사실을 선물 매매에 적용하여 선물 매수 { 방향성 또는 스프레드 매수(나스닥 100 선물 매수 and S&P 500 선물 매도) } 로 대응하고, 반대의 경우는 하락장이 되므로 선물 매도로 대응을 하면 된다.

5) 엑셀 미국 선물 실시간 차트 그리기

(1) (엑셀 미국 선물 자동/실시간 차트 그리기를 위한) **엑셀 VBA 구문**(예)

'엑셀 실시간 차트 그리기'를 위한 엑셀 VBA 구문에 대해서는 부록 편에서 자세히 살펴보기로 하고, 여기서는 미국 선물 매매를 위해 (자동/실시간 차트 그리기를 위한) 엑셀 VBA 구문(예)을 살펴보고자 한다. 미국 선물 매매를 위해서는 나스닥 100 선물과 S&P 500 선물 두 개의 시세와 등락률이 있으면 된다. 2024년 7월 현재로 근월물인 2024년 9월물을 선택하면 된다.

(2) (엑셀 자동/실시간 차트 그리기를 위한) 엑셀 VBA 사례

♣ 선물 매매용 엑셀 자동/실시간 차트란?

엑셀 파일 안으로 들어온 데이터를 이용하여 일정 시간 단위의 차트를 자동으로 그리게 할 수 있도록 하는 것을 말한다. 즉 증권회사의 DDE를 통해 들어오는 데이터를 가공하여 여기서는 3분 단위의 차트를 자동으로 그리게 할 수 있다면, 증권회사 HTS를 이용하지 않고 엑셀에서도 차트를 볼 수 있게 된다.

이 책에서는 나스닥 100 선물과 S&P 500 선물의 2개 종목의 3분 단위 '나에차[*]' 차트를 그려보기로 한다.

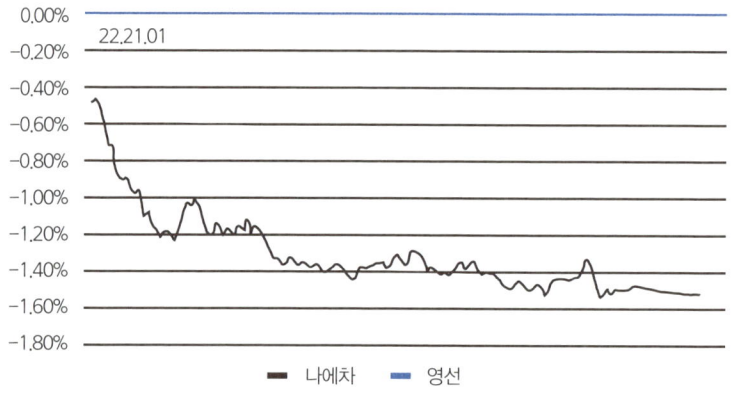

■ [그림 22] 2024년 7월 17일 엑셀 실시간 나에차 차트(예)

[*] **나에차** 나스닥 100 선물 등락률 − S&P 500 선물 등락률

■ 위 차트의 소스 데이터('copy' 시트)

	160	에퍼	나퍼	나에차	에스피	나스닥	영선	copy
147	5:36:01	-1.33%	-2.82%	-1.49%	5641.00	20017.00	0	
148	5:39:01	-1.32%	-2.82%	-1.50%	5641.75	20017.75	0	
149	5:42:01	-1.33%	-2.83%	-1.50%	5641.25	20015.75	0	
150	5:45:01	-1.33%	-2.84%	-1.51%	5641.00	20013.00	0	
151	5:47:56	-1.32%	-2.83%	-1.50%	5641.50	20015.50	0	
152	5:51:01	-1.33%	-2.84%	-1.52%	5641.25	20012.00	0	
153	5:54:01	-1.33%	-2.85%	-1.52%	5641.25	20011.25	0	
154	5:57:01	-1.33%	-2.86%	-1.52%	5641.00	20009.75	0	
155	6:00:01	-1.30%	-2.82%	-1.52%	5643.00	20016.75	0	

[참고 25] (엑셀 미국 선물 실시간 차트 그리기 위한)VBA 코드(1)

```
Sub runmarket()
Dim j As Long
j = Sheets("copy").Range("A1").Value + 1
If j > 131 Then
    MsgBox ("장종료")
    Exit Sub
End If
dTime = Now + TimeValue("00:03:00")
Application.OnTime dTime, "runmarket"
 Application.ScreenUpdating = False
 Application.CutCopyMode = False
'갱신된 시간 가지고 오기
Sheets("realtime").Select
Range("A1").Select
Selection.Copy
Sheets("copy").Select
Cells(j + 1, 1).Select
Selection.PasteSpecial Paste:=xlPasteValues
'갱신된 데이타 가지고 오기(에퍼)
Sheets("realtime").Select
Range("B2").Select
Selection.Copy
```

```
Sheets("copy").Select
Cells(j + 1, 2).Select
Selection.PasteSpecial Paste:=xlPasteValues
'갱신된 데이타 가지고 오기(나퍼)
Sheets("realtime").Select
Range("C2").Select
Selection.Copy
Sheets("copy").Select
Cells(j + 1, 3).Select
Selection.PasteSpecial Paste:=xlPasteValues
'갱신된 데이타 가지고 오기(나에차)
Sheets("realtime").Select
Range("D2").Select
Selection.Copy
Sheets("copy").Select
Cells(j + 1, 4).Select
Selection.PasteSpecial Paste:=xlPasteValues
'갱신된 데이타 가지고 오기(에스피)
Sheets("realtime").Select
Range("E2").Select
Selection.Copy
Sheets("copy").Select
Cells(j + 1, 5).Select
Selection.PasteSpecial Paste:=xlPasteValues
'갱신된 데이타 가지고 오기(나스닥)
Sheets("realtime").Select
Range("F2").Select
Selection.Copy
Sheets("copy").Select
Cells(j + 1, 6).Select
Selection.PasteSpecial Paste:=xlPasteValues
'갱신된 데이타 가지고 오기(영선)
Sheets("realtime").Select
Range("G2").Select
Selection.Copy
Sheets("copy").Select
Cells(j + 1, 7).Select
Selection.PasteSpecial Paste:=xlPasteValues
Application.CutCopyMode = False
Sheets("open").Select
End Sub
```

[참고 25-1](엑셀 미국 선물 실시간 차트 그리기 위한)VBA 코드(2)

```
Sub 새로고침()
    Dim yn
    If Sheet3.Range("A1").Value > 0 Then
        yn = MsgBox("이전 자료를 삭제 할까요?", vbYesNo)
    End If
    If yn = vbYes Then
        Range("A2:G700").Select
        Selection.ClearContents
        Range("E1").Select
    End If
        yn = MsgBox("개장전 입니까?", vbYesNo)
    If yn = vbYes Then
        Application.OnTime TimeValue("22:30:00"), "runmarket"
    Else
        runmarket
    End If
End Sub
```

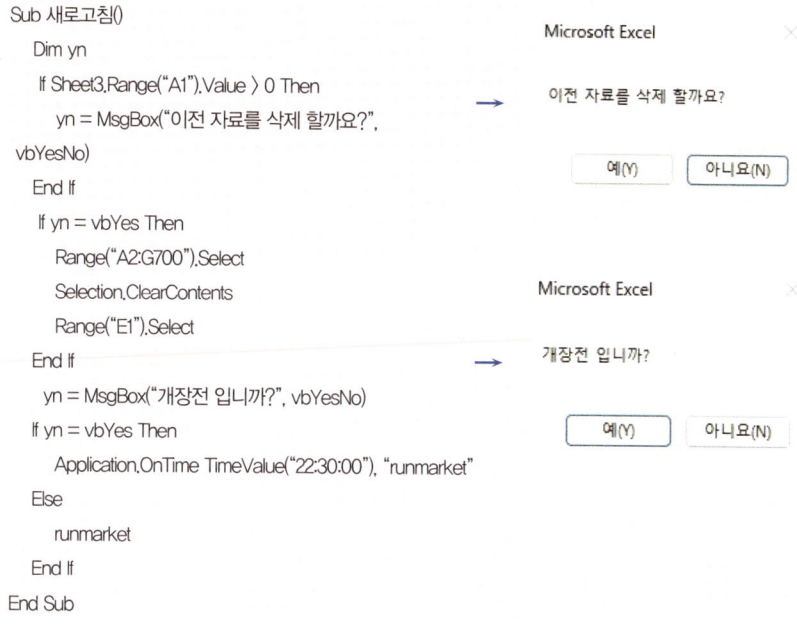

※ 여기에 사용된 'VBA 코드'(코드 1, 2)의 의미

· 전 페이지와 본 페이지에 2개의 VBA 코드(Sub runmarket(), Sub 새로고침())가 있는데, 이걸 복사해서 사용할 경우, VBA 입력창에 '복사→ 붙여넣기'하면 수평의 경계선이 생기며 하나로 합쳐지게 된다(아래 그림 참조).
· 위 코드(예)는 별도로 제공하는 엑셀 파일(QR코드 링크 통해 다운로드)을 참고하면 된다.

```
Application.CutCopyMode = False
Sheets("open").Select
End Sub

Sub 새로고침()
    Dim yn

    If Sheet3.Range("A1").Value > 0 Then
        yn = MsgBox("이전 자료를 삭제 할까요?", vbYesNo)
    End If
```

· 'End Sub'와 'Sub' 사이에 자동으로 경계선이 생김. 즉 첫 번째 코드를 '복사→ 붙여넣기' 한 다음, 다음 줄에 두 번째 코드를 '복사→ 붙여넣기'하면 'End Sub'와 'Sub' 사이에 경계선이 생기면서 두 개의 VBA 코드가 하나로 합쳐진다.

(3) 'VBA코드' 작성을 위해 'VBA 입력창'을 불러오는 두 가지 방법

① '시트'명(또는 '시트' 탭) 오른쪽 마우스로 '코드 보기'→ VBA 화면에서→ '삽입'→'모듈' 선택하면 'VBA 입력창'이 나타남.

② 상단 (리본)메뉴 중, '개발도구'→좌측 'Visual Basic' 선택→'삽입'→'모듈' 선택하면 'VBA 입력창'이 나타남.

*상단 (리본)메뉴에 '개발도구' 탭이 없는 경우: 엑셀 프로그램을 처음 구매하면 '개발도구' 탭이 없어 이걸 추가해야 됨.

■ [그림 23] '개발 도구'탭 추가 하기

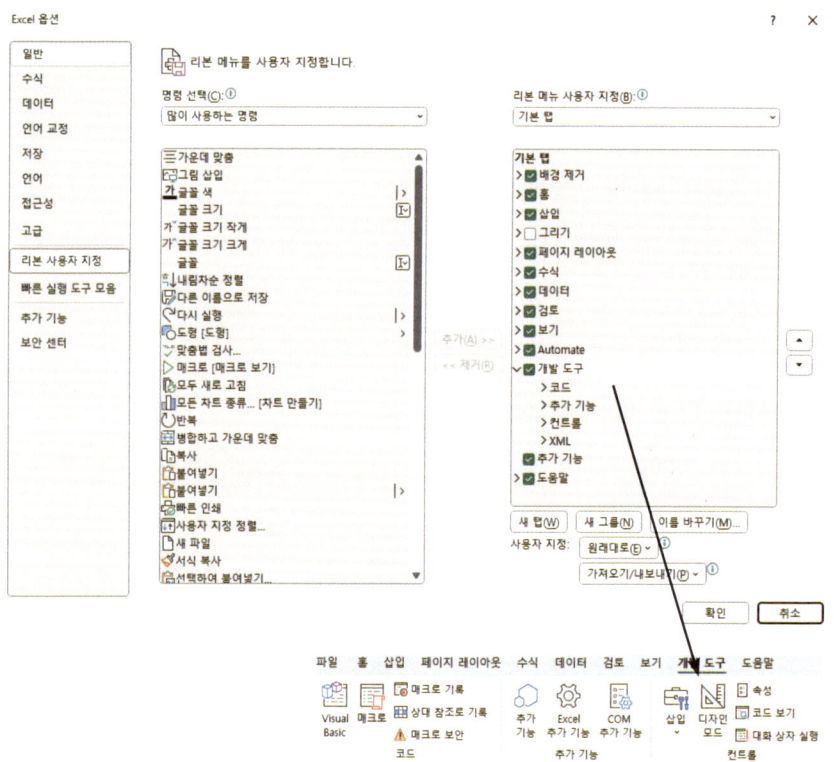

※ '개발 도구' 탭 추가하기

'파일'→'옵션'→'리본 사용자 지정'→우측 '개발 도구'에 체크. 그러면 '리본 메뉴'의 '보기' 옆에 '개발 도구' 탭이 생겨남.

(4) 'VBA 코드' 작성하기

위의 과정으로 'VBA 입력창'이 생성되었으므로 이 'VBA 입력창'에 복사한 두 개의 'VBA 코드'를 연이어 '붙여넣기'하면 'VBA 코드' 작성이 끝나게 된다. 이제 통상 장이 시작되기 전 '매크로 단추'가 있는 'copy'시트에서 '버튼'을 눌러 실행하기만 하면 엑셀 화면을 통해 실시간 차트를 볼 수 있게 된다.

- 'VBA 코드'(코드 1, 2)의 의미

① 첫 번째 코드: 'runmarket'(매크로의 이름)

셋째 줄 'j=Sheets("copy").Range("A1").Value+1', j는 데이터 개수를 의미하고 'If j>131 Then MsgBox("장종료") Exit Sub'는 데이터 개수가 131개가 넘으면 '장종료'라는 '메시지 박스'를 보여주고 '매크로' 명령을 끝낸다는 의미.

'dTime=Now+TimeValue("00:03:00")'는 매 3분 단위로 작동함을 의미. '갱신된 시간 가지고 오기'는 작은 따옴표 다음의 문장은 주석이라는 의미이고, 명령문과는 상관이 없고 단지 참고하기 위한 문장이다.

'Sheets("realtime").Select Range("A1").Select~ Sheets("copy").Select~ Cells(j + 1, 1).Select'는 시간은 'realtime' 시트의 'A1' 셀에서 가져와서 'copy' 시트에 뿌려주되, 'j+1, 1'의 뒤의 '1'은 첫 번째 데이터의 의미. '갱신된 데이터 가지고 오기'(예퍼)도 마찬가지로 글씨 좌측에 작은 따옴표(')가 있으면 매크로

명령문과 상관없는 단순 주석이다.

'Sheets("realtime").Select Range("B2").Select~ Sheets("copy").Select~ Cells(j + 1, 2).Select'는 '코스피' 데이터는 'realtime'시트의 'B2' 셀에서 가져와서 'copy' 시트에 뿌려주되, 'j+1, 2'의 뒤의 '2'은 두 번째 데이터의 의미. 'Sheets("open").Select'는 위의 과정으로 데이터를 'copy' 시트에 뿌려주고 난 뒤, 'open' 시트로 이동한다는 의미로, 즉 매 3분마다 'open'시트로 이동하게 된다.

② 두 번째 코드: '새로고침'(매크로의 이름)

'If Sheet3.Range("A1").Value > 0 Then yn = MsgBox("이전 자료를 삭제할까요?", vbYesNo)'는 'copy'시트의 (시간)데이터 개수가 '1'개 이상이면 "이전 자료를 삭제할까요?"라고 묻는 메시지 박스가 나타나며 묻는다. 장중에 파일을 닫았다 새로 여는 경우가 아니면 당연히 "예"를 선택. 데이터를 삭제하지 않고 이전 데이터에 이어 데이터를 받을 필요가 있을 때엔 "아니오"를 선택하면 되고, 이때는 데이터가 삭제되지 않는다.

'If yn=vbYes Then Range("A2:G700").Select'는 위에서 "예"를 선택했다면 'A2:G700'셀의 모든 데이터가 삭제되고 'yn=MsgBox("개장 전입니까?", vbYesNo) If yn=vbYes Then Application.OnTime TimeValue("22:30:00"), "runmarket" Else runmarket'는 "개장 전입니까?"를 묻고, "예"를 누르면, '22시 30분'부터 작동하고, "아니요"를 누르면 즉시 작동하라는 의미이다. 즉 개장 이후 파일을 여는 경우라면, "아니요"를 누르면 되고, 이때는 '실시간 차트' 파일이 즉시 작동하게 된다.

③ 이상의 과정을 끝내고 '실시간 차트' 파일이 작동된 후 첫 번째 코드

('runmarket')의 명령대로 데이터 개수가 131개가 되면 차트 주기인 3분 후 "장종료"라는 메시지 박스가 나타나며 '실시간 차트' 파일이 끝나게 된다.

(5) (엑셀 자동/실시간 차트)엑셀 VBA 예제의 확장(종목 추가)

위 예제의 엑셀 자동/실시간 차트 파일엔 6개의 데이터만 있는데, 종목 수를 얼마든지 추가할 수 있다.*

종목을 추가하기 위해선 ①'realtime'시트의 '2행'에 DDE로 데이터를 불러와야 한다(DDE로 제공해주지 않는 종목은 추가할 수 없다).

② 불러온 데이터를 'copy'시트로 뿌려준 다음, 이를 차트로 구현하기 위해선 종목에 대한 '이름 정의'를 해줘야 한다.

> 'copy'시트로 데이터를 뿌려주기 위해선 위처럼 코드를 추가해야 하고, 'Sub 새로고침()' 코드 칸의 일곱 번째 줄 'Range("A2:G700").Select'를 'Range("A2:H700").Select'로 수정한다.

---

* 예) 다우선물: =@GOODIGX|fc?YMU24!TRDPRC_1를 'realtime' 시트의 'H2'란에 입력.

※코드 추가: '영선'이 끝나는 다음 칸에 아래처럼 입력

'갱신된 데이타 가지고 오기(다우)
Sheets("realtime").Select
Range("H2").Select
Selection.Copy
Sheets("copy").Select
Cells(j + 1, 8).Select
Selection.PasteSpecial Paste:=xlPasteValues

02
미국 주식, 언제 사고 팔 것인가?

미국 주식을 실전 매매하는 데 가장 중요한 관심사는, ①'어떤 주식을 살 것인가?'와 ②'주식을 언제 사고 언제 팔 것인가?'가 아닌가 한다.

위 ①'어떤 주식을 살 것인가(종목 선택)?'의 문제는 제6장에서 자세히 살펴보았으므로 여기서는 주로 매매 시점에 관련된 사항 위주로 살펴보고자 한다.

주식의 매매 시점과 관련하여 '숲(=시장의 추세, 상승 or 하락 추세)을 먼저 볼 것인가?'와 '나무(=종목)를 먼저 볼 것인가?(숲이냐? 나무냐?)'의 문제가 필연적으로 따르는데 [표 106]에서 보듯 아무리 좋은 주식이라도 하락(추세)장을 비켜서 가기가 어려워 종목 선택 못지 않게 숲(시장의 추세)을 보려는 노력을 게을리해서는 안 된다.

[표 106]을 보면 대표적인 하락 추세였던 2000년, 2008년 및 2022년의 경우 4개 종목의 등락률 평균으로 하락률이 최하 −35.7%(2022년)에서 최대 −71.1%(2000년)에 달한다. 대세 하락장이 진행 중이라면 전부는 아니더라도 투자금의 일부(1/3 내지 1/2 수준)를 줄일 필요는 있다고 본다.

아무리 대세 하락장이라 하더라도 대세 하락의 시작과 끝을 정확히 알 수는 없을뿐더러 주식시장이 중장기로는 우상향한다는 점, [표 106]에서 보듯 큰 하락 이후 이른 시일에 더 큰 상승이 있었다는 점을 고려하면 투자한 주식을 전부 다 청산하는 건 추천하지 않는다. 많은 투자 고수들을 보더라도 큰 하락조차 일시적 하락으로 치부하고 주식 상당 부분을 보유하는 점을 고려하더라도 보유 주식 물량을 전부 축소할 필요는 없다고 본다.

■ [표 106] 추세에 따른 종목별 등락률 집계표(2000~2023)

연도\종목	MSFT	AMZN	GOOG	AAPL	추세
2000	-62.8%	-79.5%		-71.0%	하락
2001	52.7%	-30.8%		47.1%	하락
2002	-22.0%	74.1%		-34.4%	하락\상승
2003	6.8%	179.8%		48.8%	상승
2004	9.1%	-16.0%		201.5%	상승
2005	-0.9%	6.8%	115.2%	123.2%	상승
2006	15.8%	-16.5%	11.0%	18.0%	상승
2007	20.8%	135.0%	50.1%	133.5%	상승
2008	-44.4%	-44.7%	-55.5%	-56.9%	하락
2009	60.5%	162.9%	101.6%	146.9%	하락\상승
2010	-6.5%	33.7%	-4.2%	53.1%	상승
2011	-4.5%	-3.8%	8.8%	25.6%	상승
2012	5.8%	44.8%	9.5%	32.6%	상승
2013	44.3%	59.0%	58.4%	8.1%	상승
2014	27.6%	-22.2%	-5.9%	40.6%	상승
2015	22.7%	117.7%	44.5%	-3.0%	상승
2016	15.1%	10.9%	1.7%	12.5%	상승
2017	40.7%	56.0%	35.6%	48.5%	상승
2018	20.8%	28.4%	-1.0%	-5.4%	상승
2019	57.6%	23.0%	29.1%	89.0%	상승
2020	42.5%	76.3%	31.0%	82.3%	상승
2021	52.5%	2.4%	65.2%	34.6%	상승
2022	-28.0%	-49.6%	-38.7%	-26.4%	하락
2023	58.2%	80.9%	58.8%	49.0%	상승
누적%	939%	3888%	2836%	24647%	
연평균%	16.0%	34.5%	27.1%	41.6%	
CAGR*	10.2%	16.6%	19.5%	25.8%	

※ CAGR(Compound Average Growth Rate): 연평균 복리 성장률

주식 투자는 장기적 관점에서 해야 한다는 점을 일깨워주고, 주식 투자의 목표는 장기적으로 설정되어야 한다는 것을 알려주긴 하나, 투자 기간이 길지 않은 경우에 특히 리스크 관리 차원에서 대응이 필요하다고 본다.

1) 장기 매매 시점

(1) 장기 매매는 언제?

FRB의 금리 인상(인하) 기간에는 중장기 매수(매도) 관점으로 대응한다는 것이고, 특히 주가 고점의 경우 금리 고점보다 늦게 오는 경향(총 4회 중 3회, 최장 321일/약 1년 3월)이 강해 금리 고점 이후 첫 인하 시까지는 상승을 충분히 즐기다가 시장의 균열 신호가 포착될 때 주식 물량을 줄이면 된다.

■ [표 107] 금리고저일 간 지수 등락표(2000~2023)

금리고저일	FRB 금리	금리 고저일 지수		금리고저일간 지수등락	
		다우	나스닥	다우±	나스닥±
00-05-16	6.50	10,934.57	3,717.57		
03-06-25	1.00	9,011.53	1,602.66	-1,923.04	-2,114.91
06-06-29	5.25	11,190.80	2,174.38	2,179.27	571.72
08-12-16	0.25	8,924.14	1,589.89	-2,266.66	-584.49
18-12-19	2.50	23,323.66	6,636.83	14,399.52	5,046.94
20-03-16	0.25	20,188.52	6,904.59	-3,135.14	267.76
23-07-26	5.50	35,520.12	14,127.28	15,331.60	7,222.69
손익합계				24,585.55	10,409.71
상승손익계				31,910.39	12,841.35

[표 107]에서 금리 고점일과 금리 저점일 사이 주가 등락이 정확히 일치함을 보여주고 있고, [그림 24~25]를 통해 차트로도 확인되고 있다.

■ [그림 24] 금리 고저일의 다우 지수

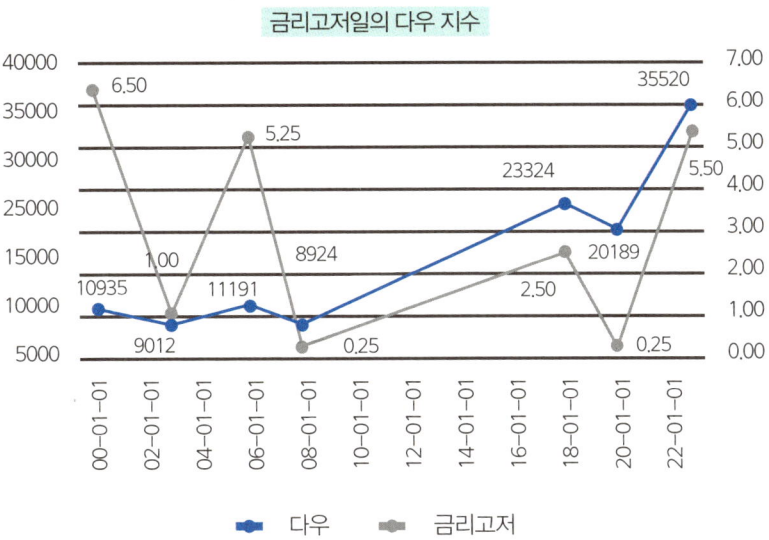

■ [그림 25] 금리 고저일의 나스닥 지수

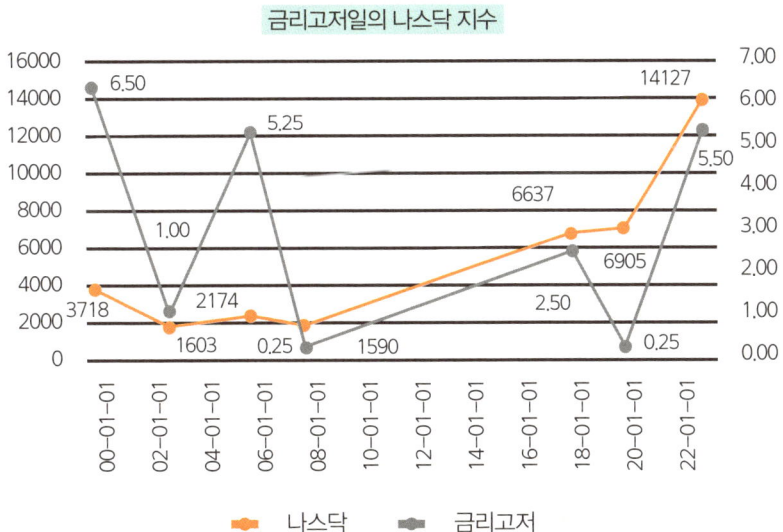

(2) 장기 관점 주식 매도는?

물량 축소(매도) 시점은 금리가 고점을 친 이후부터 첫 인하 시 정도로 하면 되고, 구체적 시점은 미국 주식시장의 원리(하락 추세는 나스닥 하락률이 다우 하락률보다 연속하여 크다)상 하락 추세로 인식될 때로 판단하되, 금리 인하 시기로 이행되면 본격적인 주식 매도 시점으로 보면 된다. 따라서 금리 인하 시기 중엔 축소(매도)한 물량을 서둘러 채울 필요는 없다.

이러한 논리는 금리 고저일과 당시 지수를 보여주는 다음 [표 108, 109]와 수치로 보여주는 앞 페이지 [표 107]로도 확인된다.

■ [표 108] 지수 고저일/금리 고저일의 지수 종합(1998~)

다우	날짜	나스닥	날짜	금리고저	금리고저일	다우	나스닥
7539.07	98-08-31	1419.12	98-10-08	4.75	98-11-17	8986.28	1878.52
11722.98	00-01-14	5048.62	00-03-10	6.50	00-05-16	10934.57	3717.57
7286.27	02-10-09	1114.11	02-10-09	1.00	03-06-25	9011.53	1602.66
14164.53	07-10-09	2859.12	07-10-31	5.25	06-06-29	11190.80	2174.38
6547.05	09-03-09	1268.64	09-03-09	0.25	08-12-16	8924.14	1589.89
29551.42	20-02-12	9817.18	20-02-19	2.50	18-12-19	23323.66	6636.83
18591.93	20-03-23	6860.67	20-03-23	0.25	20-03-16	20188.52	6904.59
45014.04	24-12-04	20173.89	24-12-16	5.50	23-07-26	35520.12	14127.28
42801.72	25-03-07	18196.22	25-03-07	4.50	24-12-18	42326.87	19392.69
55.5%	00-01-14	255.8%	00-03-10	1.75	00-05-16		
-37.8%	02-10-09	-77.9%	02-10-09	-5.50	03-06-25		
94.4%	07-10-09	156.6%	07-10-31	4.25	06-06-29		
-53.8%	09-03-09	-55.6%	09-03-09	-5.00	08-12-16		
351.4%	20-02-12	673.8%	20-02-19	2.25	18-12-19		
-37.1%	20-03-23	-30.1%	20-03-23	-2.25	20-03-16		
142.1%	24-12-04	194.1%	24-12-16	5.25	23-07-26		
-4.9%	25-03-07	-9.8%	25-03-07	-1.00	24-12-18		

■ [표 109] 금리 고저일과 첫 금리 변동일 간 지수 등락

금리고저일	첫금리±일	다우±	나스닥±	금리고저 이후 첫 금리±일 지수	
00-05-16	01-01-03	11.18	-1,100.88	01-01-03	10,945.75	2,616.69
03-06-25	04-06-30	1,423.95	445.13	04-06-30	10,435.48	2,047.79
06-06-29	07-09-18	2,548.59	477.28	07-09-18	13,739.39	2,651.66
08-12-16	15-12-16	8,824.95	3,481.24	15-12-16	17,749.09	5,071.13
18-12-19	19-07-31	3,540.61	1,538.59	19-07-31	26,864.27	8,175.42
20-03-16	22-03-16	13,874.58	6,531.96	22-03-16	34,063.10	13,436.55
23-07-26	24-09-18	5,982.98	3,446.02	24-09-18	41,503.10	17,573.30
금리고점일	첫금리 인상					
금리저점일	첫금리 인하					

다만 아무리 하락 추세라 하더라도 물량 전부를 축소할 필요는 없고, 투자 기간이 장기인지 단기인지에 따라 확연히 구분할 필요가 있다.

① 장기 투자자라면 리밸런싱을 통해 리스크를 일부 축소하면서 물량을 50% 수준은 유지할 필요가 있다.

② 단기 투자자라면 하락 추세 기간 중 물량 축소를 적극적으로 할 필요가 있겠다.

(3) **장기 관점 주식 매수는?**

장기 관점의 주식 매수 시점은 금리가 저점을 찍는 시점을 전후로 시작하면 되고, 추가적으로 상승 추세(이틀 연속 나스닥 상승률이 다우 상승률보다 크면서 (and) 나스닥 100 상승률이 S&P 500 상승률보다 크다)가 확인된다면 매수를 안정적으로 늘려갈 필요가 있다.

대체로 금리 고점 이후 주가 고점이 늦게 찾아오는 것과 달리, 금리 저점의 경우 주가 저점과 거의 일치하는 것으로 나타나므로 적극적 매수 의사를 갖고 시장에 임할 필요가 있겠다.

① 장기 투자자라면 금리 저점 수준에서 하락 추세 기간 중 축소(50% 수준)한 물량을 100% 채워도 된다.

② 단기 투자자라면 주식이 거의 없는 상황에서 금리 저점 수준에서 절반을 채운 다음, 추가적으로 중기 상승 추세 신호가 나올 때 나머지 50%의 물량을 채우면 되겠다.

2) 중기 추세 매매

앞에서 장기 매매 시점을 살펴보았고, 이번에는 장기 매매와 별개로 중기적 관점에서 주식 매매 시점을 살펴보고자 한다. 중기적 관점에서 주식 매매 시점 역시 주식시장의 중기 추세를 읽고 중기 추세에 따라 매매한다는 것이 핵심이다. 그렇다면 대세 판단 못지않게 주식시장의 중기 추세 판단이 중요하다는 것이고 중기 추세를 판단하는 데는 앞에서 설명한 판단법을 적용하면 된다.

✯ 중기 상승/하락 추세 판단법:

→ 중기 상승 추세는 이틀 연속 {나스닥 상승률이 다우 상승률보다 크면서 (and) 나스닥 100 상승률이 S&P 500 상승률보다 크고},

→ 중기 하락 추세는 이틀 연속 {나스닥 하락률이 다우 하락률보다 크면서 (and) 나스닥 100 하락률이 S&P 500 하락률보다 큰 것으로 정의할 수 있다.

(1) 중기 추세 매매는 언제?

기본적으로 중기 상승 추세가 되면 중기적 관점에서 주식 매수를 검토할 때고, 중기 하락 추세가 되면 중기적 관점에서 주식을 매도할 때라 보면 되겠다.

■ [표 110] 중기 추세 신호 발생일과 추세 신호 간 지수 등락(2023~24-07-03)

신호발생일	추세신호	다우 지수	나스닥지수	다신호이익	나신호이익
23-01-11	1	33973.01	10931.67	-81.99	955.78
23-02-06	-1	33891.02	11887.45	1031.99	-126.02
23-03-30	1	32859.03	12013.47	855.68	1322.31
23-06-26	-1	33714.71	13335.78	-703.76	-480.99
23-07-03	1	34418.47	13816.77	704.89	-94.75
23-08-09	-1	35123.36	13722.02	563.38	16.89
23-08-28	1	34559.98	13705.13	-489.56	-481.14
23-09-21	-1	34070.42	13223.99	265.55	-435.69
23-10-11	1	33804.87	13659.68	-1020.57	-1064.07
23-10-26	-1	32784.30	12595.61	-1311.56	-923.17
23-11-06	1	34095.86	13518.78	4467.94	2112.00
24-02-20	-1	38563.80	15630.78	-523.58	-644.16
24-03-01	1	39087.38	16274.94	-502.19	-335.35
24-03-05	-1	38585.19	15939.59	-206.16	-333.79
24-03-07	1	38791.35	16273.38	-1056.24	-388.36
24-04-15	-1	37735.11	15885.02	-768.58	188.38
24-04-23	1	38503.69	15696.64	804.31	2491.66
24-07-03		39308.00	18188.30		
양방향 손익				2029.55	1779.53
매수방향손익	1			3682.27	4518.08

중기 상승 추세 신호 {배열 수식으로 계산 예}
=SUM((C8671:C8688=C8690)*(G8671:G8688))

[표 110]에서 2023년부터 2024년 7월 3일 현재까지 발생된 중기 추세 신호(중기 상승 추세 9회, 중기 하락 추세 8회)와 당시 다우 지수, 나스닥 지수를 보여주고 있다. 각 신호 간 다우 지수, 나스닥 지수의 등락이 나타나는데, 각 신호의 손익(상승 추세 시는 매수 신호에 매수 후 매도 신호에 청산 가정, 하락 추세 시는 매도 신호에 매도 후 매수 신호에 청산을 가상한 손익)을 보면, 이 시기가 장기 상승 추세 구간이어서 매수 신호 경우엔 대체로 이익이 나는 반면, 매도 신호 경우엔 손실이 나는 경우가 많음을 알 수 있다.

물론 투자 기간(장기 투자자냐, 단기 투자자냐)에 따라 물량을 조절해야 한다.

(2) 중기 관점 주식 매도는?

중기 관점 주식 매도 시점은 장기 관점의 주식 매도 시점이 금리 관점에서 판단하는 것과 달리, 미국 주식시장의 원리(하락 추세는 나스닥 하락률이 다우 하락률보다 연속하여 크다)상 하락 추세로 인식될 때로 판단하면 되고, 특히 금리 인하 시기로 이행되면 본격적인 주식 매도 시점으로 보면 되겠다.

[표 110]에서 보듯, 추세 신호가 매도(-) 신호가 나올 때 중기 관점에서 주식을 매도한다. 다만 이 기간이 장기 상승 추세여서 매도 신호가 잘 안 통하는 것을 볼 수 있다. 즉 2000년 초와 같은 대세 하락 추세에서는 매도가 잘 통하는 시기로 보면 된다.

(3) 중기 관점 주식 매수는?

중기 관점의 주식 매수 시점은 상승 추세(이틀 연속 [나스닥 상승률이 다우 상승률보다 크면서(and) 나스닥 100 상승률이 S&P 500 상승률보다 크다])가 확인될 때로 보면 되는데, 이 또한 대세 상승 추세냐, 대세 하락 추세냐에 따라 확연히 구분될 수 있다.

① 대세 상승 추세 시: 중기 추세 매수 신호는 적극적 매수 시점으로 보면 된다. 다만 매수 신호가 출현할 때가 초단기적으로 어느 정도 상승했을 때라고 보면 장중이든 일중이든 조정 시점을 이용해 매수에 가담하는 것이 좋다. 또는 분할 매수로 대응하는 방법도 괜찮다.

② 대세 하락 추세 시: 단기 투자자라면 주식이 거의 없는 상황에서 단기 반등을 노리고 소량 편입을 생각해 볼 수는 있다. 다만 매수 신호가 출현할 때가 초단기적으로 어느 정도 상승했을 때라고 보면 장중이든 일중이든 조정 시점을

이용해 매수에 가담하거나 아니면 대세 하락기의 매수는 실패할 가능성이 높으므로 주식 매수를 자제하는 것도 하나의 방법이다.

3) 데이 트레이딩

앞에서 장기 매매 시점과 중기 추세 매매 시점에 대해 알아보았고, 이번에는 단기 내지 데이 트레이딩에서 주식 매매 시점을 살펴보고자 한다. 대세 판단에 따른 장기 매매 시점과 중기 추세 판단에 따른 중기 추세 매매 시점과 달리 데이 트레이딩에 있어서의 매매 시점은 당일 매매에 초점을 맞춰 매수와 매도 시점을 탐색하게 되고, 데이 트레이딩 매매의 기준은 중기 추세 판단법과 비슷하면서 약간 다르다고 보면 된다.

즉 데이 트레이딩 시 상승/하락 판단법은,
→ 데이 상승 추세는 { 나스닥 100 지수(또는 선물) 등락률이 S&P 500 지수(또는 선물) 등락률보다 크고 },
→ 데이 하락 추세는 { 나스닥 100 지수(또는 선물) 등락률이 S&P 500(또는 선물) 등락률보다 작은 } 것으로 정의할 수 있다.

(1) 데이 트레이딩 매매는 언제?
기본적으로 데이 트레이딩에 있어서는 나스닥 100 지수(또는 선물)의 등락률이 S&P 500 지수(또는 선물)의 등락률보다 크다(>)면 매수 시점으로, 반대의 경우엔 매도 시점이라 보면 된다.
[표 111]에서 2024년 12월 2일부터 2025년 1월 13일까지 일별 사례를 보여

주고 있다. 매수 신호 사례 15건과 매도 신호 사례 13건에서 매수 신호의 경우엔 TQQQ 주가가 대체로 양봉으로 끝나고 있고, 매도 신호의 경우엔 숏/인버스 ETF인 SQQQ 주가도 대부분 양봉으로 끝나고 있는 것을 볼 수 있다.

(2) 데이 트레이딩 관점 주식 매도는?

중기 관점 주식 매도 시점이 미국 주식시장의 원리(하락 추세는 나스닥 하락률이 다우 하락률보다 연속하여 크다)상 하락 추세로 인식될 때로 판단하면 되는 데 반해, 데이 트레이딩 관점의 주식 매도는 철저하게 초 단기 관점의 주식 매도로 접근해야 한다. 데이 하락 추세가 될 때 즉 당일의 나에차(=나스닥 100 지수 등락률-S&P 500 지수 등락률)가 마이너스(음, 陰)일 때 주식을 매도하게 된다.

[표 111]에서 보듯, 나에차가 개장 초반(서머타임 기준 22시 33분)에 마이너스로 출발했던 13건의 경우 단타 관점에 보유한 주식을 매도하거나 숏/인버스 ETF(예: PSQ, SQQQ 등) 매수(사례에선 SQQQ매수)하면 된다.

(3) 데이 트레이딩 관점 주식 매수는?

데이 트레이딩 관점에서 주식 매수는 데이 상승 추세가 될 때, 즉 개장초 나에차(=나스닥 100 지수 등락률-S&P 500 지수 등락률)가 플러스가 될 때 주식을 매수하면 된다.

[표 111]에서 보듯, 나에차가 개장 초반(서머타임 기준 22시 33분)에 플러스로 출발한 15건의 경우, 단타 관점으로 주식을 매수하거나 ETF를 매수(사례에선 TQQQ 매수)하면 된다.

데이 트레이딩 관점의 매수(TQQQ/SQQQ)는 각각 익일 새벽 종가로 청산한다.

■ [표 111] 데이 트레이딩 신호와 종목 등락 사례

날짜	나에차 23:33:00	매수종목 TQQQ/SQQQ	매수가 23:33:00	매도가 6:00:00	수익률	누적%	
24-12-02	0.36%	TQQQ	$80.48	$82.48	2.49%	2.49%	
24-12-03	-0.23%	SQQQ	$31.79	$31.25	-1.70%	0.79%	
24-12-04	0.34%	TQQQ	$84.87	$86.25	1.63%	2.41%	
24-12-05	-0.01%	SQQQ	$30.12	$30.38	0.86%	3.28%	
24-12-06	0.03%	TQQQ	$85.78	$87.74	2.28%	5.56%	
24-12-09	-0.09%	SQQQ	$29.77	$30.31	1.81%	7.37%	
24-12-10	0.13%	TQQQ	$86.25	$84.76	-1.73%	5.65%	
24-12-11	0.33%	TQQQ	$86.83	$89.29	2.83%	8.48%	
24-12-12	-0.33%	SQQQ	$29.50	$29.57	0.24%	8.72%	
24-12-13	0.48%	TQQQ	$89.52	$89.41	-0.12%	8.60%	
24-12-16	0.33%	TQQQ	$91.05	$93.29	2.46%	11.06%	
24-12-17	0.08%	TQQQ	$92.12	$92.04	-0.09%	10.97%	
24-12-18	-0.19%	SQQQ	$28.28	$31.11	10.01%	20.98%	
24-12-19	-0.17%	SQQQ	$30.35	$31.55	3.95%	24.94%	
24-12-20	-0.35%	SQQQ	$32.29	$31.15	-3.52%	21.42%	손절:-3.5%
24-12-23	0.29%	TQQQ	$83.76	$85.03	1.52%	22.94%	
24-12-24	0.17%	TQQQ	$86.00	$88.44	2.84%	25.77%	
24-12-26	0.03%	TQQQ	$87.82	$88.25	0.49%	26.26%	
24-12-27	-0.18%	SQQQ	$28.74	$29.15	1.43%	27.69%	
24-12-30	-0.14%	SQQQ	$30.40	$30.34	-0.20%	27.49%	
24-12-31	-0.11%	SQQQ	$30.17	$31.12	3.15%	30.64%	
25-01-02	0.06%	TQQQ	$80.46	$78.68	-2.21%	28.43%	
25-01-03	0.17%	TQQQ	$80.36	$82.57	2.75%	31.18%	
25-01-06	0.34%	TQQQ	$85.16	$85.21	0.06%	31.23%	
25-01-07	-0.19%	SQQQ	$28.67	$30.37	5.93%	37.16%	
25-01-08	0.05%	TQQQ	$80.29	$80.68	0.49%	37.65%	
25-01-10	-0.12%	SQQQ	$31.26	$31.83	1.82%	39.47%	
25-01-13	-0.42%	SQQQ	$32.96	$32.15	-2.46%	37.02%	
합계					37.02%		

총일수	T+	11	19.8%	총일수	28		
이익일	T-	4	-4.1%	이익일	20		
승률	S+	9	29.2%	승률	71.4%		
이익계	S-	4	-7.9%	이익계	49.0%		
손실계	TQQQ	15	15.7%	손실계	-12.0%		
손익비	SQQQ	13	21.3%	손익비	4.08		

■ [표 112] 대표 ETF(QQQ, PSQ)의 최근 일자별 등락

일자\종목	QQQ(Invesco QQQ)		PSQ(Short QQQ)	
	시가%	종가%	시가%	종가%
24-12-02	0.25%	1.09%	-0.26%	-1.10%
24-12-03	-0.26%	0.31%	0.32%	-0.29%
24-12-04	0.67%	1.24%	-0.61%	-1.17%
24-12-05	0.01%	-0.28%	0.00%	0.27%
24-12-06	0.13%	0.89%	-0.03%	-0.80%
24-12-09	-0.18%	-0.78%	0.19%	0.81%
24-12-10	0.24%	-0.34%	-0.24%	0.38%
24-12-11	0.85%	1.79%	-0.83%	-1.82%
24-12-12	-0.42%	-0.65%	0.49%	0.71%
24-12-13	0.75%	0.77%	-0.68%	-0.70%
24-12-16	0.48%	1.44%	-0.49%	-1.44%
24-12-17	-0.34%	-0.44%	0.36%	0.44%
24-12-18	-0.12%	-3.61%	0.17%	3.63%
24-12-19	0.91%	-0.45%	-0.88%	0.50%
24-12-20	-0.73%	0.87%	0.79%	-0.87%
24-12-23	0.17%	0.81%	-2.10%	-2.74%
24-12-24	0.37%	1.36%	-0.30%	-1.29%

(4) 주식 데이 트레이딩 방법 및 예시

주식 매매의 데이 트레이딩 역시 통상 기술적 분석을 통해서 하는 것이지만, 여기에서는 미국 주식시장의 원리를 주식 매매에 접목하여 주식 데이 트레이딩을 하는 것이다.

즉 위에서 얘기했듯이 데이 상승 추세는, "나스닥 100 지수 등락률이 S&P 500 지수 등락률보다 크다"면 데이 상승 추세로 인식하여 데이 트레이딩으로 주식 매수로 대응하고, 반대의 경우 주식 매도로 대응하면 된다.

구체적으로 주식 데이 트레이딩의 주식 매매 방법은 아래와 같다.

① 나에차(나스닥 100 지수 등락률-S&P 500 지수 등락률)가 플러스면 방향성으로 주식을 매수한다.

② 나에차가 마이너스면 주식을 매도하거나 숏/인버스 ETF 종목(PSQ, SQQQ 등)을 매수한다.

(5) 진입 및 청산 방법
① 차트 표시 주기는 3분 단위로 하며, 데이 트레이딩 관점에서 첫 진입은 장 개시 첫 3분 경과 후인 22시 33분에 나에차가 '+'면 주식을 매수하고, '-'면 보유 주식을 매도한다.

② 첫 진입 이후 장중에 나에차의 방향이 바뀌는 경우가 있는데, 이 경우 기존의 방향이 '매수'였다면 다시 '매도'하고 데이 트레이딩 거래를 끝내거나, 아니면 반대 신호에 대응하지 않고 주식을 보유('시종 매매'라 한다)할 수도 있다.

③ 이날 초기 신호에 매수했다면 당일 종가 가격으로 매도하여 청산하거나 익일 이후 정산할 수 있으며, 마찬가지로 초기 신호에 주식을 매도했다면 당일 종가 가격으로 재 매수하거나 아니면 익일 이후 매수할 수도 있다.

4) 미국 주식, 매매 시점 종합

위에서 미국 주식시장의 원리를 이해한다면 시세의 변동 원리를 주식 매매에도 적용할 수 있음을 주식의 장기 매매, 중기 추세 매매와 데이 트레이딩 매매 사례를 통해 알아보았다.

따라서 미국 주식시장의 장기 추세를 아래와 같이 판단한다.

① FRB 금리의 인상 기간은 주가가 대세 상승 추세다.

② FRB 금리의 인하 기간은 주가가 대세 하락 추세로 정의하고, 장기 관점으로 상승 추세에서는 주식을 적극적으로 매수하고, 하락 추세에서는 보유 주식을 축소한다는 것이다.

중기 추세 매매를 위한 (상승, 하락)추세 판단법은 다음과 같다.

→ 상승 추세는 이틀 연속 { 나스닥 상승률이 다우 상승률보다 크면서(and) 나스닥 100 상승률이 S&P 500 상승률보다 크고 }

→ 하락 추세는 이틀 연속 { 나스닥 하락률이 다우 하락률보다 크면서(and) 나스닥 100 하락률이 S&P 500 하락률보다 큰 } 것으로 정의한다.

상승 추세에서는 주식을 매수하고 하락 추세에서는 보유 주식을 매도하거나 숏 ETF 종목(PSQ, SQQQ, SPXU, SDOW 등)을 매수하면 된다는 것이다.

결론적으로 이러한 장기와 중기 추세 판단과 달리 단기 관점이라 할 데이트레이딩에 있어서의 주식 매매는, 개장 초반 {나스닥 100 상승률이 S&P 500 상승률보다 크다면 데이 관점에서 상승장이 되어 주식을 매수하고, 반대의 경우는 하락장이 되므로 보유 주식을 매도하거나 숏 ETF 종목 매수로 대응하면 된다.

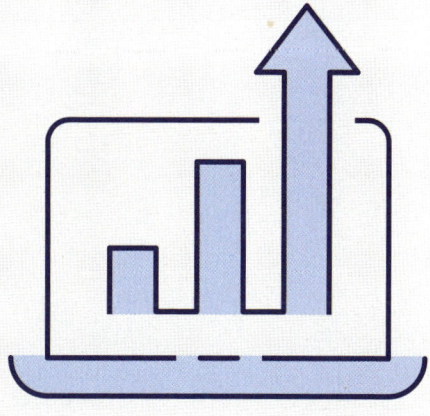

엑셀 활용법

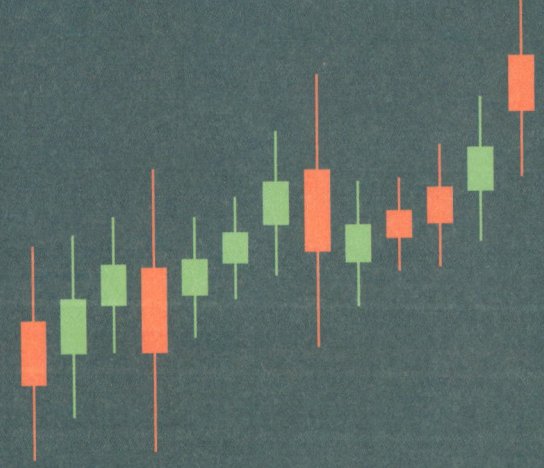

PART 4

1. 미국 시장 분석, 엑셀이 최고다!
  01 미국 시장 데이터 정리가 중요한 이유
  02 데이터 정리에 엑셀이 필요한 이유
  03 엑셀DDE

2. 미국 시장 분석에 필요한 엑셀의 주요 기능
  01 증권투자용 엑셀의 주요 기능
  02 엑셀 실시간 차트 그리기
  03 데이터 정리에 꼭 필요한 엑셀 함수 활용법

Excel 01
미국 시장 분석, 엑셀이 최고다!

'역사는 반복된다'라는 말처럼 금융시장에서도 과거 시장의 역사를 알아야 하며, 이를 위해선 증권시장의 데이터 정리가 필수적이다. 데이터 정리에 필수적 도구인 엑셀 중에서 증권투자에 반드시 필요한 부분만을 추려서 자세히 설명한다.

이 책에서 설명하는 투자용 엑셀을 익힌다면 독자 스스로 매매 시스템을 구축하는 데 유익하도록 하였다.

01
미국 시장 데이터 정리가 중요한 이유

1) 미국 시장은 전 세계 유일무이한 빅 마켓

제2장에서 언급한대로 미국 시장은 시가 총액 규모로 2023년 현재 전 세계 거래소의 약 45%(2024년 50% 상회 추정), MSCI 선진국 지수 내의 비중으로도 약 70%를 점유하고 있어 전 세계 거래소에서 미국 시장이 독보적 위상으로 전 세계에서 유일한 벤치마킹(Bench-marking) 대상이다.

미국 시장의 규모가 큰 만큼 외부 요인에 의해 움직일 가능성이 낮고, 자체적인 주가 변동 요인에 의해 시장이 움직인다는 것이어서 미국 자체적인 요인에 집중하면 된다.

주가의 변동 요인으로 중요한 것이 경제 동향과 부수적으로 수급적 요인이 있는데, 경제 동향이란 것이 예측하기도 어렵거니와 '주가는 경제의 거울'이란 말이 있듯이 경제 상황이 결국 주가에 투영되어 있기 마련이어서 주가의 움직임에 집중하는 것으로 경제 동향에 순응하게 된다고 보면 된다.

즉 미국 시장은 거대한 시장 규모로 인해 다른 시장의 영향에서 자유로우므로 미국 시장에 집중하면 되고, 바로 주가(데이터)에 집중하면 된다는 것이다.

2) 미국 시장은 기관투자자가 주도하는 시장

■ [표 113] 주요 대형주의 기관 보유 비중

23-12-08

설립년도	Symbol	회사명	시총(B$)	기관보유%	거래소
1976	AAPL	Apple Inc.	↑ 3043.84	61.67%	NAS
1975	MSFT	Microsoft Corporati	↑ 2781.37	73.21%	NAS
1998	GOOG	ALPHABET CL C CA	↑ 1581.14	62.31%	NAS
1994	AMZN	AMAZON.COM INC	↑ 1523.44	61.92%	NAS
1993	NVDA	NVIDIA CORPORATI	↑ 1173.40	68.57%	NAS
2003	TSLA	TESLA, INC.	↑ 775.15	44.71%	NAS
2004	META	Meta Platforms, Inc.	↑ 738.58	78.24%	NAS
1876	LLY	Eli Lilly Company	↑ 567.73	84.36%	NYS
1977	UNH	UnitedHealth Group	↑ 508.50	89.47%	NYS
1799	JPM	JPMorgan Chase &	↘ 458.28	72.07%	NYS
1960	AVGO	BROADCOM INC.	↘ 441.12	74.11%	NAS
1958	V	Visa Inc.	↘ 404.24	98.65%	NYS
1966	MA	Mastercard Inc.	↘ 383.49	78.78%	NYS
1886	JNJ	Johnson & Johnson	↘ 371.73	71.13%	NYS
1837	PG	Procter & Gamble C	↘ 342.10	66.78%	NYS
1978	HD	The Home Depot, In	↘ 324.92	71.73%	NYS
1982	ADBE	ADOBE INC.	↘ 277.74	86.11%	NAS
1976	COST	COSTCO WHOLESA	↘ 270.42	71.28%	NAS
1891	MRK	Merck & Co., Inc.	↘ 262.90	77.83%	NYS
1886	KO	The Coca-Cola Com	↘ 253.40	71.73%	NYS
1946	평균	20	↑ 824.17	73.23%	〉평균

미국 시장의 특징으로 역사가 오래된 기업일수록 대주주의 지분이 낮고* 대부분의 지분을 기관투자자가 보유([표 113] 참조, 20개사 평균 기관 보유 비중 73.23%)하고 있어 주가 자체는 기관투자자의 수급에 의해 좌우된다고 해도 과언이 아니다. 비근한 예로 미국 시장에선 특정 기관이 특정 주식을 사거나 팔았다고 해서 당해 주식의 주가가 크게 출렁이는 경우가 심심치 않게 뉴스에 오르내리곤 하는데, 이 또한 기관투자자의 역할론에 다름 아니다.

기관투자자의 속성상 기본에 충실한 투자를 한다고 보면 경제 펀더멘탈을 투자에 반영하기 마련이고, 개별 기업의 선정에 있어서도 기업 실적 및 실적에서 파생되는 다양한 지표를 활용하게 된다. 이런 환경하에서 주가란 결국 기관투자자들의 의사가 반영된 결과물이어서 주가로 대변되는 데이터에 집중하면 되는 것이다.

3) 과거는 미래를 비추는 거울

'역사는 반복한다'는 말이 있는 것처럼 주가 역시 반복한다는 것이고, 특히 미국 시장의 경우 데이터를 정리해보면 (과거의) 주가가 반복되는 특징을 확인

---

* 미국 시장이 대주주의 지분이 낮고 기관의 비중이 높다 보니 창업자의 경영권 보장을 위해 복수 의결권 제도를 채택한 기업이 많은데, A주, B주, C주 등으로 구분되는 것이 바로 의결권의 차이에 따른 주식의 구분이 된다.
  ▼ 복수의결권 사례
  ① 구글(알파벳, GOOG): 2004년 상장 시 B주(1주 10의결권, 비상장, 창업자 보유), A주는 1주 1의결권, C주는 무의결권주
  ② 페이스북(메타, META): 2012년 상장 시 A주(1주 1의결권), B주(1주 10의결권, 대부분 창업자가 보유)
  ③ 쿠팡(CPNG): 대주주 경영권 방어 위해 미국에 상장, 2021년 상장 시 B주(1주 29의결권)를 창업자에게 부여

할 수 있어 이는 데이터 정리의 필요성을 강화시켜 준다.

주가 데이터를 정리하다 보면 어렵지 않게 시장이든 개별 기업의 주가든 분석할 수 있다. 이렇게 분석한 결과를 주가가 반복된다는 특성과 결합하여 이용한다면 미래의 주가를 예측할 수 있다는 결론에 이를 수 있다.

4) 데이터 정리를 통해 예측 가능한 미국 시장

미국 시장은 데이터 정리를 통해 축적한 매일 매일의 데이터를 분석하면 미래 시장의 움직임을 예측 가능하다는 사실이 데이터 정리의 가장 큰 이점이라 할 수 있다. 미국 시장의 예측 가능성으로 알 수 있는 사실은 다음과 같다.

① 미국 시장은 데이터 분석으로 예측이 가능한 시장 → 데이터 정리의 당위를 설명해주는 요인.

② 미국은 시장의 변동 원리(추세 우위의 법칙, 강도 중요성 법칙, 합창 반대의 법칙)가 통용되는 시장.

③ 미국과의 동조화로 코스피 대응이 가능 → 데이터 정리의 필요성을 강화시켜 주는 요인.

02
데이터 정리에 엑셀이 필요한 이유

1) 엑셀은 현존하는 최고의 스프레드시트(Spread Sheet) **프로그램**

스프레드시트는 수 계산 및 그래프 작성 등을 자동으로 처리할 수 있는 컴퓨터 응용 프로그램으로 워크시트(work sheet)라고도 한다. 마이크로소프트 오피스 엑셀(MS-Office Excel), 줄여서 '엑셀'은 바로 스프레드시트 프로그램의 대표적인 제품이다. 스프레드시트는 원래 상점 등에서 쓰는 전표 또는 계산용지를 뜻하는데, 이 계산용지를 컴퓨터 화면에서 구현하도록 만든 것이 소위 현재의 스프레드시트, 즉 엑셀이다.

스프레드시트가 전표에서 출발했듯 초기 엑셀은 전표 정리에 도움을 주는 수 계산(산술 연산) 기능, 즉 회계 기능을 위한 것에서 출발하여 기본적으로 데이터베이스 관리에 탁월하다. 이후 계속 발전하여 데이터를 차트로 표현할 수 있으며 VBA(Visual Basic for Applications)를 통한 프로그래밍을 사용하여 반복 작업을 용이하게 해주는 것은 물론 다양한 추가 기능을 사용할 수도 있다.

2) 엑셀은 데이터 정리에 최적화된 프로그램

마이크로소프트사에서 개발한 MS-Office의 일부인 현재의 엑셀(Excel)은 1987년 첫 개발 이후 진화를 거듭하여 현재는 기능면에서 엄청난 발전을 이루었다. 엑셀의 작업 화면인 시트(Sheet) 내 셀(Cell) 개수만도 가로 열 $2^{14}(=16,384)$*세로 행 $2^{20}(=1,048,576)$으로 셀 개수가 하나의 시트(Sheet) 당 171억 개([그림 26]참조)에 달할 정도이니 용량이 무제한이라 해도 과언이 아니다.

엑셀은 큰 용량만큼이나 데이터 정리에 필요한 사항을 모든 수식으로 표현할 수 있으며, 수식으로 안 되는 경우 함수를 이용하여 다양하게 자료를 생성할 수 있다. 결론적으로 엑셀이야말로 많은 데이터를 정리하고 분석할 수 있는 최고의 프로그램이라 할 수 있다.

다른 프로그래밍 언어는 습득하기 위해 상당한 노력을 기울여야 하는데 엑셀은 누구나 쉽게 접근할 수 있다는 장점이 있다.

* '삽입'→'그림'→'셀 위에 배치'→'스톡 이미지'→해당 그림 선택

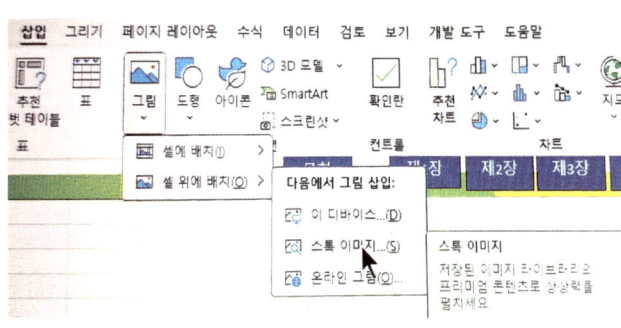

[참고 26] 엑셀의 다양한 기능

· 워크시트를 이용한 작업
· 편리한 수식 계산 기능
· 다양한 차트 제작 기능
· 함수를 이용한 수식 계산 및 자료 분석
· 수식을 이용한 간편 편집, 디스플레이
· 응용 프로그램 개발(Macro)
· 데이터 쿼리(웹, 문서, etc.)
· 그림이나 클립아트 등 다양한 개체 삽입
· 데이터베이스 기능
  등 총 500여 가지의 기능

⇒ 그림 삽입으로 가져온 그림

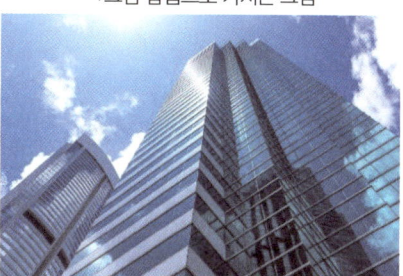

■ [그림 26] Sheet의 셀 개수: 16,384*1,048,576=17,179,869,184

: 열의 개수(엑셀 수식=2^{14})   16,384
: 행의 개수(엑셀 수식=2^{20})   1,048,576
→ 시트당 셀의 총 개수   17,179,869,184

03
엑셀DDE

1) DDE로 엑셀에 데이터 끌어오기

(1) **엑셀 DDE**(Dynamic Data Exchange: 동적 데이터 교환)

• DDE란?

윈도 프로그램들 사이의 데이터 통신을 위한 메시지 프로토콜(컴퓨터끼리 데이터를 주고받기 위해 필요한 통신규약)이라 정의할 수 있다. 증권 분야에서는 증권회사가 제공하는 데이터를 엑셀 화면으로 불러오게 하는 방법을 말한다. 쿼리(Query)의 일종이다.

→ 엑셀에 DDE를 설정한 상태에서 DDE를 실행하면 실시간으로 다이내믹하게 데이터가 수정·교환됨 ⇒ 동적 데이터 교환

(2) DDE **실행방법**(신한투자증권의 경우)

① '신한i'/'신한igx(해외선물 전용)'/'신한 SOL' HTS 프로그램 실행

② '신한i' 또는 '신한iGX' 의 상단 메뉴 바 '설정/도우미' → 'DDE 설정'
→ 'DDE 시작'을 순차적으로 클릭

'신한 SOL'의 상단 메뉴 바 '환경설정'→'데이터 내보내기(DDE)'→'데이터 내보내기(DDE) 시작'을 순차적으로 클릭.

■ '신한i' 경우 상단 메뉴 바

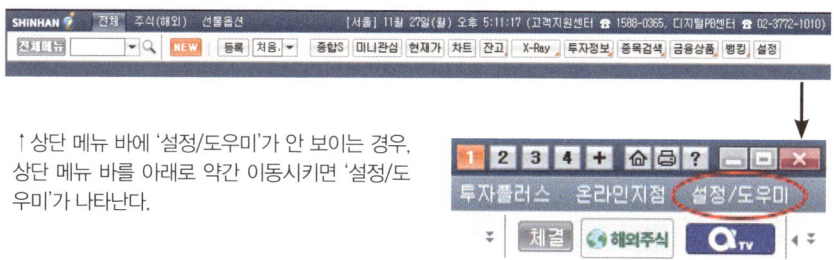

↑ 상단 메뉴 바에 '설정/도우미'가 안 보이는 경우, 상단 메뉴 바를 아래로 약간 이동시키면 '설정/도우미'가 나타난다.

③ 다음 화면('DDE 설정' 상자)이 나타난다.

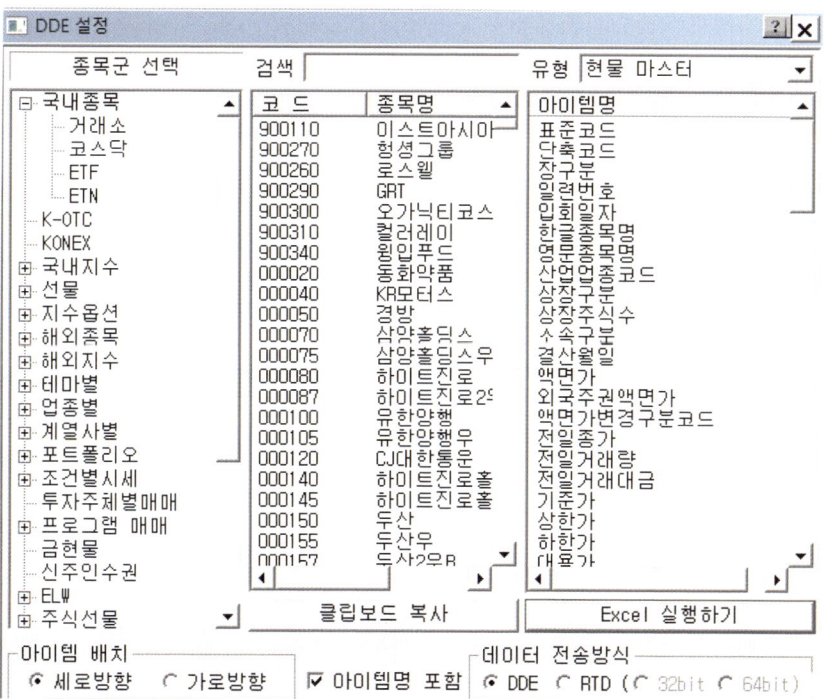

'신한i' 화면

PART4 엑셀 활용법 279

'신한 SOL' 화면

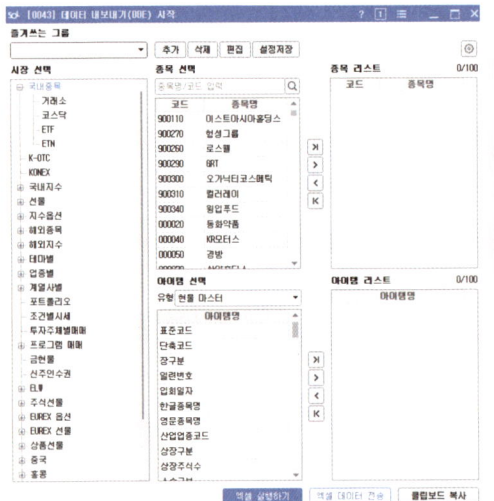

[참고 27] 쿼리란?

쿼리는 쉽게 말해 데이터 베이스에 정보를 요청하는 것으로 데이터가 입력된 DB에서 원하는 조건의 데이터를 조작하는 언어의 집합을 말한다. 대표적으로 웹에서 데이터를 가져오도록 하는 것을 웹 쿼리(Web Query)라고 한다.

④ 이 화면에서 하단의 'Excel 실행하기'(클릭)하면 엑셀 프로그램 화면이 나타난다.

⑤ 위 'DDE 설정' 화면은 3개 카테고리(종목군 선택/코드∥종목명/아이템명)로 구성. 종목군 → 종목명 → 아이템명에서 아이템을 엑셀 화면으로 끌어오면 DDE 끝. 이후 데이터는 개장과 동시에(또는 열 때), 엑셀 화면에서 실시간으로 데이터가 바뀜(한 종목을 끌어온 후 '끌어오는 동작'으로 종목을 계속 추가하면 됨).

다만, 위의 방법으로 하면 '아이템명'까지 가져오게 되는데 통상 아이템명은 필요 없으므로 위 'DDE 설정' 화면의 중앙 하단 '아이템명 포함'에서 '체크 표시(∨)' 해제를 권장한다.

■ 신한 SOL의 DDE 실행하기

위 '신한'와 달리 '신한 SOL'이나 대부분의 증권사 DDE프로그램에선 (회사마다 약간 차이는 있으나, '신한 SOL'기준) '시장 선택'→'종목 선택'→후 '우측 화살표(>)'로 '종목 리스트'로 보내고, '아이템 선택' 란에서 '아이템'을 선택 후 '우측 화살표(>)'로 '아이템 리스트'로 보내고 '엑셀 데이터 전송'을 클릭한다. 그러면 엑셀 화면상에 선택된 종목과 선택된 아이템이 나타나게 된다(아래 '신한 SOL' 화면 아래 엑셀 화면).

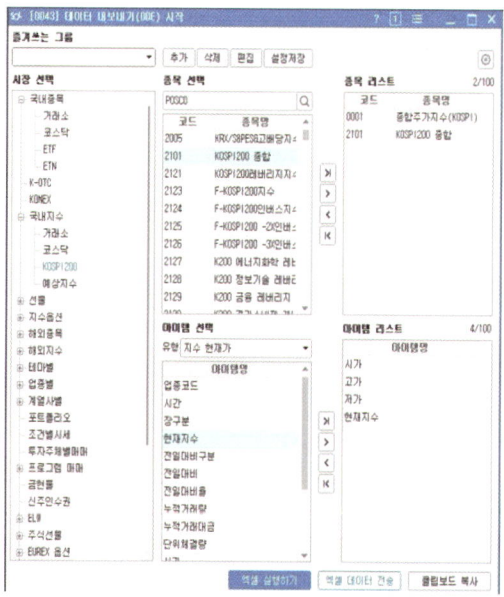

[참고 28] 엑셀 화면을 열 때 주의 사항

· 'Excel 실행하기'를 통해 엑셀을 열어야 DDE가 작동되어 실시간 데이터가 수신되므로 특히 주의! 즉 이 상태에서 기존 엑셀 파일을 열거나, 아니면 새로 엑셀 파일을 만들어야만 DDE가 실행된다. 따라서 'Excel 실행하기'를 통하지 않고 엑셀 화면을 열고 DDE 파일을 열면 DDE가 실행되지 않는다.
· 한편 엑셀 DDE파일을 2개 이상을 동시에 열 경우, 엑셀 실시간 차트 파일이 포함되어 있지 않으면 상관없으나, 엑셀 실시간 차트 파일이 포함돼 있다면 에러가 날 수 있으므로 엑셀 실시간 차트 파일은 단독으로 열어야 한다.

엑셀 화면 ↓

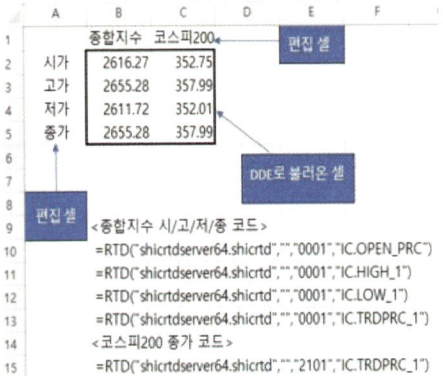

> ※ 위 '신한 SOL' DDE 실행하기
> - 종목과 아이템을 선택 후 '엑셀 데이터 전송'을 통해 엑셀을 열었다. DDE로 불러온 셀은 'B2:C5' 셀이고 'B1:C1'셀과 'A2:A5' 셀은 사용자 편의를 위해 수기로 작성한 셀로 다양하게 편집할 수 있다.
> - 엑셀 화면상 코드가 보이는데 코드의 중간 부분 "0001"과 "2101"은 종목의 고유 숫자로서 엑셀에서 이 고유 숫자를 바꿔주면 종목을 바꿀 수 있다.
> - '종목 바꾸기'할 때 셀이 여러 개(하나)라면, 바꾸고자 하는 셀을 모두 선택한 다음, 'Ctrl키+H'로 나타나는 화면에서 '찾을 내용'칸과 '바꿀 내용'칸을 기록 후, 좌측 하단 '모두 바꾸기'('바꾸기')를 선택하면 모두 바뀐다.

'찾기 및 바꾸기' 창 ↓

[참고 29] DDE에서 주식 종목과 선물/옵션 종목의 차이

주식 종목의 경우 영구적으로 사용할 수 있으나, 선물/옵션 종목의 경우 만기가 있어 주기적으로 바꿔줘야 하므로 특별한 주의 필요(바꿀 때 '찾기 및 바꾸기' 창 활용).

⑥ 이상 DDE로 불러온 데이터를 한 시트('데이터 정리 시트')에 모아놓고 다른 시트에서 참조시키도록 하면 된다. → 'rtusstocks'파일에서 '데이터 정리 시트'는 'realtlme'시트이다.

■ [그림 27] 'rtusstocks' 파일 데이터 정리 시트(realtime 시트 화면 캡처)

	Symbols	지수명/회사명	전일종가	시가	고가	저가	종가	당일%
4								
6	NAS@IXIC	나스닥 종합	18,095.15	18,189.67	18,363.94	18,181.53	18,239.92	0.80%
7	SPI@SPX	S&P 500(대)	5,705.45	5,723.22	5,772.52	5,723.22	5,728.80	0.41%
8	SPI@SPMID	S&P 400(중)	3,098.00	3,109.92	3,130.43	3,099.15	3,102.85	0.16%
9	SPI@SPSML	S&P 600(소)	1,383.60	1,390.21	1,401.98	1,386.24	1,389.31	0.41%
10	NYS@NYA	NYSE 종합	19,238.95	19,238.95	19,423.21	19,238.95	19,253.54	0.08%
11	AMS@XAX	AMEX 종합	5,226.70	5,083.47	5,110.95	5,055.63	5,081.26	-2.78%
12	NAS@NDX	나스닥 100	19,890.42	19,955.83	20,162.54	19,950.99	20,033.14	0.72%
13	NAS@SOX	필라델피아 반도체	4,946.75	5,454.37	5,583.13	5,431.27	5,001.42	1.11%
14								
76			전일종가	시가	고가	저가	종가	당일%
77	AAPL	Apple Inc.	225.91	220.97	225.35	220.28	222.91	-1.33%
78	AXP	American Express Com	270.08	272.22	274.75	270.95	272.69	0.97%
79	BA	The Boeing Company	149.31	152.78	156.00	151.23	154.59	3.54%
80	CAT	Caterpillar Inc.	376.20	378.07	383.27	376.94	379.63	0.91%
81	CSCO	Cisco Systems, Inc.	54.77	54.63	55.81	54.58	55.50	1.33%
82	CVX	Chevron Corporation	148.82	151.71	155.93	151.71	153.07	2.86%
83	DIS	The Walt Disney Comp	96.20	95.65	96.38	94.83	95.81	-0.41%
84	DOW	Dow Inc.	49.38	49.49	49.72	48.86	48.97	-0.83%
85	GS	The Goldman Sachs Gr	517.79	520.60	526.64	517.04	519.35	0.30%
86	HD	The Home Depot, Inc.	393.75	394.97	398.71	392.01	392.59	-0.29%
87	IBM	Intl Biz Machines Corp	206.72	207.72	209.84	207.49	208.25	0.74%
88	INTC	Intel Corporation	21.52	23.00	23.58	21.91	23.20	7.81%
89	JNJ	Johnson & Johnson	159.86	160.29	161.06	159.88	160.13	0.17%
90	JPM	JPMorgan Chase & Co	221.92	223.56	226.15	222.70	222.94	0.46%
91	KO	The Coca-Cola Compa	65.31	65.47	65.66	64.89	65.01	-0.46%
92	MCD	McDonald's Corporatio	292.11	294.49	296.88	293.28	295.21	1.06%
93	MMM	3M Company	128.47	128.47	128.52	126.85	127.22	-0.97%
94	MRK	Merck & Co., Inc.	102.32	101.71	102.72	101.22	101.88	-0.43%
95	MSFT	Microsoft Corporation	406.35	409.01	415.50	407.50	410.37	0.99%
96	NKE	NIKE, Inc.	77.13	77.00	78.13	76.96	78.06	1.21%
97	AMGN	AMGEN	320.16	319.28	321.70	316.91	319.22	-0.29%
98	PG	Procter & Gamble Com	165.18	165.24	166.35	164.99	165.10	-0.05%
99	TRV	Travelers Companies, I	245.94	246.79	248.97	245.26	245.64	-0.12%
100	UNH	UnitedHealth Group In	564.50	565.96	570.33	563.90	567.56	0.54%
101	HON	Honeywell Internationa	205.68	206.29	209.48	205.78	209.19	1.71%
102	V	Visa Inc.	289.85	288.60	292.67	287.19	290.74	0.31%
103	VZ	Verizon Communicatio	42.13	42.07	42.35	41.30	41.36	-1.83%
104	AMZN	AMAZON.COM INC	186.40	198.90	200.50	197.02	197.93	6.19%
105	WMT	Walmart Inc.	81.95	82.40	82.45	81.54	82.19	0.29%
106	CRM	Salesforce.com, inc.	291.37	290.23	296.99	290.00	294.72	1.15%

open | realtime | uscopy | 종목 | copy | 리밸런싱 | 금리 | Sheet1

> *DDE를 통해 데이터가 들어오는 시트(realtime시트)
> realtime 시트를 통해 들어온 데이터가 'open/uscopy/종목' 시트 등에서 참조하여 파일을 구성하게 된다. *상단은 지수 부분, 77행(AAPL)부터는 개별 종목의 데이터.

■ [그림 27-1] 'open' 시트의 종합 요약 화면(화면 '좌측부' 캡처)

■ 'open' 시트의 종합 요약 화면(화면 '우측부' 캡처)

-1.01%	←(주간 합)	0.63%	0.41%	1:장중2:종가	2	요약2	
Magnificent 7		--	--요일	상승 마감	상승 마감	R12'셀은 다우종목 검색 칸	
종목	당일%	YTD(2024)%	시총(B$)	현재가	2023~2024%	추세	52고저돌파
AAPL	-1.33%	15.78%	3389.15	222.91	71.56%	하락추세	
GOOG	-0.02%	22.51%	1967.84	172.65	94.58%	상승추세	
TSLA	-0.35%	0.20%	799.24	248.98	102.13%	중립추세	
MSFT	0.99%	9.13%	3050.87	410.37	71.12%	하락추세	
NVDA	1.99%	173.42%	3321.36	135.40	826.76%	중립추세	
AMZN	6.19%	30.27%	2077.39	197.93	135.63%	상승추세	
META	-0.07%	60.23%	1239.09	567.16	371.30%	하락추세	
M 7(평균)	0.91%	37.34%	2263.56	AMZN	239.01%	상승추세(전일→당일)↓	
Fab 4(평균)	2.27%	52.01%	2422.18	6.19%	351.20%	2→2	
Terrific10	당일%	YTD(2024)%	시총(B$)	현재가	2023~2024%	추세	52고저돌파
BRK.B	0.27%	26.67%	974.26	452.14	46.37%	하락추세	
LLY	-1.30%	40.44%	778.33	818.93	125.64%	하락추세	
UNH	0.54%	7.77%	524.10	567.56	7.80%	하락추세	
JPM	0.46%	30.95%	634.30	222.94	66.25%	상승추세	
V	0.31%	11.63%	485.67	290.74	39.94%	상승추세	
MA	1.70%	19.12%	465.76	508.08	47.01%	상승추세	
XOM	-1.57%	14.97%	510.70	114.95	4.22%	하락추세	
JNJ	0.17%	2.15%	385.53	160.13	-9.35%	하락추세	
PG	-0.05%	12.61%	388.82	165.10	12.67%	하락추세	
HD	-0.29%	13.30%	389.96	392.59	24.29%	하락추세	
T 10(평균)	0.19%	21.56%	553.74		36.48%	2→3	
다우종목							
거래상위	당일%	상승상위	당일%	업종/섹터	하락상위	당일%	업종/섹터
SQQQ	-2.11%	TEAM	18.99%	Software App	SMCI	-10.51%	Computer Ha
NVDA	1.99%	CHTR	11.87%	Telecom Ser	NU	-4.97%	Banks-FinTec
INTC	7.81%	LULU	7.81%	Apparel Reta	EXC	-2.93%	Utilities
SMCI	-10.51%	INTC	7.81%	Semiconduct	PYPL	-2.59%	Credit Service
AMZN	6.19%	AMZN	6.19%	Internet Reta	SQQQ	-2.11%	ETF
AAPL	-1.33%	MRVL	5.82%	Semiconduct	CEG	-1.85%	Utilites-Rene
TSLA	-0.35%	ILMN	3.90%	Bio, Diagnos	V7	-1.83%	Telecom Serv
TQQQ	2.13%	BA	3.54%	Aerospace &	DDOG	-1.74%	Software App
SPY	0.42%	DLTR	3.03%	Discount Sto	XOM	-1.57%	Oil & Gas Int
F	-0.68%	CVX	2.86%	Oil & Gas In	AMD	-1.53%	Semiconduct
AMD	-1.53%	IDXX	2.55%	Bio, Diagnos	AEP	-1.52%	Utilities
NU	-4.97%	WDAY	2.25%	Software	AAPL	-1.33%	Consumer Ele
코스피 종가				INTC	Intel Corpora	99.20	7.81%	-53.83%
-0.54%	-4.25%	전종목		NVDA	NVIDIA COR	3321.36	1.99%	173.42%
하락추세 ←	하락추세	검색칸→		DOW	Dow Inc.	34.28	-0.83%	-10.70%
한국	-0.54%	-4.25%		SMCI	Super Micro	15.25	-10.51%	-8.37%
일본	-2.63%	13.71%		43275.91	18712.75	5864.67	20675.38	5904.54
대만	-0.18%	27.04%		42052.19	18239.92	5728.80	20033.14	5001.42

PART4 엑셀 활용법

Excel 02
미국 시장 분석에 필요한 엑셀의 주요 기능

앞서 엑셀 DDE를 통해 데이터를 불러들이는 방법을 설명했다. 이 장에서는 엑셀로 불러들인 데이터를 활용하여 실시간 차트를 그리고, 엑셀 함수를 응용해서 효율적으로 데이터를 관리하는 방법을 설명한다.

이 장에서 배운 함수만 제대로 활용하더라도 투자용 엑셀로 부족함이 없으며, 자신만의 매매 시스템을 완성하는 데 유익한 안내가 될 것이다.

01
증권투자용 엑셀의 주요 기능

1) (차트 그리기에 유용한) 이름 정의하기

(1) '이름 정의'란?

'이름 정의'는 특정 셀(/들)의 영역(범위)를 자신이 이해하기 쉬운 원하는 이름으로 변경하는 것을 말한다.

이름 정의를 할 때 가장 큰 장점은 가독성과 편리성이다.

(2) '이름 정의'하는 여러 가지 방법

① '이름 상자'를 이용하여 이름 정의하는 방법

엑셀의 '파일' 탭 바로 아래 셀 주소가 나오는 칸이 바로 '이름 상자'인데, 마우스로 특정 셀(들)의 범위(영역)를 지정 후 '이름 상자' 칸에 이름을 써 넣으면 된다.

아래처럼 'B1442' 셀을 선택 후 '이름 상자' 칸에 '제4장'이라 쓰면 '이름 정의'가 끝난 것이고, 나중에 이름 상자 칸에서 '제4장'을 선택하면 해당 셀로 이동하게 된다. → ※'이름 상자' 칸을 클릭하면 아래처럼 '이름 정의'된 이름들이 보이고 해당 위치로 이동하고 싶으면 해당 정의된 이름을 선택하면 된다.

> * **"이름 정의"의 이점**
> 셀이나 셀 범위(영역) 등에 이름을 부여하면 ①해당 셀에 빠르게 이동할 수 있고, 해당 이름을 ②함수나 수식 등에 직접 활용할 수 있으며, ③Offset 함수를 이용하여 동적 범위를 이름으로 지정하면 (실시간/)차트를 예쁘게 만들 수 있다.

② 마우스 오른쪽 클릭하여 이름 정의하는 방법

이름 정의할 셀/영역에서 마우스 오른쪽 하단부에 '이름 정의'(아래 왼쪽 그림) 선택 후 나타나는 상자(아래 우측 그림)의 '이름' 칸에 선택 영역의 이름이 보이고, 필요하면 '이름' 칸에 이름을 써넣어도 된다. 우측 '참조 대상'의 영역은 마우스로 선택한 부분이고, 다른 곳을 선택하고자 하면 '참조 대상'을 수기로 기록해도 된다.

③ '수식' 탭→'이름관리자'를 이용하여 이름 정의하는 방법

'수식' 탭→'이름관리자' 선택. '이름관리자' 상자가 나왔을 때 여기서 '새로 만들기'를 클릭하면 나오는 '새 이름' 상자에서 이름을 정의하면 된다.

④ 물론 '이름관리자' 상자 우측의 '이름 정의'를 클릭 후 나타나는 '새 이름' 상자에서 바로 이름을 정의해도 된다.

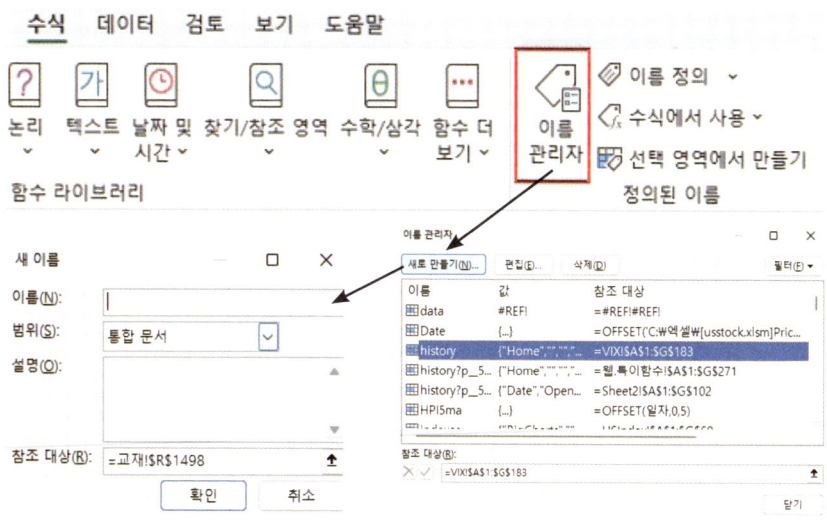

⑤ 동적 범위로 이름 정의하는 방법

통상 '이름 정의'는 정해진 영역/셀 등의 정적(靜的)인 범위를 정의하는 데 반해, 데이터가 누적되는 경우의 (차트/)범위는 계속 변하므로 이 경우를 '동적(動的) 범위'라 하고, 동적 범위를 '이름 정의'하는 경우엔 'COUNTA' 함수와 'OFFSET' 함수를 이용하면 된다.

> - COUNTA 함수는 '비어 있지 않은 셀의 개수'를 구하는 함수로 데이터가 쌓이면서 누적되는 셀을 추적하는 함수(다음 예 참조)
> - 여기서 '범위'를 상단의 제목을 포함하는 경우(열 전체를 범위로 하는 경우)엔 제목을 빼야 하므로 원 함수('=COUNTA(S:S)')에서 빼기 1(−1)을 해야 하므로 함수식을 ('=COUNTA(S:S)−1'로 바꿔야 한다. 여기서 S열('S:S')을 ('$S:$S')로 바꾼 것은 절대 참조*의 의미
> * 절대 참조: 참조하는 셀의 위치가 바뀌지 않도록 셀 주소의 행과 열의 위치를 고정시키는 것을 말함. 셀 주소 부분에서 'F4' 키로 한다. 참조하는 셀 주소의 행과 열이 바뀌는 것을 상대 참조라 하고, 열과 행 중 하나만 고정시키는 것을 혼합 참조라 한다.
> - OFFSET 함수는 '찾기/참조 영역' 함수로 동적 범위를 만들기 위한 함수(아래 '이름 관리자' 상자의 '참조 대상'에 표현되어 있음).
> - 미국 실시간 차트 파일('rtusstocks')의 사례: "AAPL"의 '참조 대상' 예→('=OFFSET(copy!$C$2,0,0,COUNTA(copy!$C:$C)+5)')

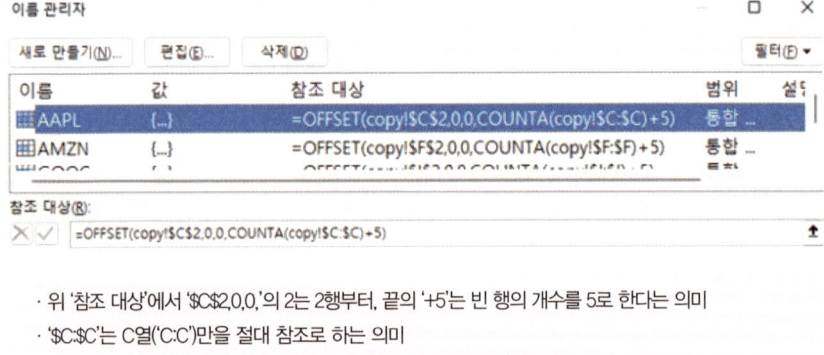

· 위 '참조 대상'에서 '$C$2,0,0'의 2는 2행부터, 끝의 '+5'는 빈 행의 개수를 5로 한다는 의미
· '$C:$C'는 C열('C:C')만을 절대 참조로 하는 의미
→ 즉 'C:C'에서 'F4'키를 누르면 '$C:$C'로 바뀌면서 C열이 절대 참조로 바뀐다.

⑥ '이름 정의'의 중요성(이점)을 보여주는 단적인 사례

'동적 범위'로 차트를 그리는 경우 '이름 정의'를 하지 않은 경우와 '이름 정의'를 한 경우를 대비해보면, '이름 정의'의 중요성을 실감할 수 있다.

• 비교 차트: 좌측 차트('이름 정의'를 하지 않은 경우)와 우측 차트('이름 정의'를 한 경우)를 비교해보면 '이름 정의'를 한 경우의 차트가 훨씬 보기 좋다는 것을 확인할 수 있게 된다.

■ [그림 28] '이름 정의' 하지 않은/'이름 정의' 한 차트 비교

[참고 30] "이름 정의" 유/무 실시간 차트 비교

미국 개장시간(22시 30분)부터 폐장시간(05시)까지 1분 단위로 차트를 그리면 데이터 개수가 총 390개로, 이를 '이름 정의'를 하지 않고 차트를 그리게 하면 차트에 아직 도래하지 않은 시간까지의 모든 범위 (390개)를 그리느라 특히 개장 초기엔 빈 공간이 많아진다. '이름 정의'를 하게 되면 차트에 빈 공간 수 (사례에선 5개)를 미리 정해놓기 때문에 차트가 꽉 찬 느낌을 주므로 차트가 예쁘게 그려지게 된다.

2) (데이터 간단 정리에 필수적인)매크로 단추 만들기

(1) 매크로 단추 만들기

- 매크로(Macro)란?

매크로 명령어(macro instruction)의 줄임말, 반복작업을 자동화하는 컴퓨터 프로그램.

(2) 매크로의 과정

① 매크로 단추 만들기

상단 메뉴 '삽입'→'도형'→'사각형'→'직사각형' 선택 후 적당한 위치(보통 'A1' 셀)에 직사각형('매크로 단추')을 그린다.

❶ '삽입' → '도형' → '사각형' → '직사각형' 선택.

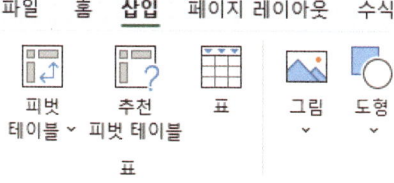

❷ 직사각형 그리기   ❹ 최종 그려진 단추 모양

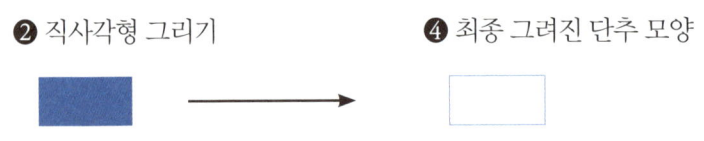

❸ '도형 스타일' 선택(여기선 좌측 선택)   *단추의 위치: 통상 'A1'셀

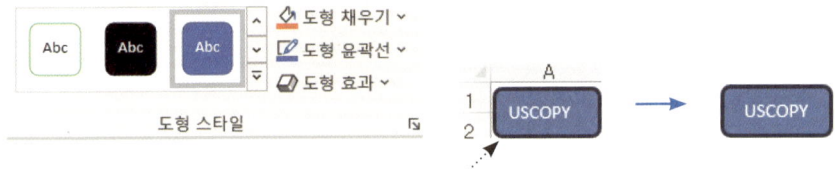

② 매크로 단추에 생명력 불어넣기(예, 'Ftusstocks' 파일 uscopy! 시트)

❶ 직사각형 안에 글씨 써넣기-간결하되 의미를 알 수 있게 사각형 오른쪽 마우스로 '텍스트 편집'→입력, '홈' → '맞춤'에서 행과 열 모두 두 번째의 '중간' 선택.

❷ 매크로 단추를 실행하려면 'VBA(Visual Basic Applications)'코드가 미리 입력돼 있어야 함. '시트' 탭(명)에서 오른쪽 마우스로 '코드 보기' 선택하면 열리는 코드 입력창에 다음과 같이 입력.

```
Sub USCOPY()

  Dim RngC As Range
  Dim RowMax As Integer

  Application.Scr eenUpdating = False
  RowMax =
Range("B1000000").End(xlUp).Row
  If RowMax <= 7 Then
      RowMax = 8
  Else
      RowMax = RowMax + 1
  End If

  Set RngC = Range("B1: I1") RngC .copy
  Range("B" & RowMax).PasteSpecial
xlPasteValues
  Application.C utCopy Mode = False
  Application.Scr eenUpdating = True

  Range("A3").Select End

Sub
```

> *** 'VBA 코드'의 의미**
> - ("B1000000")은 시작 열이 'B'열을 의미
> - "RowMax <= 7 Then RowMax = 8"는 데이터의 끝 행이 7행이면 8행으로 보내란 의미
> 즉, 데이터 끝 행의 다음 행에 보내란 의미
> - ("B1:I1")은 하단에 보낼 데이터의 위치. 즉, "B1:I1"셀의 데이터를 하단으로 보내시오!
> - ("B" & RowMax)은 시작 열이 'B'열임을 다시 한번
> - Range("A3")은 명령 실행 후 이동할 커서의 위치
> - 따라서 다른 시트에서도 실행하려면, 다른 '시트' 탭에서 오른쪽 마우스로 '코드 보기' 선택, 좌측 코드를 '복사→붙여 넣기'한 다음 위 언급한 부분을 수정해주면 된다.
> ⇒그러면 얼마든지 활용이 가능하다.
> - 'VBA' 구문은 'Sub'로 시작, 'End Sub'로 끝난다.

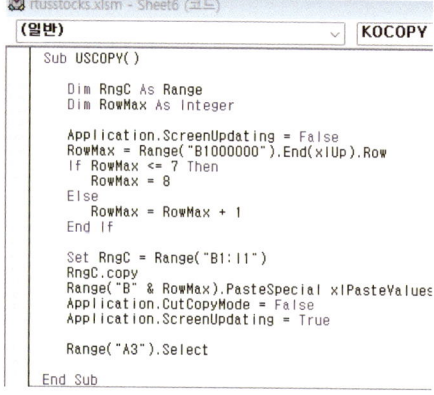

←"VBA코드"의 실제 화면 캡쳐

❸ 마지막 생명력 불어넣기: 사각형 단추의 오른쪽 마우스로 '매크로 지정', 나오는 화면에서 'VBA 코드' 입력창에 있는 해당 '매크로 이름'(Sub 다음의 'USCOPY'가 매크로 이름)을 찾아 선택 후 확인 클릭.

❹ 이로써 '매크로 단추 생명력 불어넣기'는 끝.

해당 단추에 마우스를 갖다 대면 비로소 '손( )' 모양이 생기고, 단추를 클릭 시 명령이 실행됨

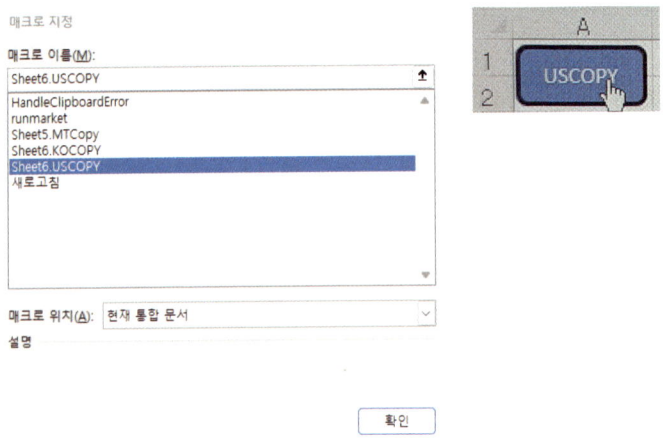

(3) '매크로 단추' 실행하기

① 매크로 단추를 누르면 데이터(여기선 "B1:GR1")는 데이터가 있는 마지막 행의 다음 행에 위치하게 되므로, 데이터의 첫 열(즉 'B'열) 아래에는 일체 아무 것도 없어야 함에 주의!

왜냐하면 데이터의 첫 열(즉 'B'열) 아래 부분에 어떤 것이 있든 데이터는 무 조건 그 아래로 보내기 때문이다. 첫 열(즉 'B'열) 아래 부분에 데이터가 오는 것 을 방지하기 위해 첫 열(즉 'B'열)엔 의미 없는 '넘버링'을 한 것이다.

② 통상 'A열'은 날짜가 위치하는 열로 영업일에만 거래하게 되므로 영업일 을 추출하도록 함수를 설정한다.

'=IF(WEEKDAY(A7)=6,A7+3,A7+1)' ⇒ 이전 날짜가 금요일(숫자 '6', 일요일 '0'부터 토요일은 '7')이면 '3일 후(월)'의 날짜를, 아니면 '1일 후'의 날짜를 반환하시오!라는 의미. (아래 참조)

- 즉 날짜 열인 'A열'은 아래로 드래그 하고 해당 날짜의 실제 데이터는 매크로 단추로! 이전 거래일이 휴장인 경우 다음 날짜는 수기로 하고, 그 다음 날짜는 전전일의 함수를 '복사'→'붙여넣기'로.

[IF 함수 구문]   'A7'셀 값: 24-01-08(월)

함수 인수   ?

IF
Logical_test   WEEKDAY(A7)=6   = FALSE
Value_if_true A7+3   = 45302
Value_if_false A7+1   = 45300

                                = 45300
논리 검사를 수행하여 TRUE나 FALSE에 해당하는 값을 반환합니다.

Value_if_false 은(는) logical_test가 FALSE일 때 돌려주는 값입니다. 생략하면 FALSE를 반환합니다.

* 'A7'셀 값: 24-01-08(월)이면, 'A8'셀은 '24-01-09'가 된다.

(4) '매크로 단추' 실행 결과

이상으로 '매크로 단추'를 만든 후 매일 파일 정리 시 '매크로 단추'를 누르면 매일의 날짜 칸에 데이터가 한 번에 정리된다. 즉, 1월 4일 마감 후 날짜는 전일 자에서 아래로 드래그하고, 매크로 단추를 누르면 (B1:I1)셀의 데이터가 1월 5일자 (B15:I15)칸에 자동으로 정리된다.

DATE		다우지수	나스닥지수	SP_500지수	VIX	나스닥100	러셀2000	SOX
23-12-29	11	37689.54	15011.35	4769.83	12.45	16825.93	200.71	4175.47
24-01-04	14	37440.34	14510.30	4688.68	14.13	16282.01	193.82	3908.85
24-01-05	15	37466.11	14524.07	4697.24	13.35	16305.98	193.25	3933.49

02
엑셀 실시간 차트 그리기

1) 일반 차트 그리기

(1) 일반 차트

엑셀로 차트를 구현하려면 '데이터'+'차트 형태'+'차트 위치'의 3박자가 필요하다. 순서 ⇒ 차트로 그릴 '데이터 범위' 선택 후 → '삽입' 탭 → '차트' 유형 선택 → 차트가 그려진다. → 차트 위치 조정 → 1차 끝 → 이후 다듬기.

DATE	다우	나스닥	다%	나%	다누적%	나누적%
22-12-30	33147.25	10466.48			0.00%	0.00%
23-01-03	33136.37	10386.99	-0.03%	-0.76%	-0.03%	-0.76%
23-01-04	33269.77	10458.76	0.40%	0.69%	0.37%	-0.07%
23-01-05	32930.08	10305.24	-1.02%	-1.47%	-0.66%	-1.54%
23-01-06	33630.61	10569.29	2.13%	2.56%	1.46%	0.98%
23-01-09	33517.65	10635.65	-0.34%	0.63%	1.12%	1.62%
23-01-10	33704.10	10742.63	0.56%	1.01%	1.68%	2.64%
23-01-11	33973.01	10931.67	0.80%	1.76%	2.49%	4.44%
23-01-12	34189.97	11001.11	0.64%	0.64%	3.15%	5.11%
23-01-13	34302.61	11079.16	0.33%	0.71%	3.49%	5.85%

※스파크 라인 차트→ (옵션 수정전)

(옵션 수정후)

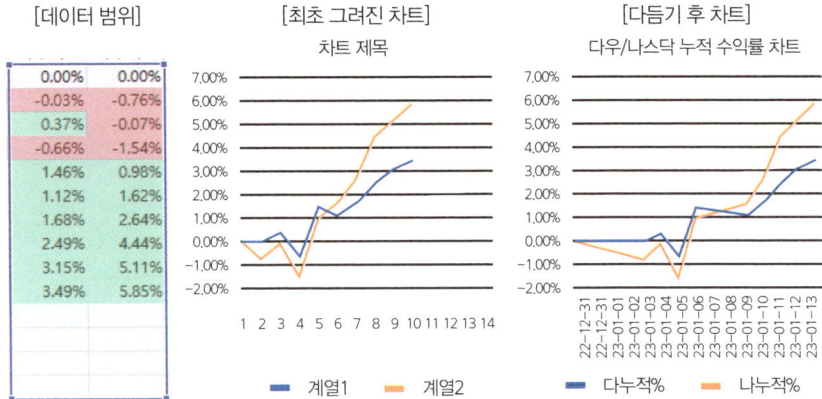

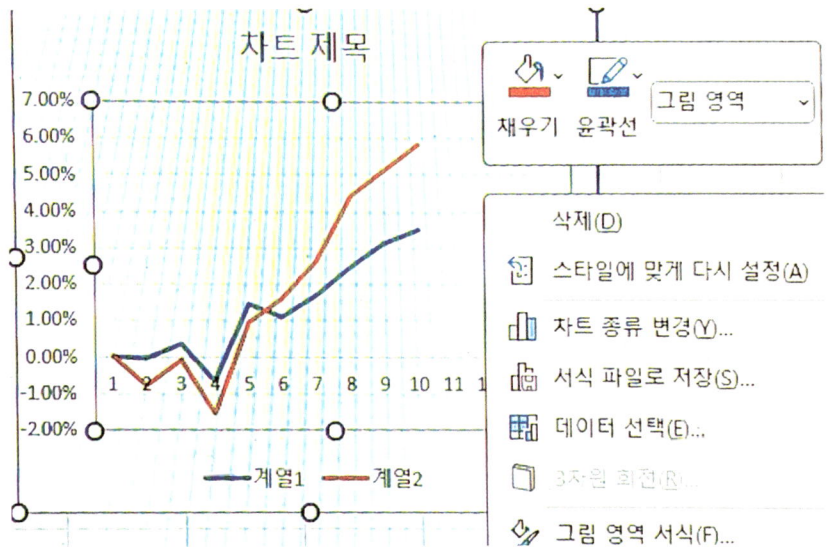

* [다듬기]차트 중앙부에서 오른쪽 마우스로 [데이터 선택]클릭↵

* 차트 다듬기 순서: 차트 위에서 오른쪽 마우스로 '데이터 선택'
→ 좌측 '범례 항목(계열)' 란의 하부 '계열1' + '편집'→'계열 편집'에서
→ 공란의 '계열 이름', '계열 X값(이미 선택돼 있음)'을 선택 후 확인
→ 우측의 '가로(항목)축 레이블'란의 편집→'축 레이블 범위(날짜 열)' 선택, 확인
→ '다듬기 후 차트'로 변경됨.

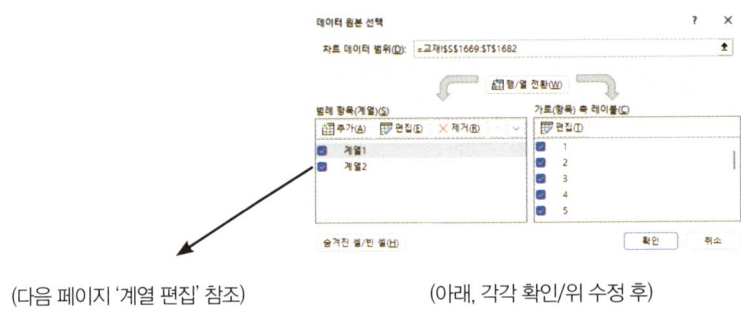

(다음 페이지 '계열 편집' 참조)　　　　(아래, 각각 확인/위 수정 후)

(실제 '계열1' 편집, 수정 사례)

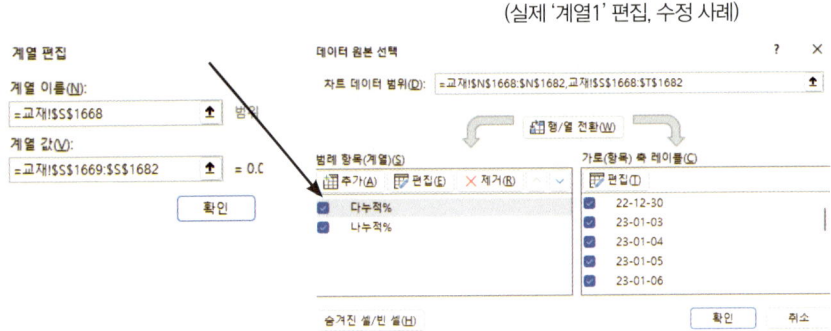

(2) 스파크 라인 차트(일명 '셀 차트') 그리기

스파크 라인 차트(일명 '셀 차트')를 그리고자 하는 셀 위치에서 '삽입'→'스파크 라인'의 꺾은 선형 또는 열(막대형)을 선택

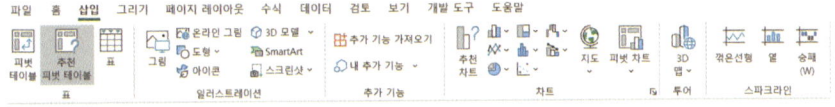

- 꺾은 선형 또는 열(막대형)을 선택하면 나타나는 박스에서 데이터 범위(O285:O306)를 선택 후 확인!

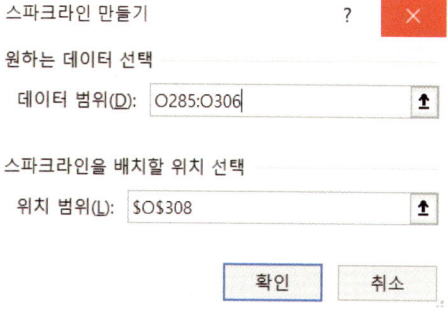

− 그러면 해당 셀(O308) 안에 이와 같은 스파크 라인 차트(셀 차트)가 그려짐.

■ 스파크 라인 차트

− 셀 차트가 그려 짐과 동시에 상단에 아래 메뉴가 나타나는데 해당 옵션을 찾아 변경해주면 됨.

• 옵션 변경전

• 옵션 변경 후

2) 엑셀 실시간 차트 그리기

(1) (엑셀 자동/실시간 차트 그리기를 위한) **엑셀** VBA

▼ **매크로와 VBA의 차이?**

매크로는 MS 응용 프로그램에서 반복 작업을 자동화하기 위해 기록하고 재생할 수 있는 일련의 명령 및 동작. 매크로를 다양한 언어로 만들 수 있지만, VBA는 마이크로소프트 오피스 프로그램에서 사용하는 언어를 말한다.

매크로와 VBA(Visual Basic for Applications)를 익힌다면 다양한 작업을 할 수 있게 되겠지만, 이 책에선 실제 VBA 로 작성된 예제를 제공함으로써 미국 시장 데이터를 빠르고 효과적으로 정리하는 데 목적이 있다. 즉 VBA나 매크로를 몰라도 예제를 활용하여 만들어보고 활용할 수 있기만 해도 되는 것이다.

또 이 책을 통해서 미국 시장의 데이터를 이용하여 시장에 관한 인사이트를 얻고 이를 통해 대응만 잘 하면 된다.

(2) (엑셀 자동/실시간 차트 그리기를 위한) **엑셀** VBA **사례**

▼ **엑셀 자동/실시간 차트란?**

엑셀 파일 안으로 들어온 데이터를 이용하여 일정 시간 단위의 차트를 자동으로 그리게 하는 것.

즉 증권회사의 DDE를 통해 들어오는 데이터를 가공하여, 예를 들어 1분 단위의 차트를 자동으로 그리게 할 수 있다면, 증권회사 HTS를 이용하지 않고 엑셀에서도 자신이 보고 싶은 차트를 볼 수 있게 된다.

이 책에서는 코스피와 코스피 200의 2개 종목의 1분 단위 선 차트를 그려 보기로 한다.

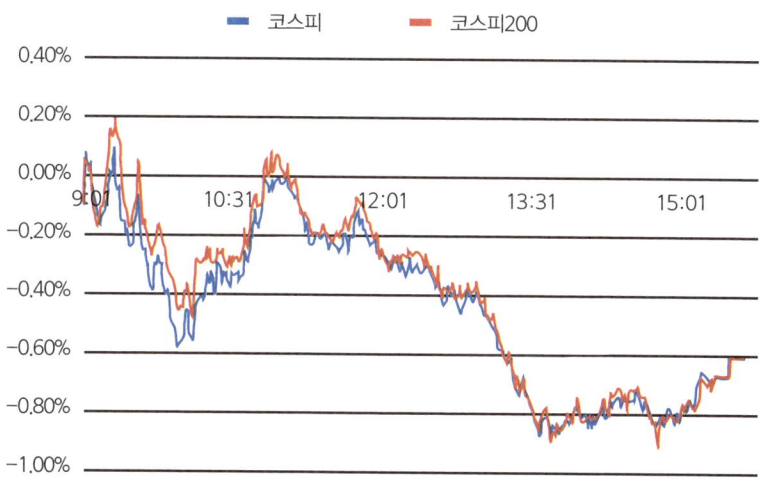

※ 위 차트의 소스 데이터('copy' 시트)

* **엑셀이 탁월한 점**

엑셀이 좋은 점은 데이터는 데이터대로 본인이 디자인해서 볼 수 있고, 차트 역시 자신이 보고 싶은 종목을 구성하여 한 화면에서 데이터와 차트를 동시에 볼 수 있다는 점이다.

[참고 31] (엑셀 실시간 차트 그리기 위한)VBA 코드(1)

```
Sub runmarket()
Dim j As Long
j = Sheets("copy").Range("A1").Value + 1
If j > 400 Then
    MsgBox ("장종료")
    Exit Sub
End If
dTime = Now + TimeValue("00:01:00")
Application.OnTime dTime, "runmarket"
 Application.ScreenUpdating = False
 Application.CutCopyMode = False
'갱신된 시간 가지고 오기
Sheets("realtime").Select
Range("A1").Select
Selection.copy
Sheets("copy").Select
Cells(j + 1, 1).Select
Selection.PasteSpecial Paste:=xlPasteValues
'갱신된 데이타 가지고 오기(코스피)
Sheets("realtime").Select
```

```
Range("B2").Select
Selection.copy
Sheets("copy").Select
Cells(j + 1, 2).Select
Selection.PasteSpecial Paste:=xlPasteValues
'갱신된 데이타 가지고 오기(코스피200)
Sheets("realtime").Select
Range("C2").Select
Selection.copy
Sheets("copy").Select
Cells(j + 1, 3).Select
Selection.PasteSpecial Paste:=xlPasteValues
Application.CutCopyMode = False
Sheets("open").Select
End Sub
```

[참고 32] (엑셀 실시간 차트 그리기 위한)VBA 코드(2)

```
Sub 새로고침()
    Dim yn

    If Sheet3.Range("A1").Value>0 Then
        yn=MsgBox("이전 자료를 삭제 할까요?", vbYesNo)
    End If

    If yn=vbYes Then
        Range("A2:C745").Select
        Selection.ClearContents
        Range("E1").Select
    End If

    yn=MsgBox("개장전 입니까?", vbYesNo)
    If yn=vbYes Then
        Application.OnTime TimeValue("09:01:00"), "runmarket"
    Else
        runmarket
    End If
End Sub
```

❖ 여기에 사용된 'VBA코드'(코드 1, 2)의 의미

여기 2개의 VBA 코드(Sub runmarket(), Sub 새로고침())가 있는데, VBA 입력창에 '복사→붙여넣기'할 경우 수평의 경계선(↓)이 생기며 하나처럼 합쳐지게 된다.

```
    Application.CutCopyMode = False
    Sheets("open").Select
End Sub

Sub 새로고침()
    Dim yn

    If Sheet3.Range("A1").Value > 0 Then
        yn = MsgBox("이전 자료를 삭제 할까요?", vbYesNo)
    End If
```

- 'VBA 코드' 작성을 위해 'VBA 입력창'을 불러오는 두 가지 방법

① '시트'명(또는 '시트' 탭) 오른쪽 마우스로 '코드 보기' → VBA 화면에서 → '삽입' → '모듈' 선택하면 'VBA 입력창'이 나타남.

② 상단 (리본)메뉴 중, '개발도구' → 좌측 'Visual Basic' 선택 → '삽입' → '모듈(Module)' 선택하면 'VBA 입력창'이 나타남.

※ 상단 (리본)메뉴에 '개발 도구' 탭이 없는 경우, 엑셀 프로그램을 처음 구매하면 '개발 도구'탭이 없어 이걸 추가해야 됨.

※ '개발 도구' 탭 추가하기: 엑셀 미국 선물 실시간 차트 그리기 참조

(3) 'VBA 코드' 작성하기

앞선 과정으로 'VBA 입력창'이 생성되었을 때 'VBA 입력창'에 복사한 두 개의 'VBA 코드'를 연이어 '붙여넣기'하면 'VBA 코드' 작성이 끝난다. 통상 장 시작 전 '매크로 단추'가 있는 'copy'시트에서 '버튼'을 눌러 실행하면 엑셀 화면을 통해 실시간 차트를 볼 수 있게 된다.

(4) 'VBA코드'(코드 1, 2)의 의미

① 첫 번째 코드: 'runmarket'(매크로의 이름)

셋째 줄 'j = Sheets("copy").Range("A1").Value + 1', j 는 데이터 개수를 의미하고 'If j>400 Then MsgBox("장종료") Exit Sub'는 데이터 개수가 400개가 넘으면 '장종료'라는 창이 뜨고 '매크로' 명령을 끝낸다.

'dTime = Now+TimeValue("00:01:00")'는 매 1분 단위로 작동함을 의미.

'갱신된 시간 가지고 오기'는 작은 따옴표 다음의 문장은 주석이라는 의미이고, 명령문과는 상관이 없고 단지 참고하기 위한 것이다. 'Sheets("realtime").Select Range("A1").Select~ Sheets("copy").Select~ Cells(j + 1, 1).Select'는 시간은 'realtime'시트의 'A1'셀에서 가져와서 'copy'시트에 뿌려주되, 'j+1, 1'의 뒤의 '1'은 첫 번째 데이터를 의미한다.

'갱신된 데이터 가지고 오기(코스피)'도 마찬가지로 글씨 좌측에 작은 따옴표(')가 있으면 매크로 명령과 상관 없는 단순 주석이고, 'Sheets("realtime").Select Range("B2").Select~Sheets("copy").Select~Cells(j + 1, 2).Select'는 '코스피' 데이터는 'realtime'시트의 'B2' 셀에서 가져와서 'copy' 시트에 뿌려주되, 'j+1, 2'의 뒤의 '2'는 두번째 데이터를 의미한다.

'Sheets("open").Sclect'는 위의 과정으로 데이터를 'copy'시트에 뿌려주고, 매 1분마다 'open'시트로 이동한다는 의미이다.

② 두 번째 코드: '새로고침'(매크로의 이름)

'If Sheet3.Range("A1").Value>0 Then yn=MsgBox("이전 자료를 삭제 할까요?", vbYesNo)'는 'copy' 시트의 데이터가 있으면 "이전 자료를 삭제할까요?"라고 묻는 메시지 박스가 나타난다. 장중에 파일을 닫았다 새로 여는 경우가 아니면 당연히 "예"를 선택, 데이터를 삭제하지 않고 이전 데이터에 이어 데이터를 받을 필요가 있을 때엔 "아니요"를 선택하면 된다.

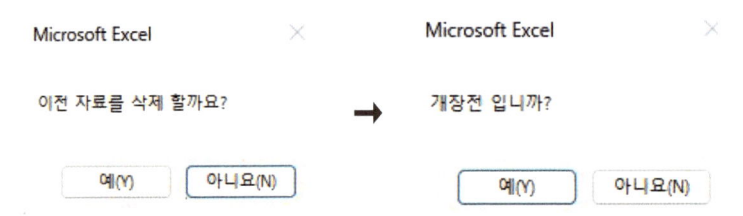

'If yn = vbYes Then Range("A2:C745").Select'는 위에서 "예"를 선택했다면 'A2:C745'셀의 모든 데이터가 삭제되고 'yn = MsgBox("개장 전입니까?", vbYesNo) If yn = vbYes Then Application.OnTime TimeValue("09:01:00"), "runmarket" Else runmarket'는 '개장 전입니까?' 를 묻고, "예"를 누르면, '9시 1분' 부터 작동하고, "아니요"를 누르면 즉시 작동하라는 의미이다.

즉 개장 이후 파일을 여는 경우라면, "아니요'를 누르면 되고, 이때는 '실시간 차트' 파일이 즉시 작동을 시작하게 된다.

③ 이상의 과정을 끝내고 '실시간 차트' 파일 작동 후 첫번째 코드('runmarket') 명령대로 데이터가 400개가 넘으면 'open'시트에 "장종료"라는 메시지 박스가 나타나며 '실시간 차트' 파일이 끝나게 된다.

(3) (엑셀 자동/실시간 차트) **엑셀 VBA 예제의 확장**

- 위 예제의 엑셀 자동/실시간 차트 파일엔 2개 종목(코스피, 코스피 200)이 있는데, 종목을 추가할 수 있다.

종목을 추가하기 위해선 ①'realtime'시트에 DDE로 데이터를 불러와서

(DDE로 제공해주지 않는 종목은 할 수 없고, 실시간 시세를 제공하지 않는 경우(예: 나스닥 지수는 15분 지연 데이터)도 할 수 없다), ②불러온 데이터를 'copy' 시트로 뿌려준 다음, 이를 차트로 구현하기 위해 종목에 대한 '이름 정의'를 해줘야 한다.

03
데이터 정리에 꼭 필요한 엑셀 함수 활용법

1) 기본 함수

엑셀의 주요 기능 중에 '수 계산 기능'이 있고 '수 계산 기능'의 핵심은 바로 함수를 이용하여 계산을 할 수 있다는 것이다.

엑셀 함수의 종류에는 그림과 같이 '재무, 날짜/시간, 수학/삼각, 통계, 찾기/참조 영역, 데이터베이스, 텍스트와 논리, 정보, 공학 등 총 10가지가 있으며, 이 많은 함수로 구현하지 못할 수식이 거의 없다고 할 수 있다. 그렇다고 해서 우리가 이 모든 함수를 다 알 필요도 없기에 여기선 데이터 정리에 꼭 필요한 함수 위주로 설명을 하고자 한다.

함수를 쓰려면 함수를 불러와야 하는데, 방법은 '이름 상자' 우측의 'fx'를 누르면 나타나는 우측 그림의 '함수 마법사'에서 필요한 함수를 선택하면 된다.

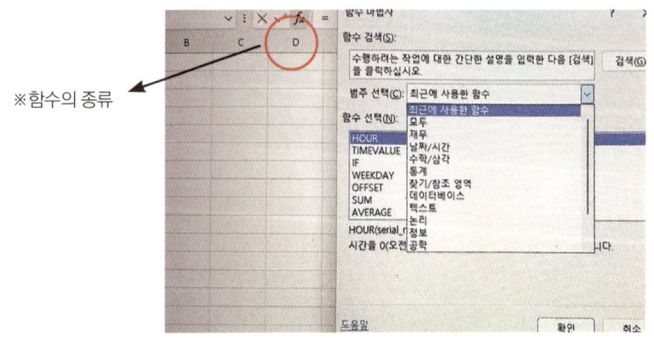

※함수의 종류

(1) 'IF' 함수

'IF' 함수는 엑셀 함수 중 가장 많이 쓰는 함수로 논리 함수(AND, OR, IFERROR 등)의 하나. 'IF'함수는 일곱 번 중첩할 수 있다.

- IF 구문의 구성은 =IF(조건, 조건이 참일 때 값, 조건이 거짓일 때 값)
⇒조건: Logical_test, 조건이 참일 때 값: Value_if_true, 조건이 거짓일 때 값: Value_if_false

'IF' 함수를 이해하면 엑셀 함수의 50%를 이해한다 해도 과언이 아니다.

- 'IF' 함수 사용 예(영업일을 반환/추출하라!)
=IF(WEEKDAY(A7)=6,A7+3,A7+1) ⇒날짜(A7셀)가 금요일(숫자 '6', 일요일 '0'부터 토요일은 '7')이면 '3일 후(월)'의 날짜를, 아니면 '1일 후'의 날짜를 반환하시오!의 의미

- 날짜가 휴장인 경우 익일은 수기로 하고, 그 다음 날짜는 전전일의 함수를 '복사' → '붙여넣기'로.
시작일은 수기로, 다음 날부터는 함수로 자동 반환.

20-02-28	20-03-02	20-03-03	20-03-04
금	=IF(WEEKDAY(C3495)=6,C3495+3,C3495+1)		
=TEXT(C3495,"AAA")		=IF(WEEKDAY(D3495)=6,D3495+3,D3495+1)	
	월		=IF(WEEKDAY(E3495)=6,E3495+3,E3495+1)

(요일)=TEXT(D3495,"AAA")

20-02-28
9 주차
=WEEKNUM(K3495)&"주차"

↓

※ 'WEEKNUM함수'로 주차(週次) 구하기
- 데이터를 분석하다 보면 주별 등락 등 주간 성적을 구할 일이 생기게 되는데, 이때 주차(週次)를 알면 쉽게 구할 수 있게 된다.
- 이때 주차를 구하는 함수가 'WEEKNUM함수'이다.
- 위 예제에서는 주차(週次)에 연산자(&)와 한글 '주차'를 결합한 것이다.

- '요일'을 구하는 함수: =TEXT(셀 주소, "AAA")

(2) 찾기 함수: MATCH, INDEX, OFFSET, ADRESS, ROW, COLUMN

① MATCH 함수

'MATCH' 함수는 'INDEX'와 함께 많이 쓰는 대표적인 찾기 함수.

MATCH 함수 구문의 구성은 =MATCH(찾고자 하는 값, 찾을 값의 참조 영역, 찾는 값의 일치 여부)

- 'MATCH' 함수 사용 예(우측 수식 "=MATCH(O3042, O3039:O3041, 0)" 사례)

아래에서 MAX 값('O3042'/15099.18)이 MATCH 함수의 찾고자 하는 값,

'O3039:O3041'는 찾는 값의 참조 영역,

'0'은 '정확히 일치'의 의미. '1'은 '보다 작음', '-1'은 '보다 큼'의 의미.

즉 나스닥의 최고가인 'O3042'를 'O3039:O3041'의 참조 영역에서 정확히 일치하는 상대 위치 값이 "2".

→ 나스닥 최고가(15099.18)는 나스닥 참조 영역(O3039:O3041)의 두 번째 행(=2)이라는 의미.

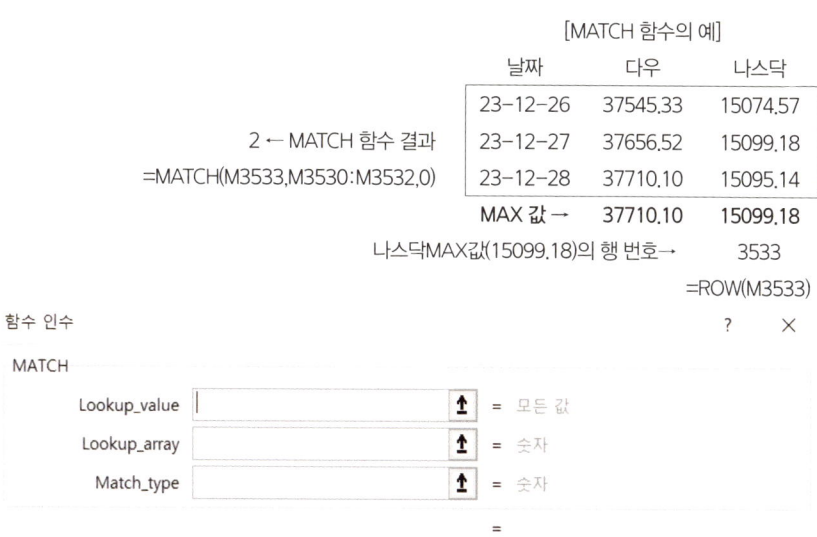

※ MATCH 함수는 찾는 값의 위치를 구하고, INDEX 함수는 셀의 '값'을 구하는(나중에 확인)

② INDEX(와 MATCH) 결합 함수

'INDEX' 함수는 혼자 쓸 때보다는 'MATCH' 함수와 함께 쓸 때 강력한 힘을 발휘하는 함수.

'MATCH' 함수로 찾고자 하는 값의 상대 위치 값을 찾았다면, 'INDEX' 함수로 'MATCH'의 결과 값(두 번째 행)에 해당하는 셀 값(위 예: 날짜)를 찾게 된다.

[MATCH와 INDEX 결합 함수의 예]

MAX 값	찾은값날짜	(행 번호↓)	F열 날짜	G열 다우	H열 나스닥
37710.10	23-12-28	11240	23-12-26	37545.33	15074.57
15099.18	23-12-27	11241	23-12-27	37656.52	15099.18
	↓	11242	23-12-28	37710.10	15095.14
			MAX 값→	37710.10	15099.18

=INDEX(E11240:E11242, MATCH(B11241, G11240:G11242,0))⇒최대값(15099.18)의 위치 (B11241)를 찾아 같은 행의 날짜 값(F11241셀)을 찾으라!

*INDEX 함수→

- 결합 함수 구문: =INDEX(다른 열/행에서 찾으려는 값, MATCH(찾는 대상, 찾는 대상의 셀 범위, 정확한 값 여부))

- 결합 함수 사용 예: 특정 지수에 해당하는 날짜를 찾으려고 할 때
=INDEX(해당 날짜, MATCH(찾는 지수 값, 지수가 속한 열/행의 범위, 0))

*사용 예제: 나스닥의 최대값을 나스닥 지수가 있는 열에서 찾아 최대값을 기록한 날짜를 반환하라!

> *** MATCH 함수**
> =MATCH(찾을 값, 참조범위, 옵션)
> 찾을 값: 참조 범위에서 찾을 값
> 참조범위: 찾을 범위 지정
> 옵션: ∨1: 찾을 값보다 작은 값 중 최대값
>   ∨0: 정확히 일치하는 값
>   ∨-1: 찾을 값보다 큰 값 중 최소값

(3) 수학/삼각 함수

(Raw Data↓)   3564   =ROW(H3564): 아래 '365.65' 행 번호

- ABS: 절대값   -365.65   365.65 =ABS(G3564) 좌측 '-365.65'의 절대값
- CEILING: 지정된 단위로 올림   366.00 =CEILING(H3564,0.5): 0.5단위로 올림
- FLOOR: 지정된 단위로 내림   365.50 =FLOORH3564,0.5): 0.5단위로 내림

- ROUND: 반올림   365.7   =ROUND(H3564,1): 소수점 첫째 자리
- ROUNDUP: 무조건 올림   365.7   =ROUNDUP(H3564,1): 소수점 첫째 자리
- ROUNDDOWN: 무조건 내림   365.6   =ROUNDDOWN(H3564,1): 소수점 첫째 자리에서 내림

- SUM: 합계   1097.0 =SUM(H3569:H3571)
- SUBTOTAL: 부분합   1097.0 =SUBTOTAL(9,H3569:H3571),
                                              '9'는 합계, '1'은 평균 등

=SUBTOTAL(부분합 구분, 부분합을 구하는 영역) →

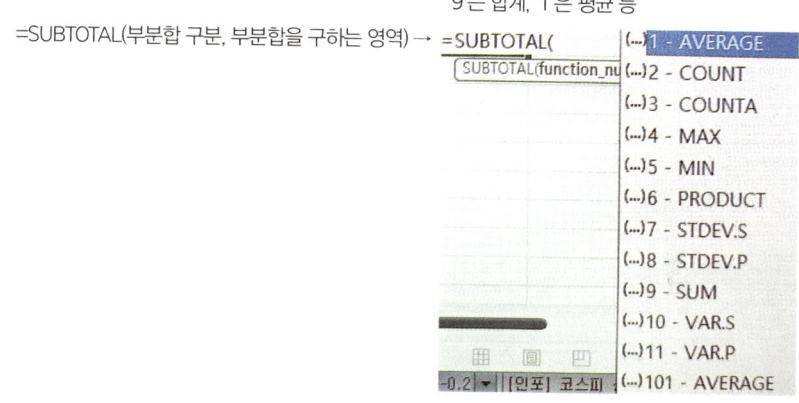

−SUMIF: 특정 조건의 합계 → 예: 숫자가 양(+)이면 전부 더하라.

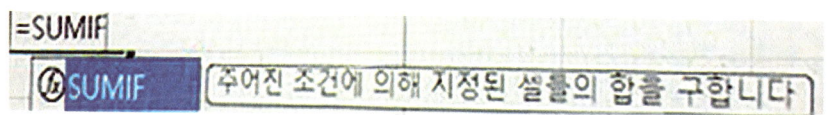

=SUMIF(참조 영역, ">0")=SUMIF(L3597:L3603, ">0")

−SUMPRODUCT: 특정한 조건에 맞는 합계→ 예: 참조 영역이 2023년이면 등락을 전부 더하라.

=SUMPRODUCT((참조 영역=조건"2023")*(계산 범위))

=SUMPRODUCT(($I$3597:$I$3603=$I$3608)*(L3597:L3603))

⑷ 통계 함수

- AVERAGE: (산술)평균.
- CORREL: 두 개의 참조 영역 간의 상관관계.

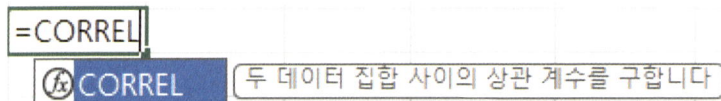

18.80=AVERAGE(R1983:R1990)
=CORREL(비교 범위, 비교대상 범위) 0.9537=CORREL(R1983:R1990,S1983:S1990)
*CORREL함수의 대표적 사용 예): 미국 지수와 코스피 지수와의 상관 계수 상관 계수의 범위는
'-1~1'사이, '1'이면 100%일치, '-1'이면 완전 불일치 의미

- COUNT: 숫자가 포함된 셀의 개수

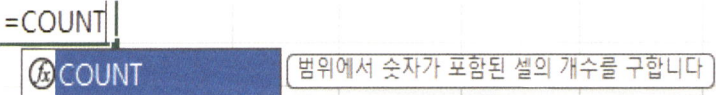

7=COUNT(R1983:R1990)

- COUNTA: 비어 있지 않은 셀의 개수.

=COUNTA

| ⓕ COUNTA | 범위에서 비어 있지 않은 셀의 개수를 구합니다 |

7=COUNTA(R1983:R1990)

*예)'실시간 차트' 파일에서 데이터 개수를 셀 때 사용.

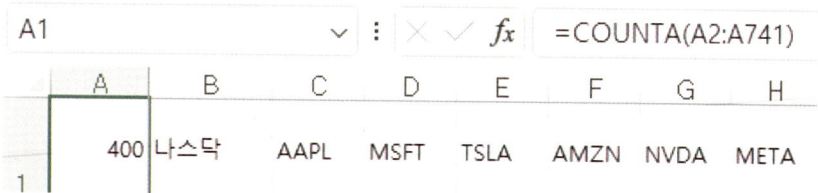

'미국 실시간 차트'가 1분 단위로 데이터를 기록. 거래 시간이 총 6시간 반(9:30~16:00)이어서 분 개수가 390개인데, 여유로 400개를 기록하도록 함.
→ 데이터 개수가 400개가 되면 차트가 자동 멈춤. 참조 영역(A2:A741)은 740개인데 400개에서 중단.

- COUNTIF: 조건에 맞는 셀의 개수(예, 상승일의 개수)

=COUNTIF

| ⓕ COUNTIF | 지정한 범위 내에서 조건에 맞는 셀의 개수를 구합니다 |

4=COUNTIF(R1983:R1990,">0")

- LARGE/SMALL: K번째 큰/작은 값을 찾을 때→

2번째로 큰 값=LARGE(R1983:R1990,2)

2번째로 작은 값=SMALL(R1983:R1990,2)

=LARGE
LARGE 데이터 집합에서 k번째로 큰 값을 구합니다(예: 데이터 집합에서 5번째로 큰 값)

- MAX/MIN: 최대/최소값
- MEDIAN: 중간값

최대값=MAX(R1983:R1990)
최소값=MIN(R1983:R1990)
중간값=MEDIAN(R1983:R1990)

=MEDIAN
MEDIAN 주어진 수들의 중간값을 구합니다

함수 인수

RANK
Number = 숫자
Ref   = 참조
Order   = 논리
        =

이 함수는 Excel 2007 및 이전 버전과의 호환성을 위해 제공되는 함수입니다. 수 목록 내에서 지정한 수의 크기 순위를 구합니다. 목록 내에서 다른 값에 대한 상대적인 크기를 말합니다.

Number 은(는) 순위를 구하려는 수입니다.

- RANK: 순위

=RANK(순위를 구하려는 수, 순위를 구하려는 목록, 순위 형식),

순위 형식: '0'은 내림차순, '1'은 오름차순

내림차순 순위 예: =RANK(R1987,R1983:R1990,0)

- Number: 순위를 구하려는 수
- Ref: 순위를 구하려는 목록 범위
- Order: 순위의 형식

- STDEV: 표준편차

=STDEV(R1983:R1990)

(5) 텍스트 함수: LEFT, RIGHT, MID, FIND, TEXT, TEXTJOIN

- LEFT/RIGHT: 텍스트 문자열의 시작/끝 지점부터 지정한 수만큼의 문자를 반환.

*2024년 1월 12일의 '웹쿼리'상에서 다우 지수와 등락이 아래와 같을 때,

- MID: 문자열의 지정 위치에서 지정한 개수만큼 반환

*사례→ 주식 투자, 미국이 답이다!

위 텍스트에서 여덟 번째 글자부터 두 글자만 반환하시오!의 경우(공란도 글자 수에 포함)

결과→미국

=MID(C10587,8,2)

-FIND: 지정한 텍스트를 다른 텍스트 내에서 찾아 해당 문자의 시작 위치를 반환, 텍스트로 된 숫자를 반환할 때 LEFT, RIGHT 함수와 많이 쓴다(다음 "함수의 응용"편 참조).

- TEXT: 값을 특정 번호 형식으로 변환, 요일을 구할 때 사용.

```
=TEXT
  (fx) TEXT    값을 특정 번호 형식으로 변환합니다
```
2024-01-12 금
=TEXT(G10597,"AAA")

- TEXTJOIN: 구분 기호(예, ',' 또는 '/' 등)를 사용하여 텍스트 문자를 연결.

```
=TEXTJOIN
  (fx) TEXTJOIN    구분 기호를 사용하여 텍스트 문자열의 목록 또는 범위를 연결합니다
```

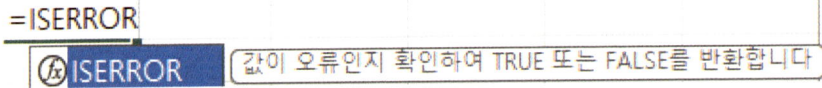

(열이름→)	C	D	E	F	G	H
10605	애플	마소	구글	아마존		엔비디아
(행번호↑)	애플/마소/구글/아마존/엔비디아				애플,마소,구글,아마존,엔비디아	
	=TEXTJOIN("/",TRUE,C10605:H10605)				=TEXTJOIN(",",FALSE,C1060:H10605)	

(6) **정보 함수**: ISERROR,

- ISERROR: 값이 오류인지 확인, IF 함수와 결합하여 자주 사용

```
=ISERROR
  (fx) ISERROR    값이 오류인지 확인하여 TRUE 또는 FALSE를 반환합니다
```

구문: =IF(ISERROR(값),"",1)

값이 에러이면 공란을, 아니면 1을 반환하시오!

2) 함수의 응용

(1) **연산자**

- &: 텍스트와 텍스트를 결합

미국	주식	미국주식
		=C10625&D10625

텍스트와 별도의 텍스트 결합의 다른 사례

	2024-1 (원 데이터)		수정 데이터→	(2024-1)% ="("&D10629&")%"

- ^: 제곱/근을 할 때   8 =2^3
: 2의 세제곱

* 제곱/근(^)을 활용한 성장률(CAGR) 계산

구분	FY2019	FY2020	FY2021	FY2022	FY2023	CAGR
매출액	1,000	1,500	2,500	4,000	6,000	56.5%

=(G10635/C10635)^(1/4)-1

↓ 셀 주소: C10635   검산→   6,000
=C10635*(1+H10635)^4

→ CAGR(Compound Average Growth Rate): 평균 복합 성장률(=복리 성장률)

(2) 특수 기호 분리하는 결합 함수

- 웹 쿼리로 데이터를 불러올 때 특수한 기호를 분리하는 경우

→ 아래 사례처럼 '/'의 좌, 우측으로 반환하도록 명령하려면 'FIND'(텍스트) 함수+'LEFT/RIGHT' 함수를 결합.

① 2024년 1월 12일의 '웹쿼리'상에서 다우 지수와 등락이 아래와 같을 때,

2024-01-12 다우 지수/등락   다우 지수
         37592.98/ -118.04   37592.98 =LEFT(D10647,FIND("/",D10647)-1)*1
                             ⇒끝 부분에 (-1)을 하는 이유? ('/')와 텍스트(숫자) 사이에 있는
                             공란을 제거하기 위함.

다우 지수→ 37592.98
=LEFT(D10647,FIND("/",D10647)-1)*1→수식 끝의 '-1'은 '/'좌측 여백을 말함.
다우등락→ -118.04
=RIGHT(D10647,FIND("/",D10647)-1)*1→수식 끝의 '-1'은 '/'우측 여백을 말함.

② 아래 사례에서 나스닥의 Day's Range가 '14,931.90-15,047.20'라고 할 때 고가/저가를 분리하는 방법

	나스닥 Day's Range	고가(텍스트)→*1→고가(숫자로 변환)
2024-01-12	14,931.90 – 15,047.20	15047.2
		=RIGHT(C10660,FIND("-",C10660)-1)*1
		저가(텍스트)→*1→저가(숫자로 변환)
		14931.9
		=LEFT(C10660,FIND("-",C10660)-1)*1

(3) 배열함수(배열수식)

-배열함수는 통상의 표준 워크시트 함수로는 수행할 수 없는 복잡한 계산을 수행할 수 있는 강력한 수식

→"Ctrl+Shift+Enter"키를 동시에 눌러 입력해야 하므로 "Ctrl-Shift-Enter" 또는 CSE수식이라고도 한다.

-배열수식을 사용하면 불가능해 보이는 작업을 수행할 수 있다.

→MS 2021 이전 버전에서는 "Ctrl+Shift+Enter"키를 동시에 눌러 입력하지만, 이후 버전은 "Enter"키만으로 가능하다.

-배열수식이라 함은 어떤 조건에 맞는 값의 배열을 통해 특정한 함수의 결과를 나타내는 방식이다.

-배열수식의 형식은 주로 아래의 형태를 띠고 있다(다음 사용례 참조).

{=SUM((B3760:B3766=D3760)*C3760:C3766)}

① 배열수식 예1〉

※원본 데이터

A	1	B
B	1	
B	1	
A	1	
C	1	
B	1	
C	1	

결과 | 배열수식

3=SUM((B10682:B10688=D10682)*C10682:C10688)
⇒ 'B10682:B10688'셀이 'D10682'셀(즉 B)과 같으면 'C10682:C10688'셀을 더하라!
3=SUM(IF(B10682:B10688=D10682,C10682:C10688))
3 기존 함수식=SUMPRODUCT((B10682:B10688=D10682)*(C10682:C10688))
즉, 배열수식과 기존의 함수식과의 결과 값이 동일

선택 값 "B" 옆에 거꾸로 된 세모 모양의 '드롭박스'가 있는데 이걸 이용하면 쉽게 결과 값을 찾을 수 있다.
'드롭박스' 만들기: 셀에서 '데이터'→'데이터 유효성 검사'(아래 '데이터 유효성' 박스 참조)에서 '제한 대상'에 '목록' 선택, '원본' 란에 데이터 범위 선택 후 확인 → '드롭박스'가 생김.

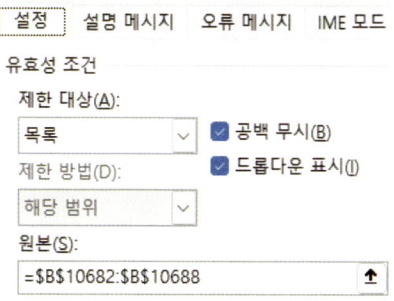

② 배열수식 예2〉 ← 배열수식의 의미: 투자금액, 평가금액을 일괄 계산.

■ [표 114] 배열수식 일괄 계산 예

종목	초기주가	초기수량	주가	수량
GOOG	88.73	224	167.43	224
AMZN	84.00	236	177.04	236
META	120.21	164	528.00	164
합계금액	59,413.96		165,877.76	
	↓→ =SUM(C10715:C10717*D10715:D10717)=59,413.96			
	=SUM(E10715:E10717*D10715:D10717)=165,877.76			

투자금액의 합계 계산 시, (개별 종목 * 주가)를 각각 계산하여 합산하는 식의 기존 방식으론 여러 번의 과정을 거치지만, 배열 수식을 이용하면 하나의 수식으로 같은 결과를 낸다.

EPILOGUE

미국 경제는 몰라도 돼

Epilogue

01 경제는 몰라도 돼!
02 주가를 보면 미래가 보인다!
03 실전투자를 위한 팁

EPILOGUE
미국 주식, 경제는 몰라도 돼

주식시장이 당해 국가의 경제 상황에 연동되어 움직인다는 것은 주식 투자자라면 누구라도 알 것이다. 문제는 단기든 장기든 미래의 경제 상황을 알기 어려운데 누구라도 미래의 경제 상황에 대해 말을 하기 마련이라는 점이다.

경제를 알기 어렵다면 주식 투자자로선 난감할 수 있다. 하지만 미국 시장을 오래 경험한 필자는 미국 경제를 몰라도 경제 상황이 반영되는 주가에 집중하는 것으로 얼마든지 미국 주식 투자가 가능하다고 말하고 싶다. 이 책의 집필 목적 또한 미국 주식 투자자들에게 이러한 사실을 알려주려는 데 있는 것이다.

01
경제는 몰라도 돼!

1) 미국 경제의 미래, FRB도 모른다

통상 '주가는 경제의 거울'이라는 말이 있는 것처럼 주가의 미래를 알려면 미래의 경제를 아는 게 최선이겠지만 경제가 앞으로 어떻게 될지 아는 게 말처럼 쉽지 않다는데 문제가 있다. 흔히 미국 경제의 컨트롤 타워로 대표적으로 재무부(Department of the Treasury)와 연방준비제도(FRB, Federal Reserve Board)를 꼽을 수 있다. 재무부는 국가의 재정정책을 관리하고 세금 및 정부 지출을 조정하며, FRB는 통화정책을 수립하고 금리를 조정하여 경제를 조절하면서 양대 기관이 미국 경제를 조율한다고 볼 수 있다.

특히 FRB의 경우 분기마다 발표하는 경제전망 요약(Summary of Economic Projections)에서 미래의 경제를 전망하고, 금리와 통화량을 조정하면서 통화정책면에서 미국의 경제를 끌어가는 운전자의 역할을 하고 있는 셈이다. 그렇다면 FRB가 과연 미래의 미국 경제를 정확히 전망할까?

다음 FRB의 전망치와 실제치와의 비교표를 보더라도, 미국 경제에 있어 최고의 컨트롤 타워인 FRB조차 상래의 경제 전망이 전혀 맞지 않을 뿐 아니라 특히 가장 중요한 업무인 금리, 특히 1년 후 금리에 대한 전망조차 틀리는 상황이다. FRB도 모르는 미국 경제를 누가 과연 제대로 전망할 수 있을 것인가?

■ FRB의 SEP상 GDP전망/점도표(Dot plot)로 본 금리 전망 및 실제치 비교

FOMC시기	구분\전망	2020	2021	2022	2023	2024
20-06-10	GDP전망	-6.5%	5.0%	3.5%	1.8%	
21-06-16	GDP전망		7.0%	3.3%	2.4%	1.8%
22-06-15	GDP전망			1.7%	1.7%	1.9%
	실제GDP	-2.2%	6.1%	2.5%	2.9%	2.3%(p)
	전망-실제	-4.3%	-0.1%	0.3%	-0.9%	-0.5%
20-06-10	점도표금리	0.125%	0.125%	0.199%	2.492%	
21-06-16	점도표금리		0.125%	0.250%	0.694%	2.478%
22-06-15	점도표금리			3.389%	3.778%	3.257%
	실제금리	0.125%	0.125%	4.375%	5.375%	4.375%
	전망-실제	0%	0%	-3.096%	-3.054%	-1.508%

2) 경제나 경제 지표를 몰라도 된다

고용 및 물가 안정을 통해 미국 경제의 가장 중요한 부분일 수 있는 금리를 조절하면서 미국 경제를 이끌고 있는 FRB가 박사급 인력만 수백 명에 달할 것임에도 금리 전망조차 틀리는 마당이다. 이는 애초에 경제 전망이 결코 쉬운 것이 아니며 어쩌면 경제 전망 자체가 무리라는 사실과 다름없다는 것이다.

다행히도 미국 시장은 어떤 재료에 대한 반응은 당해 재료의 호악재보다는 당시의 주가 추세와 더 관련이 깊은 것(아래 표)으로 분석되고 있어 경제 전망을 하지 못한다고 주식 투자하는 데 전혀 무리가 없다고 하겠다.

■ 빅테크 실적 후 빅테크 등락과 지수 등락 일치율(2023.10~2024.1)

빅테크 등락/지수등락, 총/일치	12	5	42%
지수 추세/지수등락, 총/일치	12	11	92%

■ 금리 변동과 다우/나스닥 등락(1999~2024) 관계　　　　　　　　※금리/지수 상관지수

금리 방향	총건수	Dow	Nasdaq	Dow+확률	Nas+확률	금리/다우	금리/나스닥
금리 인상	43	0.18%	0.49%	55.8%	53.5%	0.201	0.105
금리 인하	31	−0.54%	0.01%	38.7%	48.4%		

　주가나 주가 추세를 잘 관찰하기 위해 혹자는 차트 분석을 하기도 하지만 이 책은 데이터 분석으로 하는 주식 투자를 말하고 있다. 주가는 현재의 경제 상황을 반영하기도 하지만 미래의 경제 역시 선반영한다는 점에서 주가 데이터가 알려주는 추세를 파악하고, 추세에 맞게 대응한다면 굳이 경제나 경제지표를 몰라도 주식 투자가 얼마든지 가능하다.

02
주가를 보면 미래가 보인다

1) 주가에 답이 있다

앞에서 언급했듯 흔히 주식 투자에 있어 가장 중요한 부분일 수 있는 경제를 모른다고 주식 투자를 하지 못할까 묻는다면, 결론은 아니라는 것이다. 왜냐하면 '주가가 경제의 거울'이라는 사실에 집중한다면 주가엔 이미 경제가 녹아 있다는 것이고 따라서 주가에 집중하기만 해도 충분하다.

어차피 잘 알 수 없는 경제에 집중하느니 현재의 경제 상황이 녹아 있으며 미래의 경제를 선반영하는 주가에 집중하는 게 낫다. 특히 미국 시장의 경우 기관의 비중이 아주 높으며 전문투자자도 많은 시장이어서 이들에 의해 주도될 수밖에 없는 증권시장이라면 일반 투자자로선 증권시장에 형성된 주가에 집중하면서 주가가 가리키는 방향에 집중하면 되는 것이다.

왜냐하면 미국 증권시장은 역사가 길어 긴 역사 속에서 형성된 주가 데이터로 도출한 주가 운동법칙이나 데이터를 검증할 다양한 수단이 존재한다는 것이 미국 시장을 오래 관찰한 필자가 내린 결론이기 때문이다.

2) 주가를 보면 미래가 보인다

미국 주식 투자를 위해 경제에 집중하기보다 경제가 반영되어 있는 주가에 집중하는 게 낫다는 점을 강조해왔다. 그 이유는 미래의 경제를 전망하기가 사실상 불가능하고, 더 나아가 주가를 보면 주가의 미래를 예상할 수 있기 때문이다.

미국 시장은 전 세계 시총의 50%가 넘는 압도적 규모로 다른 시장과 차별화된 독특한 주가 운동법칙이 있으며 특별히 추세 강도가 강한 시장이다. 따라서 일단 추세가 형성되면 추세 방향으로 강하게 진행되는 시장이라 호악재가 있다손 치더라도 이조차 무시하고 추세 방향으로 주가가 형성된다는 사실이야말로 '주가를 보면 미래(의 주가)가 보인다'는 것과 다름없다.

미국의 독특한 주가 운동 3법칙 중 첫 번째 법칙인 '추세 우위의 법칙'은 미래의 주가를 예측하는 데 중요하므로 특별히 이 법칙에 집중할 필요가 있다.

즉 제3장에서 언급한 대로 미국의 주가는 추세 방향으로 진행하려는 속성(주: 미국 시장은 특히 연속 상승/하락이 많다)이 강해 현재의 추세 방향을 읽고, 추세 방향을 따르기만 해도 주식 투자에 있어 크게 무리가 없다는 것이다.

다만 제3장과 제4장에서 언급했듯 추세에는 장기와 중기, 단기 내지 데이 관점의 다양한 추세가 있으므로 각각의 추세를 이해하고 투자 기간에 맞는 대응을 하면 되는 바, 투자 기간에 따라 투자 금액과 종목 선택을 분리하여 투자할 필요가 있겠다.

■ 다우(13일 연속 상승)/나스닥(11일 연속 상승)의 연속 상승 기록

Date	다우	다우%	Date	나스닥	나스닥%
23-07-10	33944.40	0.62%	21-10-25	15226.71	0.90%
23-07-11	34261.42	0.93%	21-10-26	15235.72	0.06%
23-07-12	34347.43	0.25%	21-10-27	15235.84	0.00%
23-07-13	34395.14	0.14%	21-10-28	15448.12	1.39%
23-07-14	34509.03	0.33%	21-10-29	15498.39	0.33%
23-07-17	34585.35	0.22%	21-11-01	15595.92	0.63%
23-07-18	34951.93	1.06%	21-11-02	15649.60	0.34%
23-07-19	35061.21	0.31%	21-11-03	15811.58	1.04%
23-07-20	35225.18	0.47%	21-11-04	15940.31	0.81%
23-07-21	35227.69	0.01%	21-11-05	15971.59	0.20%
23-07-24	35411.24	0.52%	21-11-08	15982.36	0.07%
23-07-25	35438.07	0.08%			
23-07-26	35520.12	0.23%			
합계 상승률		5.29%	합계 상승률		5.91%

03
실전투자를 위한 팁

1) 투자 계획을 어떻게 세울까

　성공적인 주식 투자를 위해선 투자 계획을 제대로 세우고 그에 맞게 투자해야 하는데, 투자 계획을 세우기 위해 몇 가지 기준을 제시할 수가 있겠다.
　첫째, 투자 기간을 장기, 중기와 단기 트레이딩으로 구분해야 한다. 둘째, 투자 기간별로 투자 금액을 할당하여 구분해서 관리해야 한다. 셋째, 장기 추세를 구분하여 대세 상승기와 대세 하락기로 나눠 투자 금액은 물론 투자 종목을 구분해야 한다.
　이러한 기준하에 먼저 장기 추세를 구분해보고 장기 추세에 따른 투자 기간별 투자 금액 할당과 투자 종목 선정 등을 고려해본다.

　① 대세 상승기는 FRB금리가 저점을 기록한 이후부터이고, 이때부터 장기 투자는 총 투자금의 70% 정도를 최소 5개 종목(지수 ETF 포함) 이상에 장기 투자하고, 나머지 중 15%는 중기 신호를 따라 매수 신호에만 지수 ETF로 진입, 나머지 15%는 데이트레이딩으로 지수 ETF로 매매한다.

　② 대세 하락기는 FRB금리가 고점을 기록하고 첫 금리 인하를 실시한 이후

다. 이때부터 장기 투자는 고려하지 않고, 투자금의 최소 50%는 현금 또는 채권에 투자하고, 나머지 50% 중 중기 투자에 총 투자금의 25%를 할당하되 투자 종목은 중기 매도 신호 발생 시 인버스 ETF(PSQ/SQQQ)로 진입 후 중기 매수 신호 발생 시 청산하는 거래를 지속한다. 단기 트레이딩에 25%를 할당하여 데이 신호로 지수 ETF(TQQQ, QQQ/SQQQ, PSQ)에 투자하여 당일 청산하는 거래를 지속한다.

■ 장기 추세별 투자 계획표

구분	대세 상승기	대세 하락기
장기 신호	FRB금리 저점 기록일	금리 고점 후 첫 금리 인하일+@
중기 신호	and(나스닥+%〉다우+%, 나스100+%〉s&p 500+%)가 이틀 지속, 매수 and(나스닥-%〈다우-%, 나스100-%〈s&p 500-%)가 이틀 지속, 매도	
투자금 할당	장기70%, 중기15%, 데이15%	50%채권(장기), 중기25%, 데이25%
종목/투자	장기: 지수ETF포함 성장주 5개 이상	장기: 현금 또는 채권에 투자
	중기: 지수ETF로 중기 매수신호에 진입, 중기 매도신호에 청산 후 대기	중기: 인버스 ETF로 매도신호에 진입, 중기 매수신호에 청산 후 대기
	단기: 데이 신호로 지수 ETF 매매 당일 종가로 청산	단기: 데이 신호로 지수 ETF 매매 당일 종가로 청산

2) 매매평가로 금융목표를 관리하라

투자 계획을 세웠다면 계획성 있는 투자가 될 수 있도록 매매일지를 쓰는 것은 물론, 매일 매매 평가를 통해 투자를 실행하기 전 장기 목표로 설정한 금융목표의 진도율을 꾸준히 관리할 필요가 있다.

투자 기간을 장기, 중기와 단기로 구분하고, 이를 장기 추세로 다시 나눠 금액 할당하고 투자 종목을 구분 관리할 것을 추천했다. 이러한 기준에 따른 매일의 매매평가표(다음 페이지 사례 참조)를 꾸준히 작성할 것을 권한다.

■ 2024년 말 기준 매매평가표(예)

▷ 기본 원칙

- 2024년 말 현재 장기 하락 추세 진행 중으로 장기 하락 추세에 맞춰 작성한다.
- 환율은 고려하지 않고 달러($) 베이스로 작성을 원칙으로 한다.
- 초기 총투자금액: 10,000$ 가정

① 장기 투자 금액　　　　　　　　　　　　　　　　25-04-11 현재

종목	투자일	수량	진입가	투자액	현재가	평가액	수익률
초기투자금	24-12-31			$5,000.00			
채권				$5,000.00		$5,000.00	
현금				$0.00		$0.00	
합계				$5,000.00		$5,000.00	0.0%

② 중기 투자 금액　　　　　　　　　　　　　　　　25-04-11 현재

종목	투자일	수량	진입가	투자액	현재가	평가액	수익률
초기투자금	24-12-31			$2,500.00			
PSQ	25-03-27	63	39.56	$2,492.28	41.08	$2,588.04	3.5%
수익금				$140.70		$140.70	5.6%
현금				$23.36		$23.36	1.0%
합계				$2,500.00		$2,655.44	10.1%

③ 데이 트레이딩 금액　　　　　　　　　　　　　　25-04-11 현재

종목	투자일	수량	진입가	투자액	현재가	평가액	수익률
초기투자금	24-12-31			$2,500.00			
TQQQ/SQQQ				$2,500.00		$2,500.00	0.0%
수익금						$1,960.69	78.4%
현금				$0.00		$0.00	

EPILOGUE 미국 경제는 몰라도 돼

				$2,500.00		$4,460.69	78.4%
합계							

④ 총 투자 금액　　　　　　　　25-04-11 현재　　65일 경과

투자기간	투자시작	초기투자금	수익금	현금	자산평가액	총평가액	수익률
장기투자	24-12-31	$5,000.00			$5,000.00	$5,000.00	0.0%
중기투자	24-12-31	$2,500.00	$140.70	$23.36	$2,588.04	$2,752.10	10.1%
데이투자	24-12-31	$2,500.00	$1960.69		$2,500.00	$4,460.69	78.4%
합계/경과일	65	$10,000.00	$2101.39	$23.36	$10,088.04	$12,212.79	22.1%
						년환산수익률	80.0%

⑤ 데이 트레이딩 매매일지　　　　　25-04-11 현재

날짜	종목	수량	진입가	청산가	수익금	누적수익	수익률
24-12-31	SQQQ	82	$30.17	$31.12	$77.90	$77.90	3.1%
25-01-02	TQQQ	31	$80.46	$78.98	−$45.88	$32.02	1.3%
	SQQQ	80	$31.19	$30.49	−$56.00	−$23.98	−1.0%
25-01-03	TQQQ	31	$80.36	$82.57	$82.57	$58.59	2.3%
중략						$58.59	2.3%
						$1,048.22	41.9%
25-04-09	TQQQ	63	$39.26	$52.61	$841.05	$1,889.27	75.6%
25-04-10	SQQQ	68	$36.42	$38.21	$121.72	$2,010.99	80.4%
25-04-11	TQQQ	54	$45.65	$45.95	$16.20	$2,027.19	81.1%
	SQQQ	65	$38.39	$38.06	−$21.45	$2,005.74	80.2%
25-04-11	TQQQ	53	$46.38	$45.53	−$45.05	$1,960.69	78.4%

3) 맺음말

이제 이 책을 마무리하면서 인생의 첫 책을 내는 소회를 밝히고자 한다. 미국 시장의 중요성을 이른 시기인 1998년에 감지하고 이때부터 미국 시장을 연구하기 시작한 지 25년여 만에 마무리하여 평생의 꿈인 미국 시장에 관한 지식

을 세상에 알리게 된 사실이 우선 감격스럽다.

이 책은 미국 시장을 오랜 세월 동안 경험하면서 체득한 지식을 오롯이 담아내고자 노력하였으며, 이 한 권의 책으로 '미국 주식 투자'라는 새로운 길을 여는 데 나침반이 될 것이라 감히 자부한다.

특히 강조한 것은 미국 시장은 다른 시장과 완전히 차별화된 시장이라는 점이고, 이러한 사실을 입증하고자 여러 사례와 자료를 제시하였다. 모쪼록 이 책을 통하여 미국 주식 투자자 분들이 미국 시장에 대해 좀 더 이해하는 계기가 되어 성공적인 투자 여정이 된다면 저자로서 한없는 기쁨이 되리라. 독자 여러분의 성공적인 미국 주식 투자를 빌어본다.

앞으로도 미국 시장에 대한 끊임없는 연구를 통해 미국 주식 투자 안내서를 더욱 정교하게 다듬어 머지않아 개정판을 낼 것을 독자 여러분들께 다짐하며, 나아가 미국 시장을 활용한 코스피 투자 안내서도 낼 것을 약속드린다.

마지막으로, 이 시대 최고의 투자 현인인 워렌 버핏이 2004년 버크셔 해더웨이의 주주 서한에서 언급한 투자 경구로 마무리하고자 한다.

"남들이 탐욕스러울 때 두려워하고, 남들이 두려워할 때 탐욕하라."

끝까지 읽어주셔서 감사드립니다.

2025년 10월

| 부록 |

1. 다우 30 종목 리스트

2. 나스닥 100 종목 리스트

3. 미국 연방기금금리(FFR) 변동 현황(1986.1~현재)

3-1. 한국은행 기준금리 변동 현황

4. 2025~2026년 일정표(휴장일/FOMC일정/서머타임 기간)

5. 주요 참고 사이트 주소

6. 찾아보기

(1) 색인 목록

(2) 표 목록

(3) 그림 목록

(4) 참고 목록

7. 용어해설

1. 다우 30 종목 리스트

24-12-31

심볼	회사명	업종	주가	시총(B$)	2024%
AAPL	Apple Inc.	Info. Tech	250.42	3785.3	30.1%
AXP	American	Credit Services	296.79	209.1	58.4%
BA	The Boein	Aerospace & Defense	177.00	132.4	-32.1%
CAT	Caterpillar	Farm & Heavy Const	362.76	175.1	22.7%
CSCO	Cisco Syst Comm	Equipment	59.20	235.8	17.2%
CVX	Chevron C	Oil & Gas Integrated	144.84	260.3	-2.9%
DIS	The Walt	Entertainmen	111.35	201.6	23.3%
SHW	Sherwin	WSpecialty Chemicals	339.93	85.6	9.0%
GS	The GoldmCapital	Markets-Bank	572.62	179.8	48.4%
HD	The Home	Home Improve. Retail	388.99	386.4	12.2%
IBM	Intl Biz Ma Info	Tech. Services	219.83	203.3	34.4%
NVDA	NVIDIA	COSemiconductors	134.29	3288.8	171.2%
JNJ	Johnson & Bio	Drug-General	144.62	348.2	-7.7%
JPM	JPMorgan	Banks-Diversified	239.71	674.9	40.9%
KO	The Coca	Bvrg-Non-Alcoholic	62.26	268.2	5.7%
MCD	McDonald'	Restaurants	289.89	207.7	-2.2%
MMM	3M Comp	Specialty Indus. Mach	129.09	70.3	18.1%
MRK	Merck & CBio	Drug Manufactur	99.48	251.6	-8.8%
MSFT	Microsoft	Software	421.50	3133.8	12.1%
NKE	NIKE, Inc	Footwear	75.67	90.1	-30.3%
AMGN	AMGEN	Bio. Drug Manufactur	260.64	140.1	-9.5%
PG	Procter &	House & Person Prod	167.65	394.8	14.4%
TRV	Travelers	CInsurance	240.89	54.7	26.5%
UNH	UnitedHea	Healthcare Plans	505.86	465.5	-3.9%
HON	Honeywell	Specialty Industrial M	225.89	146.9	-0.2%
V	Visa Inc	Credit Services	316.04	546.6	11.7%
VZ	Verizon	CoTelecom Services	39.99	168.3	9.7%
AMZN	AMAZON	Internet Retail	219.39	2306.9	30.3%
WMT	Walmart	InDiscount Stores	90.35	725.8	56.4%
CRM	Salesforce	Software-Application	334.33	320.0	12.0%
합계/평균			6921.27	19457.9	15.4%

[2024년 종목 교체] 33.2%

교체일	신규 종목	제외 종목
24-02-26	AMZN+	WBA-
24-11-08	NVDA/SHW+	INTC/DOW-
교체 수	3개+	3개-

부록 337

2. 나스닥 100 종목 리스트   24-12-31

심볼	회사명	업 종	주가	시총(B$)	2024%
AAPL	Apple Inc.	Consumer Electronics	250.42	3785.30	30.1%
CSCO	Cisco Syst	Comm. Equipment	59.20	235.78	17.2%
NVDA	NVIDIA CO	Semiconductors	134.29	3288.76	171.2%
MSFT	Microsoft	Software	421.50	3133.80	12.1%
AMGN	AMGEN	Bio. Drug Manufactur	260.64	140.10	−9.5%
HON	Honeywell	Specialty Industrial M	225.89	146.88	7.7%
AMZN	AMAZON.	Internet Retail	219.39	2306.89	44.4%
AEP	American	Utilities	92.23	49.12	13.6%
ADBE	ADOBE IN	Software	444.68	195.75	−25.5%
ADI	ANALOG D	Semiconductors	212.46	105.44	7.0%
ADP	AUTOMAT	Staff & Employ Servic	292.73	119.27	25.7%
ADSK	AUTODESK	Software—App.	295.57	63.55	21.4%
CCEP	Coca-Cola	Beverages Non-alcoh	76.81	35.36	15.1%
ANSS	ANSYS, Inc	Software	337.33	29.50	−7.0%
AMAT	APPLIED M	Semic. Equipment	162.63	132.33	0.3%
AMD	ADV MICR	Semiconductors	120.79	196.02	−18.1%
ASML	ASML HLD	Semic. Equipment	693.08	272.67	−8.4%
AVGO	BROADCO	Semiconductors	231.84	1086.72	107.7%
BIIB	BIOGEN IN	Bio. Drug Manufactur	152.92	22.28	−40.9%
BKNG	BOOKING	Travel Services	4968.42	164.44	40.1%
CDNS	CADENCE	Software	300.46	82.41	10.3%
CHTR	CHARTER	Telecom Services	342.77	48.74	−11.8%
CMCSA	COMCAST	Communication Servi	37.53	143.26	−14.4%
COST	COSTCO W	Discount Stores	916.27	406.73	38.8%
CSX	C S X CP	Railroads	32.27	62.23	−6.9%
CTAS	CINTAS C	Specialty Biz Services	182.70	73.68	21.3%
CTSH	COGNIZA	Info. Tech. Services	76.90	38.13	1.8%
CPRT	Copart, Inc	Specialty Business	57.39	55.30	17.1%
APP	AppLovin	Software—App.	323.83	96.72	712.6%
EA	ELECTRON	Gaming & Multimedi	146.30	38.37	6.9%
DASH	DoorDash,	Internet Content	167.75	65.25	69.6%
CRWD	CrowdStrik	Software Infra	342.16	80.01	34.0%
FAST	FASTENAL	Indus. Distribution	71.91	41.20	11.0%
META	Meta Platf	Internet Content	585.51	1276.41	65.4%
GILD	GILEAD SC	Bio. Drug Manufactur	92.37	115.12	14.0%
GOOG	ALPHABET	Internet Content	190.44	2159.98	35.1%
DXCM	DexCom, I	Medical Devices	77.77	30.38	−37.3%
IDXX	IDEXX LAB	Bio, Diagnostics & Re	413.44	33.85	−25.5%
AXON	Axon Ente	Aerospace & Defense	594.32	45.32	130.1%
INTU	INTUIT IN	Software	628.50	175.93	0.6%
ISRG	INTUITIVE	Medical Instruments	521.96	185.91	54.7%
EXC	Exelon Cor	Utilities	37.64	37.82	4.8%
MDB	MongoDB,	Software Infra.	232.81	17.34	−43.1%

KHC	KRAFT HEI	Packaged Foods	30.71	37.13	-17.0%
KLAC	KLA CP CM	Semic. Equipment	630.12	84.28	8.4%
KDP	Keurig Dr	Beverages Non-alcoh	32.12	43.57	-3.6%
LRCX	LAM RESE	Semic. Equipment	72.23	92.94	-7.8%
LULU	LULULEMO	Apparel Retail-Store	382.41	44.62	-25.2%
MAR	MARRIOTT	Lodging	278.94	77.52	23.7%
MCHP	MICROCHI	Semiconductors	57.35	30.80	-36.4%
MDLZ	MONDELE	Confectioner & Bever	59.73	79.87	-17.5%
MELI	MERCADO	Internet Retail	1700.44	86.21	8.2%
MNST	MONSTER	Bvrg.—Non-Alcoholic	52.56	51.12	-8.8%
MU	MICRON T	Semiconductors	84.16	93.77	-1.4%
MSTR	MicroStrat	Software-Application	289.62	65.23	358.5%
NFLX	NETFLIX, I	Entertainment	891.32	381.00	83.1%
MRVL	Marvell Te	Semiconductors	110.45	95.57	83.1%
INTC	Intel Corp	Semiconductors	20.05	86.48	-60.1%
NXPI	NXP SEMI	Semiconductors	207.85	52.83	-9.5%
ORLY	O'REILLY A	Automotive Parts Ret	1185.80	68.46	24.8%
PAYX	PAYCHEX,	Staff & Employ Servic	140.22	50.49	17.7%
PCAR	PACCAR I	Farm & Heavy Const.	104.02	54.54	6.5%
PEP	PEPSICO I	Bvrg.—Non-Alcoholic	152.06	208.62	-10.5%
PYPL	PAYPAL H	Credit Services	85.35	85.57	39.0%
QCOM	QUALCOM	Semiconductors	153.62	170.67	6.2%
REGN	REGENERO	Bio, Drug Manufactur	712.33	76.98	-18.9%
ROST	ROSS STO	Apparel Retail-Store	151.27	49.91	9.3%
SBUX	STARBUCK	Restaurants	91.25	103.46	-5.0%
ARM	Arm Holdi	Semiconductors	123.36	129.65	64.2%
SNPS	SYNOPSYS	Software	485.36	75.03	-5.7%
TMUS	T-MOBILE	Telecom Services	220.73	256.15	37.7%
TSLA	TESLA, INC	Auto Manufacturers	403.84	1296.35	62.5%
TXN	TEXAS INS	Semiconductors	187.51	171.05	10.0%
PDD	PDD Holdi	Internet Retail	96.99	134.70	-33.7%
VRSK	VERISK AN	Consulting Services	275.43	38.89	15.3%
VRTX	VERTEX PH	Biotechnology	402.70	103.71	-1.0%
WDAY	WORKDAY	Software	258.03	55.22	-6.5%
ROP	Roper Tec	Software Application	519.85	55.74	-4.6%
TEAM	Atlassian C	Software Application	243.38	39.30	2.3%
XEL	XCEL ENER	Utilities—Regulated E	67.52	38.77	9.1%
ABNB	Airbnb, Inc	Travel Services	131.41	83.49	-3.5%
DDOG	Datadog, I	Software Application	142.89	44.76	17.7%
FTNT	Fortinet, In	Software-Infra(cyberse	94.48	72.41	61.4%
PANW	Palo Alto	Software-Infra(cyberse	181.96	119.40	-38.3%
AZN	AstraZene	Biotechnology	65.52	203.15	-2.7%
BKR	Baker Hug	Oil & Gas services	41.02	40.59	20.0%
CEG	Constellati	Utilites-Renewable	223.71	69.97	91.4%
CSGP	CoStar Gro	Real Estate	71.59	29.35	-18.1%
TTWO	Take-Two	Electronic Gaming &	184.08	32.33	14.4%

FANG	Diamondb	Oil & Gas E&P	163.83	47.84	5.6%
GEHC	GE Health	Healthcare info. Svcs	78.18	35.72	1.1%
GFS	GlobalFou	Semiconductors	42.91	23.84	-29.2%
CDW	CDW Corp	Info. Tech. Services	174.04	23.19	-23.4%
ODFL	Old Domin	Trucking	176.40	37.66	-13.0%
ON	ON Semic	Semic-autonomous	63.05	26.85	-24.5%
TTD	The Trade	Software-Application	117.53	52.85	63.3%
WBD	Warner Br	Entertainment	10.57	25.93	-7.1%
PLTR	Palantir Te	Software-Infra	75.63	164.92	340.5%
ZS	Zscaler, In	Software-Infra(clouds	180.41	27.68	-18.6%
LIN	Linde plc	Specialty Chemicals	418.67	199.35	2.2%
합계/평균				26847.50	33.0%

[2024년 종목 교체]

교체일	신규 종목	제외 종목
24-07-22	SMCI+	WBA-
24-11-18	APP+	DLTR-
24-12-23	AXON/MSTR/PLTR+	ILMN/MRNA/SMCI-
교체 수	5개+	5개-

3. 미국 연방기금금리(FFR) 변동 현황(1986.1~현재)   긴급인하

Date	FFR ±	다우%	나스닥%	FRB금리	다우	나스닥
86-01-02				7.750	1537.73	325.00
86-03-07	-0.500	0.19%	0.19%	7.250	1699.83	362.20
86-04-18	-0.500	-0.79%	0.03%	6.750	1840.40	390.10
86-07-11	-0.375	-0.57%	-0.10%	6.375	1821.43	391.60
86-08-21	-0.500	-0.01%	0.08%	5.875	1881.19	381.20
86-12-31	0.125	-0.66%	0.43%	6.000	1895.95	348.80
87-04-30	0.750	1.42%	0.87%	6.750	2286.36	417.80
87-09-03	0.250	-0.10%	-0.11%	7.000	2599.49	448.40
87-09-04	0.250	-1.47%	-0.42%	7.250	2561.38	446.50
87-10-19	-0.500	-22.61%	-11.35%	6.750	1738.74	360.20
88-01-29	-0.250	1.46%	0.67%	6.500	1958.22	344.70
88-06-30	1.000	0.93%	0.77%	7.500	2141.71	394.70
88-07-15	0.250	0.75%	0.08%	7.750	2129.45	395.00
88-08-09	0.500	-1.34%	-0.90%	8.250	2079.13	384.20
88-11-15	0.125	0.59%	-0.08%	8.375	2077.17	372.10
88-12-01	0.250	-0.60%	0.65%	8.625	2101.88	373.90
89-02-01	0.750	-0.18%	0.47%	9.375	2338.21	403.20
89-02-23	0.250	0.24%	0.15%	9.625	2289.46	403.10
89-02-24	0.125	-1.92%	-0.77%	9.750	2245.54	400.00
89-06-01	-0.250	0.42%	0.47%	9.500	2490.63	448.30
89-12-15	-1.250	-0.51%	-0.83%	8.250	2739.55	443.80
90-07-13	-0.250	0.35%	0.26%	8.000	2980.20	468.40
90-10-29	-0.250	-0.24%	-1.08%	7.750	2430.20	330.80
90-11-13	-0.250	-0.19%	0.40%	7.500	2535.40	352.90
90-12-07	-0.250	-0.48%	-0.21%	7.250	2590.10	371.50
90-12-18	-0.250	1.29%	1.23%	7.000	2626.73	370.20
91-01-09	-0.250	-1.56%	-0.42%	6.750	2470.30	357.50
91-02-01	-0.500	-0.21%	0.85%	6.250	2730.69	417.70
91-03-08	-0.250	-0.28%	-0.13%	6.000	2955.20	475.11
91-04-30	-0.250	0.38%	-0.62%	5.750	2887.87	484.72
91-08-06	-0.250	1.28%	0.52%	5.500	3027.28	505.20
91-09-13	-0.250	-0.74%	-0.85%	5.250	2985.69	516.71
91-10-31	-0.250	-0.09%	0.31%	5.000	3069.10	542.98
91-11-06	-0.250	0.24%	0.12%	4.750	3038.46	539.48
91-12-06	-0.250	-0.09%	0.43%	4.500	2886.40	536.30
91-12-20	-0.500	0.69%	0.23%	4.000	2934.48	535.76
92-07-02	-0.500	-0.71%	-0.99%	3.250	3330.29	563.35
92-09-04	-0.250	-0.31%	-0.25%	3.000	3281.93	573.44
94-02-04	0.250	-2.43%	-2.57%	3.250	3871.42	777.28
94-03-22	0.250	-0.06%	-0.12%	3.500	3862.55	796.34
94-04-18	0.250	-1.12%	-1.03%	3.750	3620.42	720.45
94-05-17	0.500	1.34%	-0.05%	4.250	3720.61	711.52
94-08-16	0.500	0.65%	0.36%	4.750	3784.57	735.51

94-11-15	0.750	-0.09%	0.11%	5.500	3826.36	769.02
95-02-01	0.500	0.10%	0.41%	6.000	3847.56	758.31
95-07-06	-0.250	1.06%	1.18%	5.750	4664.00	952.93
95-12-19	-0.250	0.68%	2.38%	5.500	5109.89	1026.41
96-01-31	-0.250	0.26%	0.81%	5.250	5395.30	1059.79
97-03-25	0.250	-0.42%	0.44%	5.500	6876.17	1248.06
98-09-29	-0.250	-0.35%	-0.30%	5.250	8080.52	1734.05
98-10-15	-0.250	4.15%	4.55%	5.000	8299.36	1611.01
98-11-17	-0.250	-0.28%	0.90%	4.750	8986.28	1878.52
99-06-30	0.250	1.44%	1.67%	5.000	10970.80	2686.12
99-08-24	0.250	-0.15%	1.21%	5.250	11283.30	2752.37
99-11-16	0.250	1.59%	2.36%	5.500	10932.33	3295.52
00-02-02	0.250	-0.34%	0.54%	5.750	11003.20	4073.96
00-03-21	0.250	2.13%	2.21%	6.000	10907.34	4711.68
00-05-16	0.500	1.17%	3.05%	6.500	10934.57	3717.57
01-01-03	-0.500	2.81%	14.17%	6.000	10945.75	2616.69
01-01-31	-0.500	0.06%	-2.31%	5.500	10887.36	2772.73
01-03-20	-0.500	-2.39%	-4.80%	5.000	9720.76	1857.44
01-04-18	-0.500	3.91%	8.12%	4.500	10615.83	2079.44
01-05-15	-0.500	-0.04%	0.18%	4.000	10872.97	2085.58
01-06-27	-0.250	-0.36%	0.49%	3.750	10434.84	2074.74
01-08-21	-0.250	-1.41%	-2.66%	3.500	10174.14	1831.30
01-09-17	-0.500	-7.13%	-6.83%	3.000	8920.70	1579.55
01-10-02	-0.500	1.29%	0.80%	2.500	8950.59	1492.33
01-11-06	-0.500	1.59%	2.31%	2.000	9591.12	1835.08
01-12-11	-0.250	-0.33%	0.49%	1.750	9888.37	2001.93
02-11-06	-0.500	1.07%	1.27%	1.250	8771.01	1418.99
03-06-25	-0.250	-1.08%	-0.18%	1.000	9011.53	1602.66
04-06-30	0.250	0.21%	0.63%	1.250	10435.48	2047.79
04-08-10	0.250	1.32%	1.92%	1.500	9944.67	1808.70
04-09-21	0.250	0.39%	0.69%	1.750	10244.93	1921.18
04-11-10	0.250	-0.01%	-0.43%	2.000	10385.48	2034.56
04-12-14	0.250	0.36%	0.53%	2.250	10676.45	2159.84
05-02-02	0.250	0.43%	0.31%	2.500	10596.79	2075.06
05-03-22	0.250	-0.90%	-0.91%	2.750	10470.51	1989.34
05-05-03	0.250	0.05%	0.23%	3.000	10256.95	1933.07
05-06-30	0.250	-0.96%	-0.58%	3.250	10274.97	2056.96
05-08-09	0.250	0.75%	0.45%	3.500	10615.67	2174.19
05-09-20	0.250	-0.72%	-0.65%	3.750	10481.52	2131.33
05-11-01	0.250	-0.32%	-0.29%	4.000	10406.77	2114.05
05-12-13	0.250	0.52%	0.18%	4.250	10823.72	2265.00
06-01-31	0.250	-0.32%	-0.04%	4.500	10864.86	2305.82
06-03-28	0.250	-0.85%	-0.48%	4.750	11154.54	2304.46
06-05-10	0.250	0.02%	-0.75%	5.000	11642.65	2320.74
06-06-29	0.250	1.98%	2.96%	5.250	11190.80	2174.38
07-09-18	-0.500	2.51%	2.71%	4.750	13739.39	2651.66

Date	FFR ±	다우%	나스닥%	FRB금리	다우	나스닥
07-10-31	-0.250	1.00%	1.51%	4.500	13930.01	2859.12
07-12-11	-0.250	-2.14%	-2.45%	4.250	13432.77	2652.35
08-01-22	-0.750	-1.06%	-2.04%	3.500	11971.19	2292.27
08-01-30	-0.500	-0.30%	-0.38%	3.000	12442.83	2349.00
08-03-18	-0.750	3.51%	4.19%	2.250	12392.66	2268.26
08-04-30	-0.250	-0.09%	-0.55%	2.000	12820.13	2412.80
08-10-08	-0.500	-2.00%	-0.83%	1.500	9258.10	1740.33
08-10-29	-0.500	-0.82%	0.47%	1.000	8990.96	1657.21
08-12-16	-0.750	4.20%	5.41%	0.250	8924.14	1589.89
15-12-16	0.250	1.28%	1.52%	0.500	17749.09	5071.13
16-12-14	0.250	-0.60%	-0.50%	0.750	19792.53	5436.67
17-03-15	0.250	0.54%	0.74%	1.000	20950.10	5900.05
17-06-14	0.250	0.22%	-0.41%	1.250	21374.56	6194.89
17-12-13	0.250	0.33%	0.20%	1.500	24585.43	6875.80
18-03-21	0.250	-0.18%	-0.26%	1.750	24682.31	7345.29
18-06-13	0.250	-0.47%	-0.11%	2.000	25201.20	7695.70
18-09-26	0.250	-0.40%	-0.21%	2.250	26385.28	7990.37
18-12-19	0.250	-1.49%	-2.17%	2.500	23323.66	6636.83
19-07-31	-0.250	-1.23%	-1.19%	2.250	26864.27	8175.42
19-09-18	-0.250	0.13%	-0.11%	2.000	27147.08	8177.39
19-10-30	-0.250	0.43%	0.33%	1.750	27186.69	8303.98
20-03-03	-0.500	-2.94%	-2.99%	1.250	25917.41	8684.09
20-03-16	-1.000	-12.93%	-12.31%	0.250	20188.52	6904.59
22-03-16	0.250	1.55%	3.77%	0.500	34063.10	13436.55
22-05-04	0.500	2.81%	3.19%	1.000	34061.06	12964.86
22-06-15	0.750	1.00%	2.50%	1.750	30668.53	11099.16
22-07-27	0.750	1.37%	4.06%	2.500	32197.59	12032.42
22-09-21	0.750	-1.70%	-1.79%	3.250	30183.78	11220.19
22-11-02	0.750	-1.55%	-3.36%	4.000	32147.76	10524.80
22-12-14	0.500	-0.42%	-0.76%	4.500	33966.35	11170.89
23-02-01	0.250	0.02%	2.00%	4.750	34092.96	11816.32
23-03-22	0.250	-1.63%	-1.60%	5.000	32030.11	11669.96
23-05-03	0.250	-0.80%	-0.46%	5.250	33414.24	12025.33
23-07-26	0.250	0.23%	-0.12%	5.500	35520.12	14127.28
24-09-18	-0.500	-0.25%	-0.31%	5.000	41503.10	17573.30
24-11-07	-0.250	0.00%	1.51%	4.750	43729.34	19269.46
24-12-18	-0.250	-2.58%	-3.56%	4.500	42326.87	19392.69
25-09-17	-0.250	0.57%	-0.33%	4.250	46018.32	22261.33

Date	FFR ±	다우%	나스닥%	FRB금리	다우	나스닥
긴급인하						

3-1. 한국은행 기준금리 변동 현황

BOK Rate±	Date	BOK금리	KOSPI	KOSPI%
	99-05-06	4.75	810.53	5.11%
0.25	00-02-10	5.00	966.17	-1.01%
0.25	00-10-05	5.25	606.78	1.40%
-0.25	01-02-08	5.00	591.57	2.67%
-0.25	01-07-05	4.75		
-0.25	01-08-09	4.50	549.66	-2.88%
-0.50	01-09-19	4.00	486.75	0.38%
0.25	02-05-07	4.25	826.34	-0.06%
-0.25	03-05-13	4.00	614.07	-2.69%
-0.25	03-07-10	3.75	700.51	-0.71%
-0.25	04-08-12	3.50	766.7	1.81%
-0.25	04-11-11	3.25	861.26	0.08%
0.25	05-10-11	3.50	1244.27	1.39%
0.25	05-12-08	3.75	1324.2	-0.04%
0.25	06-02-09	4.00	1321.66	0.81%
0.25	06-06-08	4.25	1223.13	-3.45%
0.25	06-08-10	4.50	1304.31	-0.81%
0.25	07-07-12	4.75	1909.75	1.05%
0.25	07-08-09	5.00	1908.68	0.28%
0.25	08-08-07	5.25	1564	-0.93%
-0.25	08-10-09	5.00	1294.89	0.64%
-0.75	08-10-27	4.25	946.45	0.82%
-0.25	08-11-07	4.00	1134.49	3.87%
-1.00	08-12-11	3.00	1154.43	5%
-0.50	09-01-09	2.50	1180.96	-2.05%
-0.50	09-02-12	2.00	1179.84	-0.87%
0.25	10-07-09	2.25	1723.01	1.43%
0.25	10-11-16	2.50	1899.13	-0.77%
0.25	11-01-13	2.75	2089.48	-0.26%
0.25	11-03-10	3.00	1981.58	-0.99%
0.25	11-06-10	3.25	2046.67	-1.19%
-0.25	12-07-12	3.00	1785.39	-2.24%
-0.25	12-10-11	2.75	1933.09	-0.78%
-0.25	13-05-09	2.50	1979.45	1.18%
-0.25	14-08-14	2.25	2063.22	0.04%
-0.25	14-10-15	2.00	1925.91	-0.17%
-0.25	15-03-12	1.75	1970.59	-0.52%
-0.25	15-06-11	1.50	2056.61	0.26%
-0.25	16-06-09	1.25	2024.17	-0.14%
0.25	17-11-30	1.50	2476.37	-1.45%
0.25	18-11-30	1.75	2096.86	-0.82%
-0.25	19-07-18	1.50	2066.55	-0.31%
-0.25	19-10-16	1.25	2082.83	0.71%

콜금리목표↑
기준금리↓

BOK Rate±	Date	BOK금리	KOSPI	KOSPI%
−0.50	20-03-16	0.75	1714.86	−3.19%
−0.25	20-05-28	0.50	2028.54	−0.13%
0.25	21-08-26	0.75	3128.53	−0.58%
0.25	21-11-25	1.00	2980.27	−0.47%
0.25	22-01-14	1.25	2921.92	−1.36%
0.25	22-04-14	1.50	2716.71	0.01%
0.25	22-05-26	1.75	2612.45	−0.18%
0.50	22-07-13	2.25	2328.61	0.47%
0.25	22-08-25	2.50	2477.26	1.22%
0.50	22-10-12	3.00	2202.47	0.47%
0.25	22-11-24	3.25	2441.33	0.96%
0.25	23-01-13	3.50	2386.09	0.89%
−0.25	24-10-11	3.25	2596.91	−0.09%
−0.25	24-11-28	3.00	2504.67	0.06%
−0.25	25-02-25	2.75	2630.29	−0.57%
−0.25	25-05-29	2.50	2720.64	1.89%

4. 2025-2026년 일정표(휴장일/FOMC일정/서머타임 기간)

2025년 일정표(휴장일/FOMC일정/서머타임 기간)

[2025 미국 주식시장 휴장일]

날짜	요일	공휴일	비고
25-01-01	수	신년	
25-01-20	월	루터킹 데이	마틴루터킹 목사 생일기념(셋째 월요일)
25-02-17	월	대통령의 날	조지워싱턴 생일기념(셋째 월요일)
25-04-18	금	부활절	부활절 전 금요일
25-05-26	월	현충일	5월 마지막 월요일
25-06-19	목	노예해방일	6월 19일(Juneteenth)
25-07-04	금	독립기념일	7월 3일 조기 폐장
25-09-01	월	노동절	9월 첫 월요일
25-11-27	목	추수감사절	11월 넷째 목요일, 11월 28일 13시 폐장
25-12-25	목	성탄절	12월 25일

[2025 미국 서머타임_Daylight Saving Time]

25-03-09	일	오전 02시/동부시간 (3월 둘째 일요일 시작)
25-11-02	일	오전 02시/동부시간 (11월 첫 일요일 끝)

[2025 FOMC 일정_년 8회]

날짜	종료일	요일	비고
25-01-28	25-01-29	수	
25-03-18	25-03-19	수	Summary of Economic Projections
25-05-06	25-05-07	수	
25-06-17	25-06-18	수	Summary of Economic Projections
25-07-29	25-07-30	수	
25-09-16	25-09-17	수	Summary of Economic Projections
25-10-28	25-10-29	수	
25-12-09	25-12-10	수	Summary of Economic Projections

*Summary of Economic Projections: FOMC에서 분기(3,6,9,12월) 회의 때마다 발표하는 경제전망요약(약칭: SEP)

*25-01-09(목): 카터 전 대통령 장례식 임시 휴장

2026년 일정표(휴장일/FOMC일정/서머타임 기간)

[2026 미국 주식시장 휴장일]

날짜	요일	공휴일	비고
26-01-01	목	신년	
26-01-19	월	루터킹 데이	마틴루터킹 목사 생일기념(셋째 월요일)
26-02-16	월	대통령의 날	조지워싱턴 생일기념(셋째 월요일)
26-04-03	금	부활절	부활절 전 금요일
26-05-25	월	현충일	5월 마지막 월요일
26-06-19	금	노예해방일	6월 19일(Juneteenth)
26-07-03	금	독립기념일	7월 4일(토) 독립기념일 전날
26-09-07	월	노동절	9월 첫 월요일
26-11-26	목	추수감사절	11월 넷째 목요일, 11월 27일 13시 폐장
26-12-25	금	성탄절	12월 25일

[2026 미국 서머타임_Daylight Saving Time]

26-03-08	일	오전 02시/동부시간 (3월 둘째 일요일 시작)
26-11-01	일	오전 02시/동부시간 (11월 첫 일요일 끝)

[2026 FOMC 일정_년 8회]

날짜	종료일	요일	비고
26-01-27	25-01-28	수	
26-03-17	25-03-18	수	Summary of Economic Projections
26-04-28	25-04-29	수	
26-06-16	25-06-17	수	Summary of Economic Projections
26-07-28	25-07-29	수	
26-09-15	25-09-16	수	Summary of Economic Projections
26-10-27	25-10-28	수	
26-12-08	25-12-09	수	Summary of Economic Projections

*Summary of Economic Projections: FOMC에서 분기(3,6,9,12월) 회의 때마다 발표하는 경제전망요약(약칭: SEP)

5. 주요 참고 사이트 주소

* 다우 30 구성 종목
https://finance.yahoo.com/quote/%5EDJI/components?p=%5EDJI
https://www.marketwatch.com/investing/index/djia
https://www.slickcharts.com/dowjones

* 나스닥 100 구성 종목
https://www.nasdaq.com/market-activity/quotes/Nasdaq-100-Index-Components
⇒ https://www.nasdaq.com →'market-activity' →'nasdaq-100'를 순차로
https://www.investing.com/indices/nq-100-components
https://www.slickcharts.com/nasdaq100

* S&P 500 구성 종목
https://www.slickcharts.com/sp500

* VIX 지수
https://finance.yahoo.com/quote/%5EVIX/history
FOMC Calendar
https://www.federalreserve.gov/monetarypolicy/fomccalendars.htm
http://fedprimerate.com/fedfundsrate/federal_funds_rate_history.htm

* 다우 지수
https://finance.yahoo.com/quote/%5EDJI?p=%5EDJI

* US Treasury Bonds
https://finance.yahoo.com/bonds?.tsrc=fin-srch

* 경제지표, 실적, 분할
https://www.investing.com/

* 미국 증권 포털
https://www.slickcharts.com/
https://www.macrotrends.net/
https://www.dataroma.com/m/home.php
https://valueinvestorsclub.com/

* 영문 약어 찾기
https://www.acronymfinder.com/

6. 찾아보기

(1) 색인 목록

(123)

(시총)1위 종목 변천사	41
(미국 주가운동) 3법칙	123
3% 룰	210
3대 거래소	49
3대 지수	51
(나스닥)3대 지수	47
(뱅가드의 성공투자)4 원칙	224
5개의 상장회사(로 출발)	44
8-K 보고서(특별 보고서)	82
10-K 보고서(연간 보고서)	82
10-Q 보고서(분기 보고서)	82
(시총 Top) 10	43
(다우) 12	40
(다우) 30	40
45%(미국, 전 세계 시총 점유율)	59
1776년 독립선언	39
1792년 뉴욕거래소 설립	39
1896년 다우 지수 창안	39
1908년 아멕스거래소	48
1929년 경제대공황	40
1934년 SEC 설립	40
1957년 S&P 500 지수	39
1969년 MSCI지수 개시	59
1970년대 이후 반도체 시대	76
1971년 나스닥거래소 설립	39
1980년대 테크 블룸	68
1983년 상용 휴대전화 개발	69
1984년 러셀 지수	39
1987년 블랙먼데이	136
1989년 월드 와이드 웹(World Wide Web, WWW)의 탄생	69
1993년(12월1일) 필라델피아 반도체 지수	39
1990년대 인터넷, 닷컴 열풍	69
2000년 닷컴 버블	42
2001년 9.11테러	42
2005년 런던 지하철 테러	116
2007년 서브프라임 모기지	42
2008년 리만브러더스 파산	42
2020년 COVID-19	136

(ABC)

A

AI(인공지능)	68
AMEX(American Stock Exchange, NYSE American, 약칭NYSE Arca)	48
Automated Quotations	46
Autonomous Driving(자율주행)	77

B

Balance	224
Band Rebalancing	226
Bank of New York(Symbol: BK)	44
Bench-mark	59
Big Board	44
Big Market	271
BT(Biotechnology)	46

C

CAGR(Compound Average Growth Rate)	66
CBOE(Chicago Board Option Exchange, 시카고옵션거래소)	44
Charles Henry Dow	39
Circuit breakers	117
CME(Chicago Mercantile Exchange, 시카고상업/선물거래소)	44
CORREL함수	314
Cost	224
COUNTA 함수	315
COUNTIF 함수	315
CPU, Central Processing Unit	71
CSE(Ctrl+Shift+Enter, 배열)수식	320
Cumulative Index Performance(2008~2022)	75

D

DD(Draw Down)	237
DDE(Dynamic Data Exchange)	278
DDE 설정 상자	279
Developed Markets	59
Discipline	224

E

Economic Moat(경제적 해자/垓字)	173
EDGAR(Electronic Data Gathering, Analysis, and Retrieval, 사내자료 공시시스템)	82

Emerging Markets	59
End Sub	293
EPS성장률	86
ETF(Exchange Traded Fund)	48

F

FAANG	87
FED(Federal Reserve, US Central Bank)	62
FFR(Federal Fund Rate)	62
FINRA(Financial Industry Regulatory Authority)	45
Float-adjusted Market Cap-weighted	51
FRB(Federal Reserve Board)	62

G

GAFA	87
Goals(목표)	224
GPU(Graphics Processing Unit)	71

I

IF 함수	309
INDEX 함수	311
Insider trading(내부자 거래, 불공정 거래)	83
Invesco	49
IoT(사물인터넷)	68
ISERROR함수	318
iShares	49
IT(Information Technology)	40

L

Large-cap	47
LEFT 함수	317

M

MAGA	87
Macro	291
Magnificent 7	87
Market manipulation(조작거래)	83
MATCH 함수	310
Mid-cap	47
MID함수	317
Misleading advertising and sales promotion (부적절한 광고 및 판매홍보)	83
Modified market value-weighted index	53
MSCI(Morgan Stanley Capital International)	59
MSCI Annual Performance	60
MSCI World Index	60
MSCI Emerging Markets Index	60
MSCI ACWI(All Countries World Index) IMI(Investable Market Index)	60
MSCI 비중 변화	62
MSCI 선진국 지수의 10대 종목과 구성비	74
MS-DOS(Disk Operating System)	69
Multi Rebalancing	230

N

NASD(National Association of Securities Dealers)	45
NASDAQ(National Association of Securities Dealers Automated Quotations)	45
NASDAQ 100	52
Non-compliance with disclosure requirements (공시불이행)	83
NYMEX(New York Mercantile Exchange, 뉴욕상업거래소)	44
NYSE(New York Stock Exchange)	44
NYSE Arca(AMEX)	48

O

OECD(Organization for Economic Co-operation and Development)	81
OFFSET 함수	289
Open AI	71
Operation Twist	63
OTCBB, Over the counter bulletin board	45

P

PEG(Price Earning to Growth Rate, 주가이익증가율)	86
PER(Price Earning Ratio, 주가수익비율)	86
Periodic Rebalancing	226
Plarform Business	83
Price-weighted	41
Primary Market	79
ProShares	49

Q

Quantitative Easing	62
Query	280

R

RANK함수	316
Rebalancing	224
RIGHT함수	317

S

S&P 500(SPY ETF) 섹터별 비중	52

Small-cap	47
SEC(Securities & Exchange Commission)	81
Secondary Market	80
Sectors	198
Shannon's Demon	225
Sheet(Spread Sheet)	275
SPDR	49
Spread	226
Stock Split	57
Sub	293
SUM배열함수	320
SUMPRODUCT 함수	313
Symbol	47

T

Tech Bloom	40
Terrific 10	176
TEXT함수	318
TEXTJOIN함수	318

V

Value-up program	95
Vanguard	49
VBA 입력창	248
VIX(CBOE Volatility Index)	153
VOOG(Vanguard S&P 500 Growth Index Fund)	183
VOOV(Vanguard S&P 500 Value Index Fund)	184
VOOG와 VOOV의 업종별 구성	185

W

Web Query	280
WEEKDAY(WEEKNUM) 함수	309
World Wide Web, WWW	69

Y

YTD(Year To Date)	283

(ㄱㄴㄷ)

ㄱ

가격 가중식	53
가상현실 메타버스	71
가치주	184
강도 중요성 법칙	124
개발 도구	248
개인용 컴퓨터(PC)	71
(NYSE와 NASDAQ)거래소 간 이전	48
거치식	182
거치식과 적립식	212
걸프전쟁	118
결합 함수	319
경제적 해자/垓字(Economic Moat)	173
고상관종목	203
과거는 미래를 비추는 거울	273
관성의 법칙	111
공시불이행(Non-compliance with disclosure requirements)	83
공포지수	154
그래픽 사용자 인터페이스(GUI)	68
금리고저일 지수 등락	142
금리 결정일-추세와 주가의 관계	106
금리 방향전환 첫날 지수 등락	257
금리와 주가 등락과의 상관관계	139
금리와 주가의 관계	102
금리와 주가 추세와의 상관관계	106
금융 목표	209
금융업계규제기구(FINRA)	83
기업실적 발표-추세와 주가의 관계	108
긴급 금리 인하	113

ㄴ

나스닥 100	52
나스닥거래소	45
나에스(나에차) 신호	265
논리 함수(IF, AND, OR, IFERROR)	309
뉴욕증권거래소	44

ㄷ

다우산업평균지수	39
다우 지수 구성 종목(고주가 순)	56
다이버전스(불일치)	155
단기 관점 주식 매도	262
단기 관점 주식 매수	262
단기 매매 VS 장기 투자	222
단기 상승 추세	260
단기 추세 매매	260
단기 하락 추세	260
닷컴 버블	42
닷컴 열풍	42
대세 상승 추세	260
대세 하락 추세	260
대표지수	51
대형주와 중소형주	171
대형주 지수 VS 중소형주 지수	171
데이 상승 추세	261

데이트레이딩	239
데이 트레이딩 매매 예시	240
데이 트레이딩 신호	261
데이 트레이딩 주식 매도	261
데이 트레이딩 주식 매수	265
데이 하락 추세	261
동적 데이터 교환	278
동적 범위	289
동적 범위로 이름정의하는 방법	289
(미국 주식과의) 동조화	88
드롭박스	321

ㄹ

러셀2000 지수	52
런던 지하철 테러	116
리밸런싱	224
리밸런싱 투자 조건	227

ㅁ

매크로	291
매크로 단추	291
매크로와 VBA의 차이	300
매크로 이름	293
매크로 지정	293
모자(母子) 회사 동시 상장 비율	97
물적분할	96
미국 시장 동조화	88
미국 시장 예측	274
미국 주식시장의 원리	265
미국 주식시장의 원리를 활용한 매매	232
미국 주식, 언제 사고 팔 것인가	252
미국 증시의 역사	39
미국 집중 심화	42

ㅂ

반도체 기업의 태동	71
배당주	184
배열함수(배열수식)	320
밴드 리밸런싱	228
변동성 지수	153
변동성 지수와 주가의 관계	153
복수의결권	273
복합형 리밸런싱5	230
부적절한 광고 및 판매 홍보(Misleading advertising and sales promotion)	83
분기 보고서(10-Q)	82
불공정거래(Insider trading)	83

ㅅ

사물인터넷(IoT, Internet of Things)	68
상관지수	104
상승 추세	111
상승 추세의 특징	132
상승/하락 추세 판단법	234
상장지수펀드	48
생명력 불어넣기	292
생성형 AI	70
선물 매매	233
성장주	183
성장주(기술주)와 가치주(배당주) 중 선택은?	190
섹터	198
소프트웨어(Software) 산업	83
수 계산기능	275
수정 시장가치 가중지수(Modified market value-weighted index)	53
수학/삼각 함수(ABS, CEILING, FLOOR, ROUND, SUM, SUBTOTAL, SUMPRODUCT)	312
스파크라인 차트	298
스프레드 거래	236
시가총액식	41
시총 Top 10	43
시카고상업/선물거래소	44
시카고옵션거래소	44
실적과 주가의 관계	104
써킷브레이커	117

ㅇ

아멕스거래소	48
아시아(with 유럽) 시장에서 인사이트 얻기	119
양적 완화	62
양자 컴퓨팅	71
엑셀	275
엑셀 DDE	278
엑셀 VBA 구문(/코드)	302
엑셀 VBA 예제의 확장(종목 추가)	306
엑셀 실시간 차트	243
엑셀 실행하기	280
엑셀이 탁월한 점	302
엑셀함수	308
연간 보고서(10-K)	82
연산자	318
오퍼레이션 트위스트	63
요일을 구하는 함수	310
연방기금금리(FFR, Federal Fund Rate)	62
연속 상승/하락	114

연준(연방준비제도이사회, FRB: Federal Reserve Board)	62
워렌 버핏의 포트폴리오 비중	201
웹 쿼리	280
유동 조정 시가총액 가중 방식	53
이름관리자	288
이름 상자	287
이름 정의	287
인공 지능(AI) 분야	70
인덱스 펀드	204
인수합병 사례	86
인적분할	96
인터넷 → 플랫폼 시대의 개막	71
일반 차트 그리기	296
일별 데이 트레이딩 주식 매매 예시	263

ㅈ

(한국의)자본자유화 일정	81
자사주 매입	96
자율주행	71
장기 관점 주식 매도	256
장기 관점 주식 매수	257
장종료(박스)	306
재료와 주가의 관계	105
재료보다는 추세	106
적립식(적수 계산)	179
적립식 투자의 중요성	50
전략적 자산 배분	224
전자거래시스템	46
절대참조	289
정보 함수: ISERROR	318
정(正)의 상관관계	104
제곱/근	319
제시 리버모아	241
조작거래(Market manipulation)	83
종가 전략	90
주가수익비율(PER, Price Earning Ratio)	86
주가 운동 3 법칙	123
주가 운동 3 법칙의 대표 사례	128
주가이익증가율(PEG, Price Earning to Growth Rate)	86
주가평균식	41
주가평균식과 시가총액식의 차이	57
주기적 리밸런싱	226
주식분할	57
주식 투자의 기술(How to trade in stocks)	241
주주환원율	95
중소형주	171

중장기 매매	149
중장기 추세 판단법	133
집적회로(IC, Integrated Circuit)	68

ㅊ

차트 추세	129
찾기 및 바꾸기	282
찾기 함수(INDEX, MATCH, OFFSET, ADRESS, ROW, COLUMN)	310
채권금리/채권가격의 반비례 관계	146
초대형주의 하락에도 이날 지수가 상승한 이유	72
최초 상장회사(Bank of New York/BK_1784)	44
추세(趨勢)	110
추세 강도	110
추세강도로 시장 예상하기	114
추세로 시장 예상하기	113
추세와 추세 강도	110
추세 우위의 법칙	123
추세의 중요성	116

ㅋ

코리아 디스카운트	95

ㅌ

테크 블룸	68
텍스트	317
텍스트를 숫자로 변환	317
텍스트 함수: LEFT, RIGHT, MID, FIND, TEXT, TEXTJOIN	317
통계 함수(AVERAGE, CORREL, COUNT, COUNTA, COUNTIF, RANK, LARGE, SMALL)	314
투자자 보호	83
특별 보고서(8-K)	82
특수 기호 분리하는 결합 함수	319

ㅍ, ㅎ

평균 투자금	179
포지션 매매	233
플랫폼 비지니스	83
필라델피아 반도체	52
하락 추세	111
한국 시장의 자본자유화 일정	81
함수 마법사	308
합창 반대의 법칙	125
혁신 성장 기업	78

(2) 표 목록

[표 1] 1960년대 이후 미국 시총 1위 종목의 변천사	41
[표 2] 2023년 현재 미국 시총 상위 10종목	43
[표 3] 세계 증권거래소 시총순위	47
[표 4] 3대 거래소 종합지수 등락률 비교	49
[표 5] SPY의 Portfolio %로 S&P 500 시가총액 추정	51
[표 6] SPY ETF Sector별 비중	52
[표 7] 실제 다우 지수 계산 사례	54
[표 8] 다우 지수 구성 종목(고주가순)	56
[표 9] MSCI Annual Performance(%)	60
[표 10] MSCI 비중/변화와 전 세계 거래소 시총 대비표	62
[표 11] 금융위기 후 금리변동 일지	64
[표 12] 미지수와 코스피 등락 비교	65
[표 13] 코스피 첫 2천 돌파 후 미국 지수와 비교	66
[표 14] 기간별 미국 vs 전 세계 시장의 수익률 비교	66
[표 15] 나스닥 3대 지수의 구분 및 성과 비교	71
[표 16] 23/12/11, M7급락(-1.47%)에도 지수 상승(N100: +0.85%)	72
[표 17] MSCI 선진국 지수의 10대 종목과 구성비	74
[표 18] 미국의 혁신 성장 기업 리스트	78
[표 19] 한미 주요 대형주 등락/시총비중 비교	81
[표 20] 나스닥 100/코스피 200 10대 종목 시총, 등락 비교	85
[표 21] 미국 지수와 아3국 지수 등락/상관 관계	89
[표 22] 다우, 나스닥/코스피 연도별 등락	92
[표 23] 미국과 한국 대표 주식의 수익률 비교	93
[표 24] 미 FRB 금리결정일의 지수 등락	102
[표 25] 기간별 다우, 나스닥 등락 비교(참고: 코스피 등락)	103
[표 26] 2022~2023년 다우(주가 평균식 VS 시가 총액식)	104
[표 27] 23.3Q 이후 빅테크 실적 발표 후 종목 VS 지수 등락 일치 현황	105
[표 28] 금리 결정일 추세 구분에 따른 지수 등락(1986~2023)	107
[표 29] 추세 구분에 따른 금리 결정일 지수 등락(1986~2023)	108
[표 30] 23.3Q 이후 빅테크 실적 발표 후 지수등락 VS 추세 일치 현황	109
[표 31] 긴급 금리 인하 당일 주가 등락 현황	113
[표 32] 07-12-11 긴급 금리 인하 이후 주가 동향	113
[표 33] 연속 상승/연속 하락 횟수 기록_1985~2023	114
[표 34] 최근 기준 다우/나스닥 연속상승 최고 기록	115
[표 35] 런던 테러 이후 지수 등락	117
[표 36] 주요 사건 당시/이후 지수 등락 현황	118
[표 37] 아시아 시장의 사례에 따른 미국 시장의 반응	120
[표 38] 주요 사건 당시/이후 다우/나스닥 지수 등락 현황	127
[표 39] 주가 운동 3법칙의 대표적 사례	128
[표 40] 차트추세에 의한 지수별 손익 비교(2000~2023)	131
[표 41] 미 FRB 금리결정일의 지수 등락(2000~2023)	134
[표 42] 최근 금리변동(인상)일의 주가등락	135
[표 43] 2000년~현재_다우, 나스닥 and 금리 고저and등락	142
[표 44] 미 FRB 기준금리와 다우 지수의 고저 상관관계	144

[표 45] 미국 국가부채 규모 추이	147
[표 46] 금리고저간 지수등락	150
[표 47] S&P 500 지수와 VIX 등락 관계(2000~2024.05)	154
[표 48] 2024년 S&P 500 지수의 단기 고/저점과 VIX지수	157
[표 49] S&P 500 VS VIX 불일치 사례 데이터(2002)	160
[표 50] S&P 500 VS VIX 불일치 사례 데이터(2007)	161
[표 51] 2022~23년 단기 차트에서 S&P 500과 VIX의 불일치 사례	164
[표 52] 역사적 고저점의 S&P 500과 VIX의 다이버전스(불일치) 사례	166
[표 53] 나스닥과 S&P의 대·중소형주 지수 구분	172
[표 54] 연도별 대형주 VS 중소형주 대표 지수 수익률	173
[표 55] 주요 지수 사상최고가(기록일)/최고가 대비율 비교	175
[표 56] Magnificent 7/Terrific 10 종목의 8년 등락	176
[표 57] 종목군별 과거 수익률 성적표(2016~2023)	177
[표 58] 투자 성향에 따른 거치식 투자의 결과	178
[표 59] 대형주 분할투자수익률 비교_거치식	178
[표 60] 매년 동일 금액 투자 시 투자비중별 누적 수익률_적립식	178
[표 61] 투자 성향에 따른 적립식 투자의 결과(2004~2023)	179
[표 62] 1999년 말 거치식 투자 시 2000~2023년 기간 누적 수익률	180
[표 63] 2000~2023년 기간 적립식 투자의 누적 수익률	180
[표 64] VOOG와 VOOV의 업종별 구성	185
[표 65] 종목군/종목별 과거 수익률 성적표(2016~2023)	185
[표 66] VOOG/VOOV의 과거 수익률 성적표(2011/2016~2023)	186
[표 67] 미 3대 지수의 연도별 지수/누적 수익률	187
[표 68] 2010년말 거치식/2011년 이후 적립식 투자 시 수익률 비교	188
[표 69] 매년 동일 금액 투자 시 성장주/가치주 투자비중별 누적 수익률_적립식	189
[표 70] 투자 성향에 따른 VOOG vs VOOV 적립식 투자의 결과	189
[표 71] 분할투자에 따른 VOOG vs VOOV 수익률 비교_거치식	190
[표 72] 성장주(M7+기타 4종목) 2016~2023%(8년)	192
[표 73] 가치주(T10+기타 다우 종목 15개) 2016~2023%(8년)	194
[표 74] 성장주 15선, 2016~2023%(8년)	196
[표 75] 가치주 15선, 2016~2023%(8년)	196
[표 76] 섹터(업종)별 과거 성적표	190
[표 77] 섹터(업종) 내 상위(1~5위) 종목 성적표(2016~2023)%	200
[표 78] 주요 종목의 과거(2000~2023년, 24년간) 주가/수익률 현황	201
[표 79] 지수별 고상관 횟수 종목 순	203
[표 80] 지수별 고상관종목(2019~2023)_(M 7 & T 10) 종목 중	203
[표 81] 인덱스 펀드(ETF)의 종류와 성과(2014/2019~2023)	205
[표 82] 인덱스 펀드(ETF) 선택 종목	206
[표 83] Magnificent 7 종목 5/10년 성적 비교(2014/2019~2023)	206
[표 84] ETF종목별 10년 주가 비교	206
[표 85] 재무 목표 설정을 위한 과거 성과 데이터(1994~2023)	211
[표 86] 연 복리별 기간(10~30) 수익률표	213
[표 87] 연복리 10% 기준 기간(10~50)별 목표	214
[표 88] 연도별 나스닥 종합	216
[표 89] 버크셔 해더웨이(BRK-B) 주가 연 수익률 표(1997~2023)	215
[표 90] 거치식과 적립식 병행 투자 성과 예시(2016~2023)	217

[표 91] QQQ vs SPY 주가/수익률 비교(2015~2024)	219
[표 92] 종목 별 조정 수준 및 고(高) 수익률 달성 시점 비교표(2016~2023)	220
[표 93] 투자 예시 종목 주가/수익률(2016~2023)	223
[표 94] 리밸런싱을 활용한 단기 매매 VS 장기 투자 성과 비교(2016~2023)	223
[표 95] 주기적 리밸런싱 VS 장기 투자 성과 비교(2016~2023)	227
[표 96] 밴드 리밸런싱 VS 장기 투자 성과 비교(2016~2023)	228
[표 97] 주기/밴드리밸런싱 VS 장기투자 종합 비교(2016~2023)	230
[표 98] 2022년 전후 META의 주식수 증감 사례	231
[표 99] 추세 신호의 손익(2016~2024)	235
[표 100] 선물 기준 추세 신호의 손익(2016~2024)	235
[표 101] 건별 추세 신호(2023~2024)	236
[표 102] 추세 추종 스프레드 신호/스프레드 거래 이익(2016~2024)	237
[표 103] 건별 스프레드 신호and/ 손익과 스프레드 거래 이익(2023~2024)	238
[표 104] 선물 데이 트레이딩 매매 사례 집계표 예시(양방향)	242
[표 105] 선물 데이 트레이딩 매매 사례 집계표 예시(only 매수방향)	242
[표 106] 추세에 따른 종목별 등락률 집계표(2000~2023)	253
[표 107] 금리고저일 간 지수 등락표(2000~2023)	254
[표 108] 지수 고저일/금리 고저일의 지수 종합(1998~)	256
[표 109] 금리고저일과 첫 금리변동일 간 지수 등락	257
[표 110] 중기 추세 신호 발생일과 추세 신호 간 지수 등락(2023~2024-07-03)	259
[표 111] 데이 트레이딩 신호와 종목 등락 사례	263
[표 112] 대표 ETF(QQQ, PSQ)의 최근 일자별 등락	264
[표 113] 주요 대형주의 기관 보유 비중	272
[표 114] 배열수식 일괄 계산 례	321

(3) 그림 목록

[그림 1] 나스닥 장기 차트	50
[그림 2] S&P 500 섹터별 비중	52
[그림 3] 2008년 금융위기 미국 주요 양적 완화 조치	63
[그림 4] Cumulative Index Performance(2008~2022)	75
[그림 5] 코스피 외인보유 추이	92
[그림 6] 주주 환원율 비교	95
[그림 7] 상승/하락 추세기 차트	111
[그림 8] 러-우크라 전 당시 나스닥선물 차트	127
[그림 9] 1~2차 걸프전 개전 전날~이후 한달 간의 다우 차트	128
[그림 10] 미 지수와 연방기금금리(FFR)(1998~2023) 차트	138
[그림 11] 금리 인하기마다 재현되는 위기 국면	137
[그림 12] 다우와 연방기금금리(1998~2024)차트	139
[그림 13] 나스닥과 연방기금금리(1998~2024)차트	139
[그림 14] 금리고저와 다우고저 차트(2000~2024)	140
[그림 15] 앙드레 코스톨라니 달걀 모형	145
[그림 16] S&P 500 지수와 VIX차트(1999.12.31~2024.05.24)	153
[그림 17] 2024년 S&P 500 지수와 VIX 다이버전스 차트	156
[그림 18] S&P 500 지수(저점)와 VIX(고점) 차트(2002.3~2003.3)	161

[그림 19] S&P 500 지수(고점)와 VIX(저점) 차트(2007.5~2007.7) … 161
[그림 20] 2022~2023년 S&P 500과 VIX 차트 … 163
[그림 21] 나스닥 100과 러셀 2000 지수 누적 수익률 비교 … 174
[그림 22] 2024/7/17 엑셀 실시간 나에차 차트(예) … 244
[그림 23] '개발 도구' 탭 추가 하기 … 248
[그림 24] 금리고저일의 다우 지수 … 255
[그림 25] 금리고저일의 나스닥지수 … 255
[그림 26] Sheet의 셀 개수: 16,384*1,048,576=17,179,869,184 … 277
[그림 27] 'rtusstocks'파일 데이터 정리 시트(realtime 시트 화면 캡쳐) … 283
[그림 28] '이름 정의'하지 않은/'이름 정의'한 차트 비교 … 290

(4) 참고 목록

[참고 1] 지수 산출 시 주가 평균식과 시가총액식의 차이 … 41
[참고 2] 나스닥 시장의 시총 규모에 따른 시장/지수 구분 … 47
[참고 3] NYSE와 NASDAQ 종목의 차이 … 47
[참고 4] NYSE와 NASDAQ의 거래소 간 이전 사례 … 48
[참고 5] 3대 증권 거래소의 성장률 비교 … 50
[참고 6] 나스닥 100과 코스피의 시가총액식 차이 … 53
[참고 7] 주가평균식과 시가총액식의 차이 … 57
[참고 8] 금융위기 당시 양적 완화 조치 … 63
[참고 9] 오퍼레이션 트위스트(Operation Twist) … 63
[참고 10] 미국의 20C 말 ~ 21C 초 산업 변천 … 71
[참고 11] 한국의 자본자유화(주식시장 개방) 일정 … 81
[참고 12] 플랫폼 비즈니스(Plarform Business)란? … 83
[참고 13] 미국 주식과 한국 주식의 평가 … 86
[참고 14] 미국 투자 유망주 분류 용어에 따른 기업 명단 … 87
[참고 15] 연도별 미국 주식과 한국 주식의 동조화 사례 … 91
[참고 16] 채권금리/채권가격의 반비례 관계 … 146
[참고 17] VIX(S&P 500 변동성 지수)와 주가의 관계(2000~2024.05) … 155
[참고 18] 미국 대표 성장주 리스트 … 191
[참고 19] 미국 대표 가치주 리스트 … 191
[잠고 20] 다우 30 종목 리스트 … 192
[참고 21] 구체적 목표 설정이 중요한 이유? … 210
[참고 22] 세계 2위 자산운용사 뱅가드(Vanguard)의 네 가지 투자 원칙 … 224
[참고 23] 리밸런싱 투자 조건(예시) … 227
[참고 24] 20세기 초 위대한 개인 투자자 "제시 리버모어" … 241
[참고 25] (엑셀 미국 선물 실시간 차트 그리기 위한)VBA 코드(1) … 245
[참고 26] 엑셀의 다양한 기능 … 277
[참고 27] Query란? … 280
[참고 28] 엑셀 화면을 열 때 주의 사항 … 281
[참고 29] DDE에서 주식 종목과 선물/옵션 종목의 차이 … 282
[참고 30] "이름 정의" 유/무 실시간 차트 비교 … 291
[참고 31] (엑셀 실시간 차트 그리기 위한)VBA 코드(1) … 302
[참고 32] (엑셀 실시간 차트 그리기 위한)VBA 코드(2) … 303

7. 용어 해설

미국 시장을 알기 위해 미국 사이트를 방문하거나 이 책에서 접하게 되는 용어를 모아 미국 시장을 이해하는 데 도움이 되고자 하였다.

- ADP Nonfarm Employment Change: 매월 초 노동부에서 발표하는 고용지표(Nonfarm Payrolls) 전날 Automatic Data Processing Inc.(ADP)에서 발표하는 민간 비농업 분야 고용자수 통계. 40만개 업체의 고용 통계를 근거로 집계.
- Beige Book: FOMC 정기 회의(연 8회) 2주 전에 발표하는 12개 지역 연준의 경기보고서로서 금리 결정에 참고한다.
- Blue chip: 우량 기업, 우량주를 이르는 말. 오랜 기간 안정적인 이익으로 배당을 지급해온 수익성과 재무구조가 우량한 기업의 주식으로 시가총액이 큰 대형 우량주를 의미. 옐로칩(Yellow chip)은 블루칩엔 이르지 못하는 준우량주를 의미.
- CB(Conference Board): 정부의 의뢰를 받아 미국 소비자 신뢰지수(월말에 발표)와 (6개월 후의 경기를 예상하는) 경기선행지수(매월 20일경)를 발표하는 민간 기구.
- ETF(Exchange Traded Fund): 인덱스 펀드를 거래소에 상장시켜 주식처럼 거래할 수 있도록 만든 상품. QQQ(나스닥 100 ETF), SPY(S&P 500 ETF), DIA(다우 지수 ETF)가 대표적 종목, 상장 지수 펀드로도 불린다.
- FINRA(Financial Industry Regulatory Authority): 금융업계규제기구, 이전 NASD(National Association of Securities Dealers)
- FRB(Federal Reserve Board): 미국 연방준비제도이사회, Fed(Federal Reserve: US central bank)라고도 한다.
- FOMC(Federal Open Market Committee, 연방공개시장위원회, FRB에서 운영하는 회의로 연간 8회의 정기 회의와 임시 회의가 있다)
- FFR(Federal Fund Rate) 연방기금금리.
- IBD/TIPP Economic Optimism: 매월 초 The Investor's Business Daily(IBD) 에서 발표하는 경제 낙관 지수(기준: 50).
- ISM(Institute for Supply Management): 공급관리자 협회로 ISM 제조업/서비스업 구매관리자 지수(월초, PMI, Purchasing Managers Index)는 GDP(월말)와 더불어 대표적 경기 지표.
- IT(Information Technology): 정보 기술분야, 즉 1980년대 이후 부상한 기술주를 통칭하는 분야.
- JOLTs(Job Openings and Labor Turnover Survey): 구인 공고 및 노동 이직률 조사. 매월 말/초 미국 노동 통계국에서 발표하는 미국 일자리 시장 현황에 대한 조사. 여러 다른 부문에서 구인 공고, 채용 활동, 채용 및 해고, 기타 기준에 대한 데이터를 발표. 특정 시점에 일자리 수가 증가하고 있는지 감소하고 있는지 보여준다.
- Magnificent 7: 훌륭한 주식 7개 종목이란 뜻으로 2023년 상반기 처음 불리워진 종목군, 나스닥의 시총 상위 7개 종목(AAPL, MSFT, GOOG, AMZN, NVDA, META, TSLA).
- Market Cap(Market Capitalization): 시가총액의 뜻. 통상 Market Cap으로 Large Cap(대형주), Mid Cap(중형주), Small Cap(소형주)를 구분한다.
- Modified market value-weighted index: 수정된 시장가치 가중지수로 나스닥의 경우 시가총액이 큰 종목의 지수 왜곡을 막기 위해 초대형주의 경우 지수 반영비중을 낮추는 식으로 조정하는 시가총액 식.
- MoM(Month over/on Month): 월별 대비의 의미. 연간 대비는 YoY(Year over/on Year).
- NASDAQ: 'National Association of Securities Dealers Automated Quotations(전미 증권업자 협회의 전산화된 가격 시스템)'의 약어로 NYSE에 필적하는 미국의 대표적 거래소.

- Nonfarm Payrolls: 비농업 취업자수. 실업률(Unemployment Rate)과 더불어 월초 노동부에서 발표하는 대표적인 고용지표.
- Operation Twist: 기준금리의 인하, 공개시장조작이 한계에 다다랐을 때 단기 채권을 매각하고 장기 채권을 매입하는 정책을 통해 결과적으로 시중금리를 하락시켜 시중 유동성이 늘어나게 된다.
- OTCBB(Over the counter bulletin board): 장외시장으로서 1971년 기존의 장외시장을 장내로 전환한 게 나스닥 거래소이다.
- PCE(Personal Consumption Expenditure) Price: 개인소비지출 물가의 의미로 FRB에서 가장 주목하는 인플레 지표로 월말에 미 상무부에서 발표함. 매월 중순에 노동부에서 발표하는 대표적인 인플레 지표로 CPI(Consumer Price Index, 소비자 물가 지수), PPI(Producer Price Index, 생산자 물가 지수)도 있다.
- PEG(Price Earning to Growth Rate): 주가이익증가율로 PER(Price Earning Ratio, 주가수익비율)을 EPS성장률로 나눈 것으로 PER에 성장성을 감안한 지표.
- Platform Business: 사업자가 제품 또는 서비스를 직접 제공하는 것이 아니라 제품이나 서비스를 제공하는 생산자 그룹과 이를 필요로 하는 사용자 그룹을 서로 연결하는 비즈니스. GOOG, AAPL, MSFT, META, AMZN 등이 대표 기업.
- Retail Sales: 소비 동향을 알 수 있는 대표적 소매 판매 지표로 매월 중순 인구 조사국(Census Bureau)에서 발표.
- SEC(Securities & Exchange Commission): 1929년 대공황 이후, 미국 증시를 규제하고 투자자 보호를 위해 1934년에설립된 미국증권거래위원회.
- SEP(Summary of Economic Projections): FOMC에서 분기(3, 6, 9, 12월) 회의 때마다 발표하는 경제 전망 요약.
- Terrific 10: 나스닥의 'Magnificent 7'에 대응하는 '뉴욕거래소 시총 상위 10종목으로 구성된 대단한 주식'의 의미로 2024년 초에 처음 불리워짐(BRK-B, LLY, UNH, JPM V, MA, XOM JNJ, PG, HD).
- VIX('CBOE Volatility Index'의 약어): S&P 500 변동성 지수, 흔히 공포지수로 불리며, 나스닥 100 변동성 지수로는 'VXN(CBOE NASDAQ 100 Volatility)'이 있다.
- YTD(Year To Date): 연초(전년 말)부터 현재까지의 의미, 금년도 현재까지의 등락률/실적 등을 표현할 때 주로 쓰인다.

* 영문 약어 찾기 사이트: https://www.acronymfinder.com/

〈별책: 엑셀 파일(QR코드 링크 통해 다운로드)〉

– 주소 링크: http://cafe.daum.com/happfo/1919

– 엑셀 파일 3종:

1. **실시간 미국 주식 요약 파일**(rtusstocksummary.xlsm): 미국 시장 개장 이후 3대 지수 실시간 차트와 데이 매매 신호, 총 150개(다우 30개, 나스닥 100개, 필반도체 30개, 기타 15개 등 총 150 종목)의 종목별 등락을 참고하도록 만든 엑셀 파일

2. **실시간 미국 주식 종합 파일**(rtusstocks.xlsm): 미국 개장 시간에 실시간 차트를 볼 수 있고, 장 마감 후엔 간단 정리 후 지수와 종목, 등락 등 미국 시장에 대한 다양한 정보를 볼 수 있게 만든 파일

3. **실시간 한국 주식 종합 파일**(kostocks.xlsm): 한국 개장 시간에 주요 지수의 실시간 차트를 볼 수 있고, 한국 대표 지수/종목은 물론 미국 주요 지수/종목을 정리하며 미국 시장과의 상관관계를 볼 수 있게 만든 파일

북오션 재테크 도서 목록

주식 / 금융투자

김남기 지음 | 25,000원
288쪽 | 170×224mm

당신의 미래, ETF 투자가 답이다

미래에셋자산운용 대표가 18년간의 현장 경험과 깊이 있는 노하우를 바탕으로, 누구나 쉽게 이해하고 활용할 수 있는 ETF 투자 전략을 제시한다. 단순한 투자 지침서를 뛰어넘어, 저자의 투자 철학과 ETF 실무자로서의 개인적인 이야기가 녹아 있는 에세이 형식으로 구성되어 있어, 독자들이 ETF를 더 깊이 이해하고 쉽게 다가설 수 있도록 도와준다.

박병창 지음 | 19,000원
360쪽 | 172×235mm

주식투자 기본도 모르고 할 뻔했다

코로나 19로 경기가 위축되는데도 불구하고 저금리 기조가 계속되자 시중에 풀린 돈이 주식시장으로 몰리고 있다. 때 아닌 활황을 맞은 주식시장에 너나없이 뛰어들고 있는데, 과연 이들은 기본은 알고 있는 것일까? '삼프로TV', '쏠쏠TV'의 박병창 트레이더는 '기본 원칙' 없이 시작하는 주식 투자는 결국 손실로 이어짐을 잘 알고 있기에 이 책을 써야만 했다.

박병창 지음 | 18,000원
288쪽 | 172×235mm

현명한 당신의 주식투자 교과서

경력 23년차 트레이더이자 한때 스패큐라는 아이디로 주식투자 교육 전문가로 불리기도 한 저자는 "기본만으로 성공할 수 없지만, 기본 없이는 절대 성공할 수 없다"고 하며, 우리가 모르는 '기본'을 설명한다. 아마도 이 책을 보고 나면 '내가 이것도 몰랐다니' 하는 감탄사가 입에서 나올지도 모른다. 저자가 말해주는 세 가지 기본만 알면 어떤 상황에서도 주식투자를 할 수 있다.

최기운 지음 | 18,000원
424쪽 | 172×245mm

10만원으로 시작하는 주식투자

4차산업혁명 시대를 선도하는 기업의 주식은 어떤 것들이 있을까? 이제 이 책을 통해 초보투자자들은 기본적이고 다양한 기술적 분석을 익히고 그것을 바탕으로 향후 성장 유망한 기업에 투자할 수 있는 밝은 눈을 가진 성공한 가치투자자가 될 수 있다. 조금 더 지름길로 가고 싶다면 저자가 친절하게 가이드 해준 몇몇 기업을 눈여겨보아도 좋다.

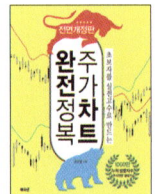

곽호열 지음 | 19,000원
244쪽 | 188×254mm

초보자를 실전 고수로 만드는
주가차트 완전정복

이 책은 주식 전문 블로그 〈달공이의 주식투자 노하우〉의 운영자 곽호열이 예리한 분석력과 세심한 코치로 입문하는 사람은 물론 중급자들이 놓치기 쉬운 기술적 분석을 다양하게 선보인다. 상승이 예상되는 관심 종목 분석과 차트를 통한 매수·매도 타이밍 포착, 수익과 손실에 따른 리스크 관리 및 대응방법 등 주식시장에서 이기는 노하우와 차트기술에 대해 안내한다.

유지윤 지음 | 25,000원
312쪽 | 172×235mm

하루 만에 수익 내는 데이트레이딩 3대 타법

주식 투자를 한다고 하면 다들 장기 투자나 가치 투자를 말하지만, 장기 투자와 다르게 단기 투자, 그중 데이트레이딩은 개인도 충분히 가능하다. 물론 쉽지는 않다. 꾸준한 노력과 연습이 있어야 한다. 하지만 가능하다는 것이 중요하고, 매일 수익을 낼 수 있다는 것이 중요하다. 그 방법을 이 책이 알려준다.

유지윤 지음 | 18,000원
264쪽 | 172×235mm

누구나 주식투자로 3개월에 1000만원 벌 수 있다

주식시장에서 은근슬쩍 돈을 버는 사람들이 있다. '3개월에 1000만 원' 정도를 목표로 정하고, 자신만의 투자법을 착실히 지키는 사람들이다. 3개월에 1000만 원이면 웬만한 사람들 월급이다. 대박을 노리지 않고, 딱 3개월에 1000만 원만 목표로 삼고, 그것에 맞는 투자 원칙만 지키면 가능하다. 이렇게 1000만 원을 벌고 나서 다음 단계로 점프해도 늦지 않는다.

터틀캠프 지음 | 25,000원
332쪽 | 172×235mm

캔들차트 매매법

초보자를 위한 기계적 분석과 함께 응용까지 배울 수 있도록 자세하게 캔들 중심으로 차트의 원리를 설명한다. 피상적인 차트 분석이 아니라 기계적으로 차트를 발굴해서 실전에서 활용하는 데 초점을 맞춘 가이드북이다. 열심히 공부하고 노력하여 자신만의 매매법을 확립해, 돈을 잃는 투자자에서 수익을 내는 투자자로 거듭날 계기가 될 것이다.

유지윤 지음 | 25,000원
240쪽 | 172×235mm

1000만 원으로 시작하는 데이트레이딩

적극적이고 다혈질인 한국인에게 딱 맞는 주식투자법, 바로 데이트레이딩이다. 초보자에게 상승장, 하락장뿐만 아니라 횡보장에서도 성공적인 데이트레이딩 전략을 제시한다. 매매 노하우와 스킬을 향상시켜 일상적인 수익 창출을 이끌어줄 것이다. 개인투자자로서의 마음가짐부터 안전하게 시작할 수 있는 꿀팁을 제공한다. 차트를 보면 돈 벌어줄 종목이 보인다!

가상화폐 투자

크맨 지음 | 25,000원
232쪽 | 170×224mm

가상화폐 차트분석 교과서

가격의 흐름을 예상할 수 있는 가장 확실한 도구는 바로 차트다. 차트 분석은 과거의 데이터와 현재의 시장 동향을 기반으로 미래의 가격 움직임을 예측하려고 시도하는 기술적 분석으로, 시장을 더 깊이 있게 이해할 수 있다. 이 책은 가상화폐 투자를 위한 심도 있는 차트 기술을 모두 담고 있다. 이를 통해 독자들이 실전에서 고수익을 창출할 수 있는 능력을 키워줄 것이다.

개념부터 차트 분석까지
암호화폐 실전투자 바이블

소문으로만 듣던 수익률 2000%! 암호화폐 투자고수의 투자비법. 고수익을 올리기 위한 정보취합 및 분석, 차트분석과 거래전략을 체계적으로 설명해준다. 투자자 사이에서 족집게 과외·강연으로 유명한 저자의 독창적인 차트분석과 다양한 실전사례가 성공투자의 길을 안내한다. 단타투자자는 물론 중·장기투자자에게도 나침반과 같은 책이다.

크맨 지음 | 20,000원 | 신국판 변형 | 200쪽

가상화폐 차트도 모르고 할 뻔했다

이 책은 중급 이상의 투자자들을 위한 본격적인 차트분석서이다. 가상화폐의 차트의 특성을 면밀히 분석하고 독창적으로 체계화해서 투자자에게 높은 수익률을 제공했던 이론들이 고스란히 수록되어 있다. 누구나 하루에 1%, 한달 35% 수익을 올릴 수 있다.

크맨 지음 | 20,000원 | 신국판 변형 | 212쪽

초보자도 고수되는
가상화폐 완전정복

재테크를 하려는 사람이라면 꼭 알아야 하는 것들에 대해 저자의 경험을 바탕으로 솔직하고 구체적으로 설명한다. 저자가 일방적으로 이론만 전달하는 책이 아닌, 실전을 알려 주고 있다. 초보자가 준비 없이 돈 벌려고 하면 누군가의 수익이 내 돈을 내어 주는 역할을 하게 된다는 점을 분명하게 짚어준다. 그래서 손해는 덜 보고, 이익은 많이 낼 수 있게 철저한 준비가 필요함을 강조한다.

크맨·황동규·찰리 지음 | 22,000원 | 신국판 변형 | 208쪽

가상화폐 기본도 모르고 할 뻔했다

가상화폐에 처음 투자하는 사람이 궁금해하는 기초부터 어느 정도 매매 경험을 쌓은 사람들에게 필요한 투자 전망까지, 가상화폐 투자자 모두에게 필요한 내용을 담고 있다. 이 책은 가상화폐 앞에 불어온 변화를 안정적으로 넘어설 가이드가 되어줄 것이다.

박문식 외 지음 | 23,000원 | 신국판 변형 | 288쪽